# PREFACE

THIS book is intended primarily for day and evening students in commercial and technical colleges, particularly for those who have not studied French previously, and who require a rapid general course.    It is also suitable for private students, including those who wish to "brush up" their French for pleasure rather than for examination purposes.

It covers all the main points of French grammar, while providing varied reading material and exercises; and it lays a solid foundation for more advanced work.    The resultant knowledge, if this course is supplemented in the later stages by some suitable readers, should be adequate for such examinations as the General Certificate of Education (Ordinary Level), the preliminary examinations of the Royal Society of Arts, the College of Preceptors, and the Institute of Linguists.

Each chapter is divided into five sections: grammar, vocabulary, reading pieces, questions for oral work, and exercises.

The grammar covers fully but simply all the basic points, and includes an optional chapter on the Subjunctive.

The reading material has been chosen to provide variety of theme and vocabulary, and includes stories, letters, and conversations.

The exercises are based partly on the direct and partly on the indirect method. There are revision exercises after each fifth chapter.

Spoken French can soon be perfected by a visit to France after a basic knowledge of the grammar and vocabulary has been acquired.    The reverse procedure, often recommended, is not an unqualified success.

This fourth edition is fully updated and includes a key to all the exercises.

T. W. K.

# CONTENTS

Gender of Nouns; the Definite Article; the Indefinite Article; Plural of Nouns; Present Tense of *avoir*, *être*.

"Le Salon"

The Partitive Article; Agreement of Adjectives; Use of *il y a*; Use of *est-ce que* for Questions.

"La Salle à Manger"

Present Tense of Regular Verbs (Group I, *-er*); Possession; *to* + Definite Article; Present Tense of *aller*.

"En Ville"

Interrogative Form of Verbs; Negative Form of Verbs; Use of *de* after Negatives and Expressions of Quantity; Possessive Adjectives; Present Tense of *dire*, *lire*, *partir*, *prendre*.

"Au Bureau"

Present Tense of Regular Verbs (Group II, *-ir*); Position of Adjectives; Use of *de* when Adjective precedes Noun; Formation of Feminine of Adjectives; Use of *on*; Present Tense of *jeter*.

"La Maison et le Jardin"

4

## CONTENTS

## CONTENTS

# ACCENTS, ELISION, PUNCTUATION

## 1. The Circumflex: ^

This accent is used (*a*) to show the lengthening of the vowel owing to the dropping of "s": fenêtre (Latin: fenestra); (*b*) to show some other contraction: sûr (Latin: securus); (*c*) to distinguish two words spelt alike: "cru" (believed), and "crû" (grown).

## 2. The Acute Accent:

This indicates a closed, sharp "e" and occurs when the next syllable is sounded.

> e.g.   ému

and always on a final "e," if accented.

> e.g.   donné, fatigué

## 3. The Grave Accent:

This indicates an open "e," and occurs before a silent or mute "e" or "-ent."

> e.g.   le père, ils donnèrent

This is also always used on "a" and "u" to show differences in meaning.

> e.g.   a—has, à—to, ou—or, où—where

Note also the grave accent on:

> très—very, près—near, après—after.

(Initial capital letters do not, as a rule, take the accent, except "E.")

## 4. The Cedilla: ,

This is used to make the letter "c" soft (like an "s") before the letters "a, o, u."

> e.g.   le garçon

*Note.*—"c" is naturally soft before "i, e."

> e.g.   ici, ce

**5. The Tréma: ¨**

This is used over the second of two vowels, when it is not to be merged with the preceding vowel in a diphthong, but is to be pronounced separately.

> e.g. haïr—to hate ("a" and "i" pronounced
> separately—not as in "j'ai"—I have).

## ELISION

In French the final vowel of the following words is elided and replaced by an apostrophe when it comes before another word beginning with a vowel (a, e, i, o, u and y) or "h" mute.

1. **-e** in "je, me, te, se, le, ce, de, ne, que" *always*; and in "lorsque, puisque, quoique" before "il, elle, on, un, une" only; and in "quelque" before "un, une" only.

2. **-a** in "la."

3. **-i** is elided only before another "i," hence only in "si" before "il, ils."

> e.g. **-e** j'ai, l'enfant, l'homme
> lorsqu'il
> quelqu'un
> **-a** l'amie
> **-i** s'il

## The Letter "H"

The letter "h" is generally mute or silent in French, but in certain cases it is aspirate or breathed and this is indicated by absence of elision.

> e.g. la haie (the hedge)

## PUNCTUATION

| | | | |
|---|---|---|---|
| . | le point | « » | les guillemets |
| , | la virgule | ( ) | la parenthèse |
| : | les deux points | — | le tiret |
| ; | le point et virgule | - | le trait d'union |
| ? | le point d'interrogation | ... | les points de suspension; |
| ! | le point d'exclamation | | les points suspensifs |

Note: To conform with the usual practice in examination papers, and for simplification, English quotation marks are used in this book.

# PRONUNCIATION

THE following notes are for the benefit of students working on their own. The English sounds given as a guide are in many cases only approximately similar.

The French alphabet consists of the same twenty-six letters as the English alphabet, but certain accents and other signs are used in French with some letters (see pp. 13–14). "W" is called "double v" and "y" is " 'i' grec" (i.e. Greek "i"), while "g" is "gé" (zhay) and "j" is "gi" (zhee).

French *cannot* be spoken without opening the mouth and moving the lips—though English often is!

## SYLLABLES AND STRESS

Stress on each syllable of a word is practically equal, but the *last* syllable of words of more than one syllable is slightly stressed—*not* unstressed and almost unheard as is often the case in English.

*Note.—Division into Syllables*

1. A single consonant between two vowels always belongs to the syllable following it, e.g. café = ca-fé (not caf-é).

2. Combinations of consonants between vowels are divided: e.g. im/por/tant—but if the last of a group of consonants is "l" or "r" it counts as one with the preceding consonant, e.g. ta/bleau, ven/dre/di. For "mm" and "nn" see "NASAL VOWELS."

3. "gn" always begins its syllable, e.g. compa/gnon.

## CONSONANTS

When a consonant ends a word in French it is usually *not* pronounced, though final "c," "f," "l" and "r" in words of one syllable are generally pronounced. Most consonants, except when final, are pronounced as in English, but note the following points:

c before "e," "i," "y" ⎫
                       ⎬ = "s" in "sea"     { (ce, ici, cygne)
ç before "a," "o," "u" ⎭                    { (ça, garçon, reçut)
c before "a," "o," "u" = "k" (car, côte, curé)
   (For "cui . . . " see "DIPHTHONGS.")
ch = "sh" (champ)
g before "e," "i" = "s" in "pleasure" (âge, agir)
gn = "n" in "onion" (signe, campagne)
gu = "g" in "go," in most cases ignoring the "u" (guerre)— but as "gw" in a few cases
h is never pronounced ((h)omme) (see p. 10)
-il, -ill- = "y" in "yes" (the "l" not being sounded at all) (gentil, grille)—but there are a few words in which the "l" in "-il" and "-ill-" is pronounced as "l" (fil, ville, village, mille, etc.), and *initial* "il" and "ill" are always pronounced normally (île, illustration), i.e. with "l" sounded

**-ail, -aille** = "a(h)ee" (travail, paille)

**-eil, -eille** = "ayee"—but only when final (pareil, pareille)

**j** = "s" in "pleasure" (je, jeter)

**qu** = "k" (qui, que, quand)

**r** must be either trilled with the tip of the tongue, or rolled in the throat (rat, grand, Paris)

**s** at beginning of a word ⎰ = "s" in "sea" (si, chasse,
**ss, s** in "st," "sp," "sc" ⎱      station, espèce, science)

**s** between two vowels = "z" as in "nose" (maison, rose)

**s** at end of a word is not pronounced (e.g. les livres) but "fi(l)s" is an important exception

**-isme** = "-issme" (tourisme)

**th** = "t" (thé)

**-tion** = "-sion" (station)

**-stion** = "-stion" (question)

**w** = "v" (wagon) except in words borrowed from English when "w" sound is retained (tramway)

**x** = "s" in numbers "six," "dix" (when not followed by a noun, e.g. si(x) sous) but silent when final otherwise (tableau(x)). See also "LIAISON."

## VOWELS

**a** = "a" in "papa" when short (lac, la), or in "father" when long (pas, mât), i.e. followed by "s," or with circumflex

**e** = "e" in "quiet" when not final (revenir) and in *one*-syllable words with only *one* consonant preceding "e" (le, me, te, se, ne)

**Final e** When unaccented "e" occurs as the *final* letter of a word of more than two letters it is silent, and is called "e" mute (porte, chaise). The plural ending "-ent" in tenses of verbs is also never sounded (donn(ent), allai(ent))

**é** = "ay" in "day," a short, quick sound (été, café)

**è** = "e" in "met" (mère). "E(s)" (except in termination "-es" showing the plural) and "ès" in the same syllable (espèce, succès); "-et"; "-ez" (complet, allez); and "-er" at the end of words of *more* than one syllable (donner). One-syllable words like "mer," however, sound the "r," so pronounce as "mare"

**i, y** = "i" in "machine" (il, nid, y)

**o** = "o" in "so" (gros, mot) when a silent consonant closes the syllable; otherwise as "o" in "not" (or, porte)

**u** has no equivalent in English and must *never* be pronounced like the English sound "you" or "yew." Round the lips, pushing them forward, and then try to say the French sound for "i." A true Scotsman saying "rude" is a good attempt (tu, sur)

**A circumflex** (see p. 9) on a vowel—"â," "ê," "î," "ô," "û"— requires the vowel to be carried on longer (mât, fête, île, rôle, sûr)

## NASAL VOWELS

(*Vowels pronounced through the nose*)

These have no equivalent in English (unless one has a cold) and occur in French when a vowel *precedes* "in," or "n" at the *end* of a syllable (an, en, vin, on, un). The "n" or "in" is then *not* pronounced, but the preceding vowel is pronounced by letting the breath pass through the nose instead of through the lips.

There are four nasal vowel-sounds in French:

1. **am, an** } "aun" in "aunt" without { (champ, dans)
   **em, en** } the "t"                  { (exemple, dent)
2. **im, in, ym, yn** } = "ang"       ( (timbre, vin, sympathie,
   **aim, ain**        } without the   {    syndicat)
   **ein, ien**        } "g"           { (faim, main)
                                        ( (teint, parisien)
3. **om, on** = "ong" without "g" (nombre, bon)
4. **um, un** = "earn" without "n" (parfum, brun)

The phrase "un[1] bon[2] vin[3] blan(c)[4] contains the four different nasal sounds (final "c" after nasal is silent), *but* "mm" and "nn" do not usually cause a nasal sound, and are pronounced (homme, bonne).

## DIPHTHONGS

Two vowels coming together are called a diphthong when they make *one* sound, and in French there are cases of three vowels coming together and forming only one sound.

**ai, ay** } = "ay" in "day" (mai, payer, peine, asseyez)
**ei, ey** }
**au, eau** = "o" in "note" (saut, peau)
**eu, oeu** = "u" in "urn" (feu, cœur)
**oi** = "wa" (moi)
**ou** = "oo" in "poor" (vous)
**oui** = "we," sharply (oui)
**(c)ui** = "queer" (cuisine)

There are exceptions to many of the above notes which can be learnt only by the study of a dictionary giving phonetic pronunciation, or the help of a teacher or a French-speaking friend.

## LIAISON

Liaison (a French word meaning "joining" or "linking") occurs in French when a word *ending* in a consonant is immediately followed by a word beginning with a vowel or silent "h" ("h" mute). This final consonant is pronounced and carried on to the initial vowel of the word that follows. In such cases "s" and "x" are pronounced like "z" (e.g. les enfants, six élèves, un petit enfant, ils ont); and "d" like "t" (e.g. vend-il); and "f" like "v" (e.g. neuf heures). Such liaison occurs particularly in words closely connected grammatically (e.g. adjective + noun, pronoun + verb) *but* "et" (= and) is never run on, e.g. et il (*never* et il). Avoid confusion with "est-il?" (= is he?).

## THE FRENCH ALPHABET

| LETTER | FRENCH NAME AND PRONUNCIATION | LETTER | FRENCH NAME AND PRONUNCIATION |
|---|---|---|---|
| a | *a* | n | *enne* |
| b | *bé* | o | *o* |
| c | *cé* | p | *pé* |
| d | *dé* | q | *ku* |
| e | *e* | r | *erre* |
| f | *effe* | s | *esse* |
| g | *gé* | t | *té* |
| h | *ache* | u | *u* |
| i | *i* | v | *vé* |
| j | *ji* | w | *double vé* |
| k | *ka* | x | *iks* |
| l | *elle* | y | *i grec* |
| m | *emme* | z | *zède* |

# LESSON I

## GRAMMAR

In French *all* Nouns are either Masculine or Feminine.

There is no difficulty in deciding the gender of people, but the gender of things and abstract nouns is determined, with few exceptions, by the ending of the noun.

Nouns ending in "-e" mute have developed from Latin nouns with the feminine ending "-a," and are therefore usually feminine. Most abstract nouns are also feminine.

## A. THE (the Definite Article)

|  | *Singular* | *Plural* |
|---|---|---|
| *Masculine* **le** (**l'** before vowel or mute "h") | | **les** (*the*) |
| *Feminine* **la** (**l'** before vowel or mute "h") | | |

e.g. *M*. le père, l'enfant, l'homme    les pères,
     *the father, the child, the man*    les enfants,
  *F*. la mère, l'église, l'heure    les hommes,
     *the mother, the church, the hour*    etc.

## B. A, AN (the Indefinite Article)

|  | *Singular* | *Plural* |
|---|---|---|
| *Masculine* **un** | | **des** (*some*) |
| e.g. un père, un enfant, un homme | | e.g. des |
| *Feminine* **une** | |   pères, etc. |
| e.g. une mère, une église, une heure | | |

## C. The Plural of Nouns

In French the plural of nouns is formed, with few exceptions, by adding **-s** as in English. If the noun already ends in "s" in the singular, no addition is necessary.

e.g. le père      Pl. les pères
    le fils, *the son*      Pl. les fils, *the sons*

### D. The Present Tense of "avoir" (to have) and "être" (to be)

| avoir (*to have*) | | | être (*to be*) | | |
|---|---|---|---|---|---|
| j'ai | *I have* | | je suis | *I am* | |
| tu as | *you have* | | tu es | *you are* | |
| il ⎱ a | *he has* ⎱ *it has* | | il ⎱ est | *he is* ⎱ *it is* | |
| elle ⎰ | *she has* ⎰ | | elle ⎰ | *she is* ⎰ | |
| nous avons | *we have* | | nous sommes | *we are* | |
| vous avez | *you have* | | vous êtes | *you are* | |
| ils ⎱ ont | *they (m.) have* | | ils ⎱ sont | *they (m.) are* | |
| elles ⎰ | *they (f.) have* | | elles ⎰ | *they (f.) are* | |

NOTES

(1) **tu** is singular only, and is used only when speaking to relatives, close friends, children and animals.

Use **vous** for "you," both for singular and plural, in all other cases.

(2) Write **j'** instead of "je" when the verb begins with a vowel, e.g. j'ai.

(3) If a noun is the subject of the verb the pronoun must be omitted.

> e.g. Le père est dans le salon
> (*not* "Le père il est . . .")
> The father is in the drawing-room.

## VOCABULARY

| | | | |
|---|---|---|---|
| le canapé | settee | la chaise | chair |
| le chat | cat | la cheminée | fireplace, mantelpiece |
| l'enfant (m. or f.) | child | la famille | family |
| le fauteuil | armchair | la fenêtre | window |
| le feu | fire | la fille | daughter |
| le fils | son | la maison | house |
| le journal | newspaper | la mère | mother |
| le mur | wall | la pendule | clock (small) |
| le livre | book | la porte | door |
| le père | father | Madame | Mrs. |
| le plancher | floor | Marie | Mary |
| le salon | lounge, sitting-room | | |

| le tableau | picture | assis | sitting, seated |
| le tapis | carpet | aussi | also |
| Pierre | Peter | avec | with |
| Monsieur | Mr. | dans | in |
| | | derrière | behind |
| deux | two | devant | in front of |
| et | and | sur | on |
| où? | where? | sous | under |
| qui? | who? | | |

*Note.*—Words which are spelt identically or almost identically in each language (and whose gender, in the case of nouns, is clearly indicated in the reading matter) will be omitted from the Vocabulary.

Verbs and any other special words which have been dealt with in the Grammar preceding each lesson will also be omitted.

## Le Salon

Le salon a une porte et deux fenêtres. Il a aussi une cheminée, une table, des chaises, deux fauteuils, un canapé, et un poste de télévision; la télévision est dans un coin.

Le tableau est sur le mur; la pendule est sur la cheminée; le tapis est sur le plancher; la lampe est derrière la table; la télévision est dans un coin.

La famille Dubois est dans le salon. Monsieur Dubois est le père; il est assis dans un fauteuil devant le feu. Il a un journal et une pipe.

Madame Dubois est la mère; elle est sur le canapé, sous la lampe, et elle a un livre.

Monsieur et Madame Dubois sont les parents; Pierre et Marie sont les enfants. Pierre est le fils; il est devant la fenêtre, avec Marie, la fille. Ils ont un chat; il est sous la table.

## QUESTIONS

1. Où est le père?
2. Qui est sur le canapé?
3. Où est le chat?

4. Qui a un livre?
5. Où est la mère?
6. Qui sont les parents?
7. Où est le tapis?
8. Qui a un journal?
9. Où est la pendule?
10. Qui sont devant la fenêtre?

## EXERCISES

A. Write "le, la, l' " or "les" before the following:

pendule, fauteuil, famille, enfant, père, fenêtres, livre, cheminée, murs, tableau.

B. Write "un, une" or "des" before the following:

pipe, salon, canapé, chats, mère, fenêtre, murs, journal, enfant, tables.

C. Replace the infinitive in brackets by the appropriate form of the verb:

1. Nous (être) dans le salon.
2. Ils (être) devant la lampe.
3. Je (être) derrière la table.
4. Vous (être) le père.
5. Marie (être) la fille.
6. Il (avoir) un journal.
7. Vous (avoir) des livres.
8. Ils (avoir) un chat.
9. Je (avoir) une pipe.
10. Nous (avoir) une pendule.

D. Fill in the appropriate missing word or words:

1. Le salon a — fenêtres et — porte.
2. La pendule — — la cheminée.
3. Monsieur Dubois est — un fauteuil — le feu.
4. — est la mère: elle — un livre.
5. Pierre — le fils; Marie est la —.

E. Translate into French:

1. We are in the house.
2. The children are in front of the window.
3. You are behind the table.
4. Mary is the daughter.
5. She has a newspaper.
6. The books are on the mantelpiece under the picture.
7. We have two windows and two doors in the living-room.

8. I am behind the armchair in front of the lamp.
9. The father has a pipe, and he has also a book.
10. Mr. and Mrs. Dubois have a family, a son and a daughter.
11. The television set is in a corner.

F. Write in French a few lines about "La Famille."

Word Lists: "La Famille," p. 230; "La Maison," p. 231.

## LESSON II

## GRAMMAR

### A. The Partitive Article (some, any)

In English we often omit the partitive article, and say "We have pens and paper" instead of "some pens and some paper," but in French the word "some" must never be omitted, and it is expressed by the words "of the" (e.g. some bread = of the bread).

*Partitive Article*
*Singular*   *Plural*

*Masculine* **du**   M.   F.
  (before a vowel or mute "h": **de l'**)
*Feminine* **de la**   **des**
  (before a vowel or mute "h": **de l'**)

    e.g. du pain     some bread
        de l'eau     some water
        de la viande  some meat
        des tables    some tables

(NEVER write "de le" for **du**, or "de les" for **des**.)

    The boy has bread and biscuits.
    Le garçon a *du* pain et *des* biscuits.

### B. Adjectives

Adjectives in French, unlike adjectives in English, must agree with the nouns to which they refer, showing by their endings whether they are masculine or feminine, singular or plural.

*Agreement Rules*

*Singular.*—Add **-e** to form the feminine, unless the adjective already ends in "-e" in the masculine, in which case no change is required.

e.g. rouge (*red*)

Note, however, that adjectives ending in "-é" in the masculine require an additional -e to form the feminine.

e.g. fatigué (*tired*); fatiguée.

*Plural.*—Add -s to masculine or feminine singular.

*Examples:*

Singular $\begin{cases} M. & \text{Le garçon est grand. The boy is big.} \\ F. & \text{La pièce est grande. The room is big.} \end{cases}$

Plural $\begin{cases} M. & \text{Les garçons sont grands. The boys are big.} \\ F. & \text{Les pièces sont grandes. The rooms are big.} \end{cases}$

*Note.*—If two or more nouns are the subject of a sentence, and one or more of these are feminine, the masculine takes preference, and the adjective ending required is consequently the masculine plural.

e.g. **Le** plat et **la** nappe sont blancs.
The dish and the cloth are white.

**C.** There is a very common and useful expression in French, used in making statements:

**Il y a** . . . there is, *or* there are.

e.g. Il y a un livre sur la chaise.
There *is* a book on the chair.
Il y a des fleurs sur la table.
There *are* some flowers on the table.

## D. Questions

The simplest way of asking a question in French is to put:

**Est-ce que** (*Is it that* . . .) before a statement.

e.g. Est-ce que le père est dans la pièce?
Is the father in the room?
Est-ce qu'il y a des fleurs sur la table?
Are there any flowers on the table?

*Note.*—**Que** becomes **qu'** before a vowel. (e.g. Est-ce qu'il y a un livre sur la table? Is there a book on the table?)

## VOCABULARY

| | | | |
|---|---|---|---|
| le beurre | butter | l'assiette (f.) | plate |
| le buffet | sideboard | la cuiller | spoon |

| | | | |
|---|---|---|---|
| le café | coffee | l'eau (f.) | water |
| le couteau | knife | la fleur | flower |
| (pl. couteaux) | | la fourchette | fork |
| le fromage | cheese | la nappe | tablecloth |
| le lait | milk | la salle à | |
| le légume | vegetable | manger | dining-room |
| le pain | bread | la tasse | cup |
| le plat | dish | la viande | meat |
| le sucre | sugar | | |
| le vase | vase | de (d') | of |
| le verre | glass | ou | or |
| le vin | wine | oui | yes |
| | | pour | for |
| blanc | white | trois | three |
| (f. blanche) | | quatre | four |
| brun | brown | | |
| grand | big, large | Comment est | What is the |
| joli | pretty | le vase? | vase like? |
| noir | black | De quelle | Of what |
| petit | little, small | couleur? | colour? |
| pur | pure | Qu'est-ce | What is |
| rouge | red | qu'il y a? | there? |
| vert | green | | |

## La Salle à Manger

La salle à manger est grande.   Dans la salle à manger il y a un buffet, une table et quatre chaises.   Sur la table il y a une nappe.   Elle est blanche.   Sur la nappe il y a des serviettes, des couteaux, des fourchettes, des cuillers, des assiettes et trois verres.   Il y a aussi trois tasses pour le café.   Les tasses sont petites.   Il y a du pain, du beurre et du fromage sur une assiette.   Il y a aussi de la viande et des légumes sur un plat, une carafe d'eau et une bouteille de vin.

Qu'est-ce qu'il y a dans les verres?   Dans les verres il y a du vin ou de l'eau.   Le vin est rouge ou blanc.   Le café est noir.   Le sucre et le lait sont blancs.   Est-ce qu'il y a des fleurs sur la table?   Oui, il y a des fleurs dans un vase.   De quelle couleur sont les fleurs?   Les fleurs sont blanches et rouges.  Et comment est le vase?  Le vase est joli; il est brun et vert.

## QUESTIONS

1. Où est la nappe?
2. Est-ce qu'il y a une tasse sur la table?
3. De quelle couleur est le vin?
4. De quelle couleur sont les fleurs?
5. Où est la viande?
6. Est-ce qu'il y a de l'eau dans le verre?
7. Où est le fromage?
8. Comment est le vase?
9. Qu'est-ce qu'il y a dans la tasse?
10. Qu'est-ce qu'il y a sur le plat?

## EXERCISES

A. Put the correct form of the Partitive Article ("du, de la, de l', des") before the following nouns:

café, tasses, viande, eau, vin, verres, pain, légumes, sucre, fromage, beurre, couleur, plats, lait, assiettes.

B. (a) Alter, if necessary, each adjective to make it agree with its noun:

| | |
|---|---|
| La table est (petit) | Les vases sont (joli) |
| Les fleurs sont (rouge) | L'eau est (pur) |
| Le café est (noir) | Le vin est (rouge) |
| Les tasses sont (petit) | Les légumes sont (vert) |
| L'assiette est (grand) | La nappe est (blanc) |

(b) Fill in a suitable adjective, and make it agree with its noun:

la lampe est —, les tapis sont —, le livre est —, les filles sont —, la pendule est —.

C. Translate:

Some coffee, some cups, some water, some meat, there are three chairs, they have four plates, the cup is small, the flowers are pretty, the chairs are big, the water is pure, the milk and the sugar are white, is there some bread? are there some flowers? of what colour is the wine? what is the dining-room like?

D. Translate:

The dining-room is small.   There are four chairs and a table in the dining-room.   On the table there is a tablecloth.   It is green.   There are also plates, knives, spoons and forks.

Is there a cup on the table?   Yes, there are three cups and a glass.   The cups are small.

What is there in the cups?   There is coffee in the cups. What is there in the glass?   There is some wine.   The coffee is black and the milk is white.   There is also meat on a dish, and there are vegetables on a plate.

Are there any flowers?   Yes, there are some flowers in a vase.   What is the vase like?   It is pretty; it is green and brown.   What colour are the flowers?   They are red and white.

E. Write in French a few lines about "La Table."

# LESSON III

## GRAMMAR

### A. Present Tense of Verbs ending in -ER. *(Group I, Regular Verbs)*

Most verbs in French, with the exception of about thirty common irregular verbs which we shall learn by degrees, form their tenses in a regular way, following definite rules. There are three groups of these regular verbs, and we shall now learn the endings of the largest and most important group, those whose name or infinitive ends in **-er**, e.g. donner *(to give)*. ALL verbs whose infinitive ends in "-er" are conjugated like "donner," except "aller" *(to go)* and "envoyer" *(to send)*.

The **-er** is called the ending, and the **donn-** the stem. To make the present tense of Group I, Regular Verbs, we remove the **-er**, and put on the endings: **-e, -es, -e, -ons-, -ez, -ent.**

e.g. donner *(to give)*.   Stem: donn-

| | |
|---|---|
| je donne | *I give* or *I am giving* |
| tu donnes | *you give* (sing., relatives, etc., only) |
| il } donne<br>elle } | *he* }<br>*she* } *gives* |
| nous donnons | *we give* |
| vous donnez | *you give* (sing. or plural) |
| ils } donnent<br>elles } | *they give* |

*Note.*—There are a few verbs of Group I with the vowel **e** as stem vowel, and this must take a grave accent before a final mute syllable.

e.g. acheter—to buy

| | |
|---|---|
| j'achète | nous achetons |
| tu achètes | vous achetez |
| il achète | ils achètent |

Similarly: lever—*to lift*, mener—*to lead*, promener—*to walk*.

(A mute syllable is one that ends in "-e" without an accent, or in "-es" or "-ent" at the end of a verb.)

## B. OF (Possession)

The French do not use "'s" to show possession as we do in English, but always say "the hat of John," "the book of the boy." The French for "of" is **de**.

e.g. le chapeau **de** Jean.

John's hat.

But when "de" is combined with "le, la, les" for "of the" it becomes exactly like the Partitive Article, "some," which we have already learnt.

|  | *Singular* | *Plural* |
|---|---|---|
| *Masculine* **du** | (**de l'** before a vowel or mute "h") | ⎫ |
| *Feminine* **de la** | (**de l'** before a vowel or mute "h") | ⎬ **des** |

|  |  | *Singular* | *Plural* |
|---|---|---|---|
| e.g. *M.* ⎰ | du garçon | *of the boy* | des garçons |
| ⎱ | de l'homme | *of the man* | des hommes |
| *F.* ⎰ | de la femme | *of the woman* | des femmes |
| ⎱ | de l'école | *of the school* | des écoles |

The boy's book—le livre du garçon

The boys' books—les livres des garçons.

## C. TO or AT in French = **à**

e.g. à Jean, à Paris, à un magasin.

*to John, to* or *at Paris, to* or *at a shop.*

but when "à" is combined with "le, la, les" it becomes:

|  | *Singular* | *Plural* |
|---|---|---|
| *Masculine* **au** | (**à l'** before a vowel or silent "h") | ⎫ |
| *Feminine* **à la** | (**à l'** before a vowel or silent "h") | ⎬ **aux** |

|  | *Singular* | *Plural* |
|---|---|---|
| e.g. au garçon | *to the boy* | aux garçons |
| à l'homme | *to the man* | aux hommes |
| à la femme | *to the woman* | aux femmes |
| à l'école | *to the school* | aux écoles |

e.g. Je donne le livre au garçon et à la fille.

I give the book to the boy and to the girl.

**D.** It will be necessary to learn by heart the Present Tense of some twenty common Irregular Verbs, which are summarised in a table at the back of the book. We have already learnt "avoir" (*to have*) and "être" (*to be*). The next important irregular verb is "aller" (*to go*).

**All irregular verbs will be indicated in the vocabularies by an asterisk.**

### aller (*to go*)

| | |
|---|---|
| je vais | *I go*, *am going* |
| tu vas | *you go* |
| il (elle) va | *he* (*she*) goes |
| nous allons | *we go* |
| vous allez | *you go* |
| ils (elles) vont | *they go* |

## VOCABULARY

| | | | |
|---|---|---|---|
| l'agent | policeman | l'amie (f.) | friend |
| l'argent (m.) | money | l'auto (f.) | car |
| l'autobus (m.), | | la boutique | small shop |
| le bus | bus | la femme | woman, wife |
| le chapeau | hat | l'heure (f.) | hour (o'clock) |
| le coin | corner | la maison | house |
| le déjeuner | lunch | la place | square |
| l'épicier | grocer | la pomme | apple |
| le franc | franc | la robe | |
| le kilo | kilogram | (de soie) | dress (of silk) |
| le magasin | shop | la rue | street |
| le marchand | shopkeeper | la ville | town |
| le marché | market | la vitrine | shop-window |
| le médecin | doctor | la voiture | car |
| le panier | basket | | |
| le prix | price | cinq | five |
| le ticket | | cinquante | fifty |
| de bus | bus ticket | neuf | nine |
| | | quatre-vingts | eighty |
| admirer | to admire | six | six |
| apporter | to bring | beau (f. belle) | fine, beautiful |
| arriver | to arrive | gai | bright, |
| déjeuner | to lunch | | cheerful |

| | | | |
|---|---|---|---|
| demander | to ask, ask for | chez | to *or* at the |
| entrer (dans) | to enter | | house *or* |
| monter (dans) | to get *or* | | shop of |
| | mount into | combien? | how much? |
| porter | to carry, wear | d'abord | firstly |
| quitter | to leave | de bonne | |
| regarder | to look at | heure | early |
| rencontrer | to meet | ensemble | together |
| rentrer | to come back, | en ville | in town |
| | return home | près de | near |
| | | puis | then, next |
| | | quand | when |
| | | quel (f. quelle) | what |
| | | qui | who, which (subject) |

| | |
|---|---|
| Quel beau marché! | What a fine market! |
| Qu'est-ce que? | What is it that? |
| Qui est-ce que? | Who is it that? |

*Note.*—On French buses and at French stations you are required to push your ticket into a machine which marks it with the date. When you do this "vous compostez".

## En Ville

Madame Dubois, qui porte un joli chapeau, quitte la maison de bonne heure. Il y a un arrêt d'autobus au coin de la rue. Il y a un agent près du coin. Madame Dubois monte dans le bus, et puis elle composte un ticket de bus.

Elle arrive en ville, et va d'abord chez l'épicier, où elle achète des provisions. Elle donne quatre-vingts francs à l'épicier.

Puis elle va dans les grands magasins, qui sont très gais. Les vitrines des magasins sont jolies.

Elle regarde les robes, et elle achète une robe de soie dans une boutique près de la place du marché.

Elle rencontre la femme du médecin, et elles vont ensemble au marché.

Quel beau marché!    Elles admirent les fruits, les légumes, et les belles fleurs.

Madame Dubois demande au marchand le prix des pommes: "Combien le kilo?" "Neuf francs, madame." Elle donne de l'argent au fils du marchand, qui apporte un panier.

Puis les amies entrent dans un restaurant, où elles déjeunent.

Après le déjeuner elles vont au cinéma, et elles rentrent à la maison à six heures dans la voiture de l'amie de Madame Dubois.

## QUESTIONS

1. Qu'est-ce que Madame Dubois porte?
2. Où est-ce qu'elle monte?
3. Où est-ce qu'elle arrive?
4. Qu'est-ce qu'elle regarde?
5. Qu'est-ce qu'elle regarde?
6. Qui est-ce que Madame Dubois rencontre?
7. Où est-ce qu'elles vont ensemble?
8. Qu'est-ce qu'il y a au marché?
9. Qu'est-ce que Madame Dubois donne au fils du marchand?
10. A quelle heure est-ce que les deux amies rentrent à la maison?

## EXERCISES

A.  Replace the infinitive in brackets by the appropriate form of the verb:

1. Elle (porter) un costume.
2. Nous (arriver) à la ville.
3. Ils (acheter) des tickets.
4. Vous (regarder) la vitrine.
5. Il (aller) au marché.
6. Je (entrer) dans le restaurant.
7. Elle (demander) des pommes.
8. Ils (aller) au cinéma.
9. Nous (rentrer) à six heures.
10. Vous (quitter) la maison.

B.  Put "of the" ("du, de la, de l'"; or "des") before the following nouns:

marchand, médecins, amie, femme, restaurant, pommes, maison, coin, autobus, rue.

C. Put "to the" ("au, à la, à l'"; or "aux") before the following nouns:

ville, amie, marchand, cinéma, médecins, place, auto, coin, magasins, marché.

D. Fill in the appropriate missing word:

1. Madame Dubois porte un — chapeau; elle va — magasins.
2. Madame Dubois — un ticket de bus.
3. Marie — de l'argent au marchand qui — un panier.
4. Les amies — les vitrines, — sont très gaies.
5. La femme — médecin et Pierre — au cinéma.

E. Translate:

early, at the corner of the street, to the shops, near the shop, the windows are bright, the shopkeeper's wife, the price of the vegetables, at five o'clock, the friend's car, Mrs. Dubois's hat, to the market square, the doctor's son, we go to the cinema, what a fine hat! firstly, six francs a kilo, I get in the bus, do they lunch at the restaurant? where does he go?

F. Translate:

Mrs. Dubois arrives early at the town. She goes to the shops with a friend who is the doctor's wife. They buy two dresses, which are very pretty. Then they go together to the market where they admire the vegetables and the beautiful flowers. They look also at the fruit. The shopkeeper's son brings a basket and he gives some apples to Mrs. Dubois's friend.

They lunch at a restaurant near the market. At two o'clock Mrs. Dubois goes to the cinema, but the doctor's wife gets into a bus at the corner of the street.

G. Write in French a few lines about "Le Marché" or "La Ville."

Word List: "La Ville," p. 234.

# LESSON IV

## GRAMMAR

### A. Questions

Although the expression "Est-ce que," which has been used to ask a question in previous lessons, can be used at all times, a simpler and more usual method of asking a question in French is to invert the subject and verb, e.g.:

| être | avoir | donner |
|------|-------|--------|
| suis-je? *am I? etc.* | ai-je? *have I? etc.* | **est-ce que** je donne? *do I give? etc.* |
| es-tu? | as-tu? | donnes-tu? |
| est-il (-elle)? | a-t-il (-elle)? | donne-t-il (-elle)? |
| sommes-nous? | avons-nous? | donnons-nous? |
| êtes-vous? | avez-vous? | donnez-vous? |
| sont-ils (-elles)? | ont-ils (-elles)? | donnent-ils (-elles)? |

Notes

(1) When the verb ending before "il" or "elle" is a vowel, a **t** is inserted.

e.g. a-**t**-il? *has he?*

Similarly, in the case of "il y a" (*there is, there are*), write y a-**t**-il? *is there? are there?*

(2) Although we write "suis-je" and "ai-je," we generally use **est-ce que** before "je" to avoid an awkward sound.

e.g. Est-ce que je donne? (Never "donne-je?"—but "donné-je" is found in literary French.)

(3) When there is a noun subject to a verb instead of a pronoun, we place the noun first, then invert the verb and add the necessary pronoun.

e.g. Does the man give?
L'homme, donne-t-il?

But we can always avoid this if we wish by using **est-ce que**.

e.g. Est-ce que l'homme donne?

## B. Negatives

We express "not" with a verb, e.g. "I do not give," by putting **ne** (**n'** before a vowel) before the verb, and **pas** after, e.g.:

| donner | avoir |
|---|---|
| je ne donne pas.   *I do not give, etc.* | je n'ai pas.   *I have not, etc.* |
| tu ne donnes pas | tu n'as pas |
| il (elle) ne donne pas | il (elle) n'a pas |
| nous ne donnons pas | nous n'avons pas |
| vous ne donnez pas | vous n'avez pas |
| ils (elles) ne donnent pas | ils (elles) n'ont pas |

*Note.*—Notice the position of "ne":

1. When we write a negative question, e.g.

| Ne suis-je pas? | Am I not? |
|---|---|
| Ne donnons-nous pas? | Don't we give? |
| N'a-t-il pas? | Hasn't he? |

2. With "il y a," e.g.

| Il n'y a pas. | There is not, are not. |
|---|---|
| N'y a-t-il pas? | Is there, are there not? |

3. In everyday conversation the French often omit the "ne" (but never the "pas") so "Je n'aime pas les pommes" (I don't like apples), for example, may be said as "J'aime pas les pommes".

## C. DE (D' before a vowel or "h" mute) is written instead of "du, de la, de l', des" for "some, any" in the following cases:

1. *After a Negative*

> e.g. I haven't a (any) pen.
> Je n'ai pas **de** stylo.
> There is no water (= not any).
> Il n'y a pas **d'**eau.

2. *After Expressions of Indefinite Quantity*

(Other than the words "some, any," which are translated by "du, de la, de l', des"; and the adjectives "quelques" (a few) and "plusieurs" (several).)

| viz. beaucoup **de** | many, a lot of | peu **de** | few, little |
| assez **de** | enough | trop **de** | too many, too much |
| tant **de** | so much, so many | autant **de** | as much, as many |
| un peu **de** | a little | combien **de?** | how many, much? |

e.g.
| a lot of apples | beaucoup **de** pommes |
| too much water | trop **d'**eau |
| a little wine | un peu **de** vin |

Also after such expressions as:

*Adjective:* plein **d'**eau — full of water

*Nouns* { un verre **de** vin — a glass of wine
{ un sac **de** blé — a sack of corn

*Exceptions*
| bien **des** pommes | many, a lot of, apples |
| encore **du** pain | some more bread |
| la plupart **des** maisons | most of the houses |

## D. Possessive Adjectives

|  | Singular | | Plural |
|  | *Masc.* | *Fem.* | *Masc. and Fem.* |
| *my* | mon | ma | mes |
| *your* | *ton | *ta | *tes |
| *his, her, its* | son | sa | ses |
| *our* | notre | notre | nos |
| *your* | votre | votre | vos |
| *their* | leur | leur | leurs |

These agree in gender and number with the *noun possessed*, and *not* with the possessor.

e.g.
| my mother and father | **ma** mère et **mon** père |
| her husband | **son** mari |

In other words, they agree with their adjacent noun, just like "le, la, les."

---

* Used only when addressing relatives and close friends, children, and animals.

L..F. — 3

*Note.*—Before a feminine noun beginning with a vowel or mute "h" write "mon, ton, son" instead of "ma, ta, sa."

e.g. **mon** amie  (*not:* ma amie)

### E. Present Tense of Irregular Verbs, "dire" (to say), "lire" (to read), "partir" (to set out), "prendre" (to take)

| dire (*to say*) | lire (*to read*) |
|---|---|
| je dis | je lis |
| tu dis | tu lis |
| il (elle) dit | il (elle) lit |
| nous disons | nous lisons |
| vous dites | vous lisez |
| ils (elles) disent | ils (elles) lisent |

| partir (*to set out*) | prendre (*to take*) |
|---|---|
| je pars | je prends |
| tu pars | tu prends |
| il (elle) part | il (elle) prend |
| nous partons | nous prenons |
| vous partez | vous prenez |
| ils (elles) partent | ils (elles) prennent |

*Note.*—Compound forms of any verb are conjugated like their parent verb.

e.g. "repartir" (*to set out again*) is conjugated like "partir." "reprendre" (*to take again*), "comprendre" (*to understand*) are conjugated like "prendre."

## VOCABULARY

| | | | |
|---|---|---|---|
| l'ami (m.) | friend | l'arrivée | arrival |
| l'après-midi | afternoon (in the) | la dactylo | typist |
| | | la gare | station |
| le billet | rail ticket | la lettre | letter |
| le bureau | office, desk | la machine à écrire | typewriter |
| le bureau de poste, la poste | post office | la réponse | answer |
| | | la serviette | brief-case |
| le courrier | mail | | |
| le dîner | dinner | fatigué | tired |
| le facteur | postman | | |

| | | | |
|---|---|---|---|
| le métro | Underground | sept | seven |
| le parapluie | umbrella | huit | eight |
| le petit déjeuner | breakfast | après | after |
| le repas | meal | aujourd'hui | today |
| le temps | time | avec | with |
| le timbre | stamp | d'accord? | O.K.? |
| le travail | work | | agreed? |
| | | encore | again, more |
| causer | to chat | jusqu'à | until |
| chercher | to look for | midi | 12 noon |
| dicter | to dictate | mais non! | oh no! |
| téléphoner | to telephone | oui | yes |
| | | pour | in order to |
| | | en retard | late (for a fixed time) |
| | | tard | late (at a late hour) |

*Note.*—Nowadays in everyday conversation the French often make a question simply by raising their voice, in preference to the inversion and the "est-ce que" forms.

## Au Bureau

Monsieur Dubois entre un peu tard dans la salle à manger. La famille est à table.

Il prend généralement le petit déjeuner à huit heures. Il demande à sa femme: "Je suis en retard?" "Oui," dit-elle. "Tu n'as pas beaucoup de temps."

Il cherche son parapluie et sa serviette et part pour la gare. A la gare il prend son billet et il achète un journal au kiosque. Puis il composte son billet et monte dans le train.

Quand il arrive à Paris il prend le métro, et entre dans son bureau à neuf heures.

A son arrivée il demande à sa dactylo: "Y a-t-il du courrier, mademoiselle?" Elle est assise devant sa machine à écrire, et elle donne cinq lettres à Monsieur Dubois. "Il n'y a pas beaucoup de courrier aujourd'hui," dit-il, et il lit les lettres de ses clients et dicte les réponses jusqu'à midi.

A midi Monsieur Dubois et son ami Monsieur Lebrun

déjeunent, et après le repas Monsieur Dubois téléphone à sa femme. Il dit: "Il n'y a pas trop de travail aujourd'hui. Je vais rentrer par le train de six heures. Nous allons au cinéma après dîner, d'accord?"

L'après-midi il cause avec des clients. Le facteur apporte encore des lettres. Sa dactylo dit: "Je n'ai pas de timbres. Je vais acheter des timbres au bureau de poste."

Monsieur Dubois ferme son bureau à cinq heures, prend un taxi pour aller à la gare, et rentre à la maison. Sa femme dit: "Tu n'es pas fatigué?" "Mais non," dit-il. "Est-ce que les enfants vont au cinéma avec nous?"

Après le dîner, à huit heures, Monsieur et Madame Dubois partent au cinéma avec leurs enfants.

## QUESTIONS

1. A quelle heure Monsieur Dubois prend-il son petit déjeuner?
2. Qu'est-ce qu'il demande à sa femme?
3. Qu'est-ce qu'il cherche?
4. Où entre-t-il à neuf heures?
5. Qu'est-ce qu'il dicte jusqu'à midi?
6. Son ami, déjeune-t-il avec Monsieur Dubois?
7. La dactylo, a-t-elle des timbres?
8. A quelle heure Monsieur Dubois ferme-t-il son bureau?
9. Est-il fatigué?
10. Combien d'enfants a Monsieur Dubois?

## EXERCISES

A. Replace the infinitive in brackets by the appropriate ending:

1. Vous (dire). 2. Ils (dire). 3. Elle (lire). 4. Nous (lire). 5. Ils (lire). 6. Je (partir). 7. Vous (partir). 8. Ils (prendre). 9. Nous (prendre). 10. Vous (être).

B. Make each of the following sentences (a) Interrogative and (b) Negative:

1. Monsieur Dubois porte un chapeau. 2. Il est en retard. 3. Il a un parapluie. 4. Monsieur Dubois et son ami déjeunent. 5. Il y a beaucoup de lettres. 6. Je dicte une réponse. 7. Les enfants vont au cinéma. 8. Je suis

fatigué. 9. Le monsieur prend un billet. 10. Elle achète un journal.

C. Insert a suitable possessive adjective (e.g. mon, ma, mes, etc.):

1. Il porte — parapluie. 2. Nous lisons — lettres. 3. Ils parlent à — amis. 4. Elle rencontre — amie. 5. Je lis — courrier. 6. Vous achetez — billet. 7. Tu prends — serviette. 8. Nous cherchons — train. 9. Elle parle à — père. 10. Ils entrent dans — bureau.

D. Insert correctly: "du, de la, de l', des" or "de, d' " before the following:

— billets, — viande, — eau, — pain, beaucoup — café, je n'ai pas — vin, — légumes, peu — lettres, elle n'a pas — timbres, trop — eau.

E. Translate:

how many clients?, few trains, a little water, enough work, too many apples, a glass of milk, several books, most of the letters, we have no stamps, haven't you any tickets?

F. Translate:

Mr. and Mrs. Dubois and their children take breakfast at eight o'clock. Mr. Dubois has not too much time. He sets out for the station, where he buys his newspaper.

When he arrives in Paris he meets his friend Mr. Lebrun and they go together to their office. Mr. Dubois asks (to) his typist: "Are there many letters today?" She says: "No, there are few letters, sir." She is seated in front of her typewriter, and she has a lot of paper, pens and pencils. Mr. Dubois dictates letters until twelve o'clock. Then he goes to have lunch.

After the meal he chats with his clients, and at four o'clock he telephones to his wife: "We are going to the cinema after dinner, O.K.? There are few clients, and I have not too much work. I am returning by the six o'clock train."

G. Describe in French, from memory, "La Journée* de Monsieur Dubois."

* la journée = the whole day (*not* "journey").

# LESSON V

## GRAMMAR

### A. Present Tense of Verbs ending in "-IR" (*Group II, Regular Verbs*)

Verbs of this group are not nearly so numerous as those belonging to Group I. In the plural they insert **-iss** after the stem. Endings: **-is, -is, -it, -issons, -issez, -issent.**

|  |  |
|---|---|
| e.g. fin**ir** (*to finish*). | Stem: fin-. |
| je fin**is**     *I finish* | nous fin**issons** |
| tu fin**is** | vous fin**issez** |
| il (elle) fin**it** | ils (elles) fin**issent** |

*Note.*—There are a few important verbs ending in "-ir" which are irregular and do not insert "-iss" in the Present.

Note particularly: "dormir" (*to sleep*), "partir" (*to start* or *set out*), "servir" (*to serve*), "sortir" (*to go out*)—which are all conjugated like "partir" (Lesson IV).

### B. Position of Adjectives

In French, with a few exceptions, adjectives are placed *after* the nouns they qualify.

1. Adjectives placed *after* their nouns include all adjectives of colour and nationality, and all long adjectives.

|  |  |
|---|---|
| e.g. le chien noir | the black dog |
| une maison anglaise | an English house |
| une leçon intéressante | an interesting lesson |

*Note.*—Two or more adjectives following a noun are joined by **et.**

e.g. l'herbe verte **et** épaisse     the thick green grass

2. Adjectives placed *before* their nouns.

The following list of common adjectives which generally precede their nouns should be learnt by heart:

|  |  |  |  |
|---|---|---|---|
| autre | *other* | bon | *good* |
| beau | *beautiful, fine* | gentil | *nice* |

| grand | *great, large, big* | mauvais | *bad* |
|-------|---------------------|---------|-------|
| gros  | *big, fat*          | méchant | *wicked* |
| haut  | *high, tall*        | meilleur | *better* |
| jeune | *young*             | même    | *same* |
| joli  | *pretty*            | petit   | *little, small* |
| large | *broad*             | vieux   | *old* |
| long  | *long*              | vilain  | *nasty, ugly* |

e.g.  un beau jour      a fine day
       une jolie petite maison    a pretty little house

All *numeral adjectives* also precede their nouns; as also do "chaque" (*each*), "plusieurs" (*several*), "quelque" (*some, a few*), and "tout" (*all*).

e.g.  trois livres       three books
      plusieurs livres    several books
      le troisième livre    the third book

3. Adjectives placed *before, or after*, according to *meaning*.

| | Before Noun | After Noun |
|---|---|---|
| brave | *worthy, good* | *brave* |
| cher | *beloved* | *expensive* |
| dernier | *final* | *past* |
| nouveau | *fresh, another* | *new-fashioned* |
| pauvre | *to be pitied* | *penniless* |
| propre | *own* | *clean* |

*Note.*—The above rules are given for general guidance; the position of the adjective in modern French is not always a question of rule, but one of style or of emphasis, and many adjectives other than those in B.2 will often be found placed before the noun.

**C. DE (D' before a vowel or mute "h")** is written instead of "des" for "some, any" when an adjective comes *before* a noun in the plural.

e.g. **de** bons livres    some good books

Note: une jeune fille (*a girl*), **des** jeunes filles, as the adjective is really part of the noun in such cases.

**D. Irregular Feminine Forms of Adjectives**

(For rule for formation of regular feminines see Lesson II.)

Note the following irregular groups:

| Masculine ending | | | Feminine ending |
|---|---|---|---|
| 1. | **-er** | | **-ère** |
| | | e.g. cher, chère (*dear*) | |
| 2. | **-f** | | **-ve** |
| | | e.g. actif, active (*active*) | |
| 3. | **-x** | | **-se** |
| | | e.g. heureux, heureuse (*happy*) | |
| 4 | **-on** | ⎫ | **-onne** |
| | **-ien** | ⎪ These double | **-ienne** |
| | **-eil** | ⎬ the final | **-eille** |
| | **-el** | ⎪ consonant | **-elle** |
| | **-et** | ⎭ | **-ette** |

e.g.  bon, bonne                    *good*
      parisien, parisienne          *Parisian*
      pareil, pareille              *similar*
      cruel, cruelle                *cruel*
      muet, muette                  *mute*

5. The following irregular feminines must be learnt:

| Masculine | Feminine | |
|---|---|---|
| bas | basse | *low* |
| blanc | blanche | *white* |
| doux | douce | *sweet, soft* |
| épais | épaisse | *thick* |
| favori | favorite | *favourite* |
| frais | fraîche | *fresh* |
| gentil | gentille | *nice* |
| gras | grasse | *fat* |
| gros | grosse | *big, fat* |
| long | longue | *long* |
| sec | sèche | *dry* |

6. Three common adjectives which come before the noun have a special form before a masculine noun beginning with a vowel or mute "h" as well as an irregular feminine form:

| Masculine | | Feminine | |
|---|---|---|---|
| (*Consonant*) | (*Vowel or mute "h"*) | | |
| beau | bel | belle | *beautiful* |

| fou | fol | folle | *mad* |
| nouveau | nouvel | nouvelle | *new* |
| vieux | vieil | vieille | *old* |

e.g. un bel été, un nouvel ami, un vieil oncle
a beautiful summer, a new friend, an old uncle.

*Note:* See page 48 for the special masculine plural of adjectives ending in **-au** and in **-x**.

**E. ONE.** French expresses "people go, you go, one goes," by **on** with 3rd Person Singular of verb. (An "l'" may be inserted before "on" to avoid an awkward sound. e.g. si **l'**on = if one.)

e.g. On va à l'église. One goes to church.

**F.** Note that the Group I verb "jeter" (*to throw*) doubles the "t" before a mute syllable in the Present Tense.

| je jette | nous jetons |
| tu jettes | vous jetez |
| il (elle) jette | ils (elles) jettent |

## VOCABULARY

| le bœuf | beef, ox | la balle | ball |
| le chien | dog | la banlieue | outer |
| l'escalier (m.) | staircase | | suburbs |
| l'étage (m.) | storey | la chambre | |
| le fond | bottom, end | à coucher | bedroom |
| le jardin | garden | le cheminée | chimney |
| les meubles | | la cuisine | kitchen |
| (m.) | furniture | la dent | tooth |
| le potage | soup | la haie | hedge |
| le rez-de- | ground-floor | l'herbe (f.) | grass |
| chaussée | | la pelouse | lawn |
| le rôti | roast | la plate-bande | flower-bed |
| le toit | roof | la pomme de | potato |
| le vestibule | hall | terre | |
| | | la salle de bain | bathroom |
| aimer | to like | la salle de sejour | living |
| jouer | to play | | room |

| | | | |
|---|---|---|---|
| obéir | to obey | bon (f. bonne) | good |
| préparer | to prepare | chaque | each |
| punir | to punish | confortable | comfortable |
| saisir | to seize | délicieux | delicious |
| *sortir | to go out | élégant | elegant |
| travailler | to work | entouré (de) | surrounded |
| trouver | to find | | (by) |
| | | fier | proud |
| à côté | at the side | frais (f. fraîche) | fresh |
| au milieu | in the middle | gentil (f. -lle) | nice |
| c'est | it is | haut | high |
| comment? | how? | large | broad |
| de | of, from | long (f. longue) | long |
| dix | ten | premier | first |
| entre | between | rôti | roast |
| quand | when | situé | situated |
| très | very | vieux (f. vieille) | old |

Note the following abbreviations:

| | |
|---|---|
| M. (Monsieur) | Mr. |
| Mme (Madame) | Mrs. |
| Mlle (Mademoiselle) | Miss |

## La Maison et le Jardin

La belle maison de M. Dubois est située dans la banlieue, à dix kilomètres de Paris. C'est une grande maison blanche. Au milieu du toit rouge il y a une haute cheminée. Il y a un grand garage sous la maison.

Au rez-de-chaussée il y a un vestibule, une petite salle à manger, un salon élégant, et une cuisine.

Madame Dubois travaille dans la cuisine, où elle prépare le dîner: un potage délicieux, un rôti de bœuf avec des pommes de terre rôties, du fromage, et des fruits. Elle choisit aussi un bon vin rouge pour M. Dubois.

On monte par un large escalier au premier étage, où il y a trois chambres à coucher et une salle de bain. Dans chaque chambre on trouve de jolis meubles. Les fenêtres ont des volets verts.

Derrière la maison et à côté, il y a un joli jardin. Il y a de belles fleurs dans les longues plates-bandes près de la pelouse verte. Le jardin est entouré d'une haie épaisse.

A huit heures M. et Mme Dubois et leurs deux enfants finissent leur repas et sortent dans le jardin. Leur chien, Bijou, joue sur l'herbe fraîche avec une balle. Les enfants jettent la balle au fond du jardin, et Bijou saisit la balle entre ses dents. La famille Dubois aime le gentil Bijou, et on ne punit pas le vieil animal quand il n'obéit pas. Mme Dubois est très fière de son beau jardin.

## QUESTIONS

1. Où est la maison de M. Dubois?
2. De quelle couleur est le toit?
3. Qu'est-ce qu'il y a au rez-de-chaussée?
4. Qui prépare le dîner?
5. Qu'est-ce que Madame Dubois choisit?
6. Comment est-ce qu'on monte au premier étage?
7. Qu'est-ce qu'il y a dans chaque chambre?
8. Où est-ce qu'on trouve de belles fleurs?
9. Qui jette la balle du chien?
10. Comment Bijou saisit-il la balle?

## EXERCISES

A. Replace the infinitive in brackets by the appropriate form of the verb:

1. Nous (finir) le repas. 2. (finir)-il le travail? 3. Je ne (finir) pas le livre. 4. Vous (jeter) le fruit. 5. Ils ne (obéir) pas toujours. 6. Il (jeter) la balle. 7. (punir)-vous le chien? 8. Nous (saisir) le chat. 9. Ils (sortir) dans le jardin. 10. Elle ne (jouer) pas dans la maison.

B. Give the feminine of the following adjectives:

large, situé, cher, bon, beau, heureux, doux, actif, long, blanc, cruel, vieux, parisien, rouge, sec, nouveau, frais, muet, gros, épais.

C. Make the adjectives in brackets agree with their nouns:
  une maison (blanc), un (beau) ami, de (bon) chambres,
  une haie (épais), l'herbe (frais), de (long) plates-bandes,
  une femme (fier), la (vieux) cheminée, des pelouses
  (vert), une pomme de terre (délicieux).

D. (a) Place the adjectives in brackets before or after their
  nouns, as required, and make the necessary agreement:

    1. (frais) l'herbe
    2. (beau) l'auto
    3. (nouveau) l'ami
    4. (fatigué) la mère
    5. (vieux) la maison
    6. (bon, confortable) une chambre
    7. (vert, premier) la maison
    8. (blanc, rouge) des fleurs
    9. (haut, noir) les cheminées
    10. (joli, petit) des jardins.

(b) Fill in suitable adjectives, making necessary agreement:

    1. — maison est —.
    2. Nous avons des fleurs — et —.
    3. Un — escalier monte au — étage.
    4. Les cheminées sont — et —.
    5. — amis sont —.

E. Translate:

some good friends, an old animal, we punish sometimes, in
the country, one throws a ball, some comfortable beds, near
the pretty garden, in the middle of the lawn, on the first floor,
some bad wine.

F. Translate:

Our pretty house is situated in the middle of the country,
(at) nine kilometres from Rouen. It has two storeys, and
four chimneys, and it is surrounded by a broad hedge.

On the ground-floor you find a small entrance hall, a
drawing-room, a dining-room, and a big kitchen where my
mother prepares the meals.

You go up to the first storey by a long staircase. There are
three comfortable bedrooms and a white bathroom. Each

bedroom has some fine furniture, and green shutters.

In front of the house there is a pretty garden, with a broad lawn and flower-beds. The flowers are very beautiful, and my father is proud of his green lawn. At the bottom of our garden our dog Bijou plays with his old ball in the thick grass. We seize and throw the ball, and he brings the little red ball between his teeth.

G. Write in French a few lines about:

(a) "Ma Maison," (b) "Mon Jardin," or (c) "Mon Chien."

# REVISION

## (Lessons 1–5)

### A. Translate:

they are, are you? have they? there are, is there? there is not, she is not, we are not, has he? they are giving, do I give? we do not speak, does she speak? I buy, he does not finish, we finish, does he choose? they go, does she go? they read, she does not read, you say, does he take? we take, I do not set out, do they set out? they throw, we throw, you buy.

### B. Translate:

some water, some bread, some meat, some cups, the man's newspaper, the door of the house, the son's book, the windows of the rooms, Mary's friend, at the market, to the man, to the gardens, near the wall, a lot of dogs, too many plates, a glass of wine, his mother, her cat, our friends, their car.

### C. Translate:

1. The little green book is on the drawing-room mantelpiece.
2. On the dining-room table there are plates and glasses.
3. I buy some fine red apples at the market.
4. Mary's mother wears a pretty white dress.
5. We finish our lessons and we go to the cinema.
6. Their friends have a lot of pencils, but few pens.
7. His car is not red; it is black and green.
8. Her father goes to the office, and reads his letters.
9. Do you sell wine? No, we have no wine.
10. The merchant's son is giving a basket to the old man.

### D. Write in French a few lines about:

(a) Une Visite à la Ville
or (b) Notre Maison.

E. Answer in French the following questions, making a
   complete sentence in each answer:

1. Qu'est-ce qu'il y a dans le salon?
2. Qui est dans le salon?
3. Qu'est-ce qu'il y a sur la table de la salle à manger?
4. Où est-ce que Madame Dubois achète des pommes?
5. Qui est-ce qu'elle rencontre?
6. A quelle heure Monsieur Dubois part-il pour la gare?
7. Combien d'enfants a-t-il?
8. Où achetez-vous des timbres?
9. De quelle couleur sont les fleurs?
10. Comment est le jardin de Monsieur Dubois?

## LESSON VI

## GRAMMAR

### A. Present Tense of Verbs ending in -RE. (*Group III, Regular Verbs.*)

Endings: **-s, -s, —, -ons, -ez, -ent.**

e.g. vend**re** (*to sell*). Stem: vend-.

| | |
|---|---|
| je vend**s**   *I sell* | nous vend**ons** |
| tu vend**s** | vous vend**ez** |
| il (elle) vend | ils (elles) vend**ent** |

NOTES

(1) "prendre" (*to take*) is irregular (see Lesson IV) and its compounds "reprendre" (*to take again, to take back or to repeat*), "surprendre" (*to surprise*), "apprendre" (*to learn*), "comprendre" (*to understand*), are conjugated similarly.

(2) When the verb stem does not end in "-d," a "t" is added to the 3rd person singular.

e.g. rompre (*to break*), il rompt.

### B. Irregular Plural Forms of Nouns and Adjectives

1. If the singular ends in **-s, -x, -z,** no change is made in the plural.

| e.g. | le fils (*son*) | les fils |
|---|---|---|
| | le nez (*nose*) | les nez |
| | vieux (*old*) | vieux |

2. Nouns and adjectives ending in **-au** and **-eu,** add **-x.**

| e.g. | le couteau (*knife*) | les couteaux |
|---|---|---|
| | le feu (*fire*) | les feux |
| | beau (*beautiful*) | beaux |

*Note.*—Exception to above rule:

| | bleu (*blue*) | bleus |
|---|---|---|

3. Nouns and Adjectives ending in **-al** change to **-aux**.

  e.g.   le journal (*newspaper*)      les journaux
        principal (*principal*)       principaux

  but principale (f.), pl. principales

4. A few nouns ending in **-ou** add **-x**.

  e.g.   le bijou (*jewel*)       le caillou (*pebble*)
        le chou (*cabbage*)      le joujou (*plaything*)
        le genou (*knee*)        le hibou (*owl*)

All other Nouns and Adjectives ending in **-ou** add **-s**.

  e.g.   le trou (*hole*)           les trous

5. The following irregular plurals must be learnt:

  Monsieur (*Mr.* or *gentleman*)  Messieurs (MM.)
  Madame (*Mrs.*)                  Mesdames (Mmes)
  Mademoiselle (*Miss*)            Mesdemoiselles (Mlles)
  le ciel (*sky*)                  les cieux
  l'œil (*eye*)                    les yeux
  le travail (*work*)              les travaux

*Note.*—Proper names take no "-s" in the plural.

  e.g. les Smith      the Smiths

**C. ALL.** The adjective "tout" (*all*) is irregular in the masculine plural.

|            | *Singular* | *Plural* |
|------------|------------|----------|
| *Masculine* | tout      | tous     |
| *Feminine*  | toute     | toutes   |

It precedes the article as in English.

  e.g. Tous les hommes      All the men.

"Tout" can also be used alone, as a pronoun, for "all, everything"; and "tous" and "toutes" are also used in the plural as pronouns, placed after the verb.

  e.g. Tout est perdu { All is lost.
                      { Everything is lost.

  Ils sont tous ici  }
  Elles sont toutes ici } They are all here.

*Note.*—The final "s" of "tous" is pronounced when it is a pronoun—but not when it is an adjective.

## D. The Demonstrative Adjective ("This" or "That")

|  | Singular<br>(this or that) | Plural<br>(these or those) |
|---|---|---|
| Masculine | **ce**<br>(**cet** before a vowel or<br>mute "h") | **ces** |
| Feminine | **cette** | |

e.g.

| | | |
|---|---|---|
| ce chien | *this dog* | ces chiens |
| cet homme | *this man* | ces hommes |
| cette femme | *this woman,* | ces femmes |
| | *this wife* | |

*Note.*—For emphasis, or when two nouns are mentioned in comparisons, and it is essential to distinguish between them by using "this" and "that" or "these" and "those," we add **-ci** to the nouns for "this," "these" and **-là** to the nouns for "that," "those." These suffixes are formed from the adverbs "ici" (here) and "là" (there).

e.g. J'ai deux crayons: ce crayon-ci est noir, ce crayon-là est bleu.

I have two pencils: *this* pencil is black, *that* pencil is blue.

## E. Voici (*here is, here are*) and Voilà (*there is, there are*) are
used in conversation when pointing out some person or thing.

e.g. Voici mon père!     Here is my father!
     Voilà les livres!     There are the books!

*Note.*—"il y a" (there is, are) is used in making a statement, but *not* when an object is pointed out.

## F. Present Tense of Irregular Verbs "boire" (" to drink") and "faire" ("to do" or "make")

| | |
|---|---|
| boire (*to drink*) | faire (*to do* or *make*) |
| je bois   *I drink* | je fais   *I do* or *make* |
| tu bois | tu fais |
| il (elle) boit | il (elle) fait |
| nous buvons | nous faisons |
| vous buvez | vous faites |
| ils (elles) boivent | ils (elles) font |

**G.** The verb **faire** (*to make*) is used in expressions dealing with the weather ("le temps").

e.g. Quel temps fait-il?       What is the weather like?

| Il fait beau (temps) | It is fine (weather) |
| Il fait mauvais (temps) | It is bad (weather) |
| Il fait chaud | It is hot |
| Il fait froid | It is cold |
| Il fait jour | It is daylight (light) |
| Il fait nuit (noir) | It is night (dark) |

## VOCABULARY

| | | | |
|---|---|---|---|
| le banc | bench, seat | la brioche | bun |
| le bateau | boat | la chose | thing |
| le canard | duck | la pâtisserie | pastry-shop |
| le cygne | swan | la promenade | walk |
| le gardien | keeper | la rive | bank |
| le gâteau | cake | la rivière | river |
| le gazon | turf | la vitesse | speed |
| le lac | lake | | |
| le morceau | piece | au bord de | on the edge of |
| l'oiseau (m.) | bird | au bout de | at the end of, |
| le pêcheur | fisherman | | after |
| le poisson | fish | au soleil | in the sun |
| le retour | return | comme | as |
| le tour | tour, trip | ensuite | next |
| | | midi | midday |
| attendre | to wait | loin | far |
| attraper | to catch | pendant que | while |
| crier | to call out | pour | in order to |
| louer | to hire | qui | who, which |
| pêcher | to fish | | (subject) |
| bleu | blue | regardez! | look (at)! |
| chaud | hot | tiens! | just look! |
| clair | clear | voici! | here is, are! |
| fâché | angry | voilà! | there is, are! |
| gris | grey | Que fait-il? | What is he do- |
| méchant | naughty | | ing? |
| occupé (à) | occupied (in) | | |

NOTES

un pain = a loaf
un petit pain = a roll

## AU PARC

Comme il fait beau M. Dubois et M. Lebrun font une promenade avec leurs fils, Pierre et Paul, au parc qui est près de la maison de M. Lebrun.

Au milieu du parc il y a un petit lac, avec des bateaux. Les deux pères choisissent un banc confortable au bord de l'eau et, assis au soleil, ils lisent leurs journaux, pendant que leurs enfants louent un bateau pour faire un tour sur le lac.

Il fait très chaud, et au bout d'une heure ils entrent tous dans un café près du parc. Les garçons boivent une limonade, mais M. Lebrun prend un apéritif.

M. Dubois achète des croissants et des brioches dans une pâtisserie où l'on vend toutes sortes de gâteaux.

A leur retour ils vont ensuite à la petite rivière qui traverse le parc.

"Voici de beaux cygnes," crie Pierre, et il jette des morceaux de pain aux oiseaux. "Tiens, papa," dit Paul, "ce cygne-ci est blanc, mais ce cygne-là est gris. Et voilà de jolis canards bleus et bruns."

Deux vieux messieurs sur la rive sont occupés à pêcher. M. Dubois demande à un des pêcheurs: "Attrapez-vous beaucoup de poissons aujourd'hui?" "Non, monsieur," répond-il. "Cette eau est trop claire."

Pendant qu'ils parlent le méchant Bijou fait des trous dans le gazon, et le gardien, qui arrive à cet instant, est très fâché. "Je vais punir ce chien," dit-il, mais Bijou n'attend pas. Il part à toute vitesse pour la maison. A midi tout le monde rentre déjeuner.

## QUESTIONS

1. Quel temps fait-il aujourd'hui?
2. Qui fait une promenade au parc?
3. Qu'y a-t-il au milieu du parc?
4. Qu'est-ce que les deux pères choisissent?

5. Que font leurs enfants?
6. Où est le café?
7. Qu'est-ce qu'on vend à la pâtisserie?
8. De quelle couleur sont les canards?
9. Que fait Bijou?
10. Le gardien du parc, aime-t-il Bijou?

## EXERCISES

A. Replace the infinitive in brackets by the appropriate form of the verb:

1. Ils (vendre) du vin.
2. Je (répondre) au pêcheur.
3. Elle ne (boire) pas.
4. (boire)-nous du lait?
5. (faire)-il beau?

6. Il (attendre) le bateau.
7. (vendre)-nous des gâteaux?
8. Ils (boire) de l'eau.
9. Vous (faire) une promenade.
10. Nous ne (faire) pas ces choses.

B. Put into the plural:

madame, ce monsieur, le nouveau journal, il porte son chapeau gris, j'ai un vieux bateau, tu es mon fils, je regarde le beau ciel, il fait ce trou, elle a un caillou blanc.

C. Fill in "ce, cet, cette" or "ces" appropriately:

— bateau, — rivière, — homme, — pêcheurs, — femmes, — ami, — lac, — bancs, — femme, — garçon.

D. Translate:

*this* boat, *that* river, all *these* cakes, *this* bird, *this* duck and *that* duck, we all (note position in French) go, it is very hot, on our return, he goes for (makes) a walk, at the edge of the lake.

E. Translate:

Mrs. Dubois goes for a walk with her children in the park. It is fine, and they hire a boat in order to go for a row on the lake. On their return they go to a kiosk where one sells many things, and, seated on the grass, they drink some lemonade. Mrs. Dubois also buys some rolls and some cakes.

"There is a pretty green duck," cries Mary, and she throws some pieces of bread to the bird.

"This swan is black," says her mother, "but that swan is white."

While they are looking at some old gentlemen who are fishing at the edge of the water, Bijou makes holes in the flower-beds.

At this moment the keeper arrives. He is very angry and he shouts: "What is this dog doing? Look at all these flowers." Bijou does not like this man; he sets off at full speed while Mrs. Dubois talks to the keeper.

F. Write in French a few lines about "Une Promenade."

# LESSON VII

## GRAMMAR

### A. Personal Pronoun Objects of a Verb. (*Conjunctives, i.e. connected with Verb.*)

In English we say "I sell *it*" but the French say "I *it* sell," i.e. in French all personal pronoun objects must come *immediately before* the verb (except after the Imperative).

There are twelve personal pronoun objects which precede the verb, and the following table should be learnt by heart as soon as possible:

*Table of Pronoun Objects*

| | | | | |
|---|---|---|---|---|
| 1. | **me** <br> { me, <br> to me } | **\*te** <br> { you, <br> to you } | **se** <br> { See <br> Lesson <br> VIII } | **nous** <br> { us, <br> to us }    **vous** <br> { you, <br> to you } |
| 2. | | **le** <br> { him, <br> it (*m.*) } | **la** <br> { her, <br> it (*f.*) } | **les** <br> (*them*) |
| 3. | | | **lui** <br> (*to him, to her*) | **leur** <br> (*to them*) |
| 4. | | | | **y** (*there, to it (place)*) |
| 5. | | | | **en** (*some, any, of it, of them*) |

It is very important to remember the order in which the above come (i.e. the order of a football or hockey team: 5 forwards, 3 halves, 2 backs, 1 goalkeeper, and 1 referee) since, though in English we can say either "I give it to you" or "I give you it," French *always* requires the order indicated in this table when there are two objects.

e.g.
| | |
|---|---|
| I sell it | je **le** vends |
| He speaks to them | il **leur** parle |
| I give you it   } | je **vous le** donne |
| I give it to you } | |

i.e. "vous" in line 1 comes before "le" in line 2.

Use **en** with expressions of quantity.

e.g. j'**en** ai deux     I have two

---

\* Use **te** only for relatives, close friends, children, animals.

NOTES

(1) **me**, **te** and **se** become **m'**, **t'** and **s'** before a vowel or mute "h."

e.g. il m'en donne     he gives me some
      je m'habille        I dress myself

(2) The position of the pronoun object in negative and interrogative sentences is still *immediately* before the verb.

e.g. *Neg.* Je ne **le** donne pas     I do not give it.
      *Interrog.* **Le** donnez-vous?     Do you give it?

(3) When a verb is followed by an infinitive, be careful to put the pronoun object before the infinitive, of which it is obviously the object.

e.g. I can see him     Je peux **le** voir
                   (*not* "je le peux voir")

(4) The pronoun objects precede the expressions "voici" (here is, here are) and "voilà" (there is, there are), which are made by adding "ici" (here) and "là" (there) to the verb "voir" (to see), and which are used when pointing out people or things.

e.g. Le voici!     Here he (it) is!
      Les voilà!     There they are!

## B. The Imperative (Order or Command)

With the exception of a few Irregular Verbs (see verb table, page 215) the Imperative of all verbs is formed by dropping "tu," "nous" and "vous" of the Present Indicative, and by using the 2nd person singular and the 1st and 2nd person plural of the verb alone, i.e. without the pronoun.

e.g.

|        | finir     |                | vendre   |             |
|--------|-----------|----------------|----------|-------------|
| (tu)   | finis     | *finish*       | vends    | *sell*      |
| (nous) | finissons | *let us finish*| vendons  | *let us sell* |
| (vous) | finissez  | *finish*       | vendez   | *sell*      |

But all "-er" verbs drop the final "-s" of the 2nd person singular.

e.g.

|          | donner    |            | aller  |           |
|----------|-----------|------------|--------|-----------|
|          | donne     | *give*     | va     | *go*      |
|          | donnons   | *let us give* | allons | *let us go* |
|          | donnez    | *give*     | allez  | *go*      |

The 2nd person singular form is used only when addressing a relative, a close friend, child, or animal.

Note the Irregular Imperative of "avoir" and "être":

| avoir | | être | |
|---|---|---|---|
| aie | *have* | sois | *be* |
| ayons | *let us have* | soyons | *let us be* |
| ayez | *have* | soyez | *be* |

*Note.*—Final "-s" is not dropped in the 2nd person singular of "aller" before the pronoun "y" (there): e.g. vas-y! go there! (also, go on!)

## C. Position of Personal Pronoun Objects with Imperative

All personal pronoun objects are placed *after* an affirmative order, and joined to the verb by hyphens; and the direct object must always be placed *before* the indirect object (to) when there are two pronoun objects. "En" is not considered a direct object and is always placed *last*.

e.g. Give it  Donnez-le
     Give him them  Donnez-les (direct)-lui (indirect)
     Give some to us  Donnez-nous-en

"Moi" and "toi" are written instead of "me" and "te" when in final position.

e.g. Give it to me  Donnez-le-**moi**
*but* Give me some  Donnez-**m'**en

Negative orders do not follow this rule, however, but are treated as ordinary sentences, with pronoun objects in the usual position and order.

e.g. Don't give it  Ne le donnez pas
     Do not give them to me  Ne me les donnez pas

| venir (*to come*)* | voir (*to see*) |
|---|---|
| je viens  *I come* | je vois  *I see* |
| tu viens | tu vois |
| il (elle) vient | il (elle) voit |
| nous venons | nous voyons |
| vous venez | vous voyez |
| ils (elles) viennent | ils (elles) voient |

* Similarly: "tenir" (*to hold*), "devenir" (*to become*).

vouloir (*to wish, to want*)
je veux　　*I want*
tu veux
il (elle) veut
nous voulons
vous voulez
ils (elles) veulent

*Note.*—venir **de** + Infinitive—to *have just* done something.
e.g.　Je viens **de voir** mon ami　I have *just seen* my friend

## VOCABULARY

| | | | |
|---|---|---|---|
| l'album (m.) | album | l'Afrique du | North Africa |
| le collection- | collector | Nord | |
| neur | | la collection | collection |
| le Maroc | Morocco | l'enveloppe | envelope |
| le monde | world | la marque | make |
| l'oncle | uncle | | |
| le pays | country | absolument | absolutely |
| | | avec plaisir | with pleasure |
| coller | to stick | d'accord | O.K., agreed |
| chez toi | at (your) | donc | then |
| | home | en train de | in the act of |
| *envoyer | to send | il faut | it is neces- |
| oublier | to forget | | sary to |
| vouloir, | to wish, | merci | thank you |
| désirer | to want | moi aussi | I too |
| aimable | kind | s'il vous plaît | please |
| anglais | English | s'il te plaît | |
| chouette | | tenez! tiens! | look here! |
| (similar to | | tout de suite | at once |
| sympa) | nice, lovely | vite | quickly |
| gentil | nice, kind | vraiment | truly |
| jaune | yellow | à deux heures | at, until two |
| nouveau | new | seulement | only |
| quelques | a few | | |
| sympa | nice, pleasant | | |
| (young | | | |
| people's | | | |

short form
of "sym-
pathique")

## Les Collectionneurs de Timbres

PIERRE: Ah, te voilà, Jean-Marc. Je suis en train de coller quelques timbres dans mon album. Je vais te le montrer. Regarde.

JEAN-MARC: Moi aussi, je suis collectionneur. Tu as de beaux timbres britanniques. Je les aime beaucoup. Tu en as du Maroc?

PIERRE: J'en ai trois ou quatre seulement. Où sont-ils? Ah, les voici. Ils sont jolis, n'est-ce pas?

JEAN-MARC: Mon oncle m'envoie souvent des timbres de l'Afrique du Nord. Si tu les aimes, je te les donne avec plaisir. Tiens, en voici deux sur cette enveloppe. Les veux-tu?

PIERRE: Montre-les-moi, s'il te plaît. Oui, ils sont vraiment superbes, surtout ce timbre de 10 francs, bleu et jaune.

JEAN-MARC: Prends-les donc. J'en ai d'autres.

PIERRE: Merci. Tu es sympa. Je vais les mettre dans ma collection ce soir. Cet après-midi nous avons l'intention d'aller voir mon grand-père, qui demeure à Chartres. Nous y allons en voiture. Ah! Tu sais, nous avons une nouvelle voiture. Elle est très chouette! C'est une Renault 11. Mon père vient de l'acheter. Il faut venir avec nous. Mon grand-père a une magnifique collection de timbres de tous les pays du monde. Il faut absolument la voir.

JEAN-MARC: Tu es chouette de m'inviter. D'accord, j'accepte.

PIERRE: Bon. Maintenant, rentre chez toi tout de suite. Dis à tes parents que nous allons partir à deux heures. Demande-leur la permission de nous accompagner, et reviens-vite. A deux heures. N'oublie pas.

JEAN-MARC: J'y vais. A deux heures, alors.

## QUESTIONS

1. Qui est en train de coller des timbres dans son album?
2. Qui est aussi collectionneur?
3. Quels timbres Jean-Marc aime-t-il beaucoup?
4. Qui envoie des timbres de l'Afrique du Nord?
5. Combien y en a-t-il sur l'enveloppe de Jean-Marc?
6. Où est-ce que Pierre et son père ont l'intention d'aller?
7. Qui vient d'acheter une nouvelle voiture?
8. De quelle marque est l'auto?
9. Est-ce que vous collectionnez les timbres?
10. Est-ce que les timbres anglais sont beaux?

## EXERCISES

A. Replace the infinitive in brackets by the appropriate form of the verb.

| | |
|---|---|
| 1. Nous (venir) d'acheter. | 6. Elle (voir) son ami. |
| 2. Ils (venir) à Paris. | 7. Vous (voir) les timbres. |
| 3. Je (venir) avec Pierre. | 8. Elles (voir) M. Dubois. |
| 4. (Regarder) l'album. | 9. (Parler) à nos amis. |
| 5. (Finir) la lettre. | 10. (Vendre) votre collection. |

B. Replace the Nouns in italics by Pronoun Objects, and put them in their correct position:

e.g. Je vois *la voiture*.    Je *la* vois.

1. Je regarde *les timbres*.
2. Il envoie *à Pierre*.
3. J'invite *mon ami*.
4. Nous avons beaucoup *de timbres*.
5. Ils vont *à Chartres*.
6. Vous donnez *l'enveloppe*.
7. Regardez *cet album*.
8. Parlez *à mes amis*.
9. Ne demandez pas *la permission*.
10. Il donne *les timbres à Jean-Marc*.

C. Give in full (2nd person singular, 1st and 2nd person plural) the Imperative of:

regarder, finir, faire, dire, être.

D. Translate:

(a) I give it, we have them, he sells to me, they speak to her, she goes there, you have some, I finish them, we give to them, here it is, there you are, are you speaking to him? they do not sell them, he sees me, she speaks to us, I have a lot of them.

(b) I give you it, he sells it to me, we speak of it to them, I show her them, they give me some, do you give it to me? we don't give them any, are you selling them to us? I wish to see you, we go to find them.

(c) Give it, sell to us, let us finish them, let us give to him, go there, sell it to me, give me some, don't take it, don't let us give any to them, don't tell me it.

E. Translate:

PETER: Come in, Jean-Marc! I have just found my stamp-album and I am sticking in some stamps.

JEAN-MARC: Ah, I collect stamps too. Show it to me, please.

PETER: Here it is. Look at these stamps from Morocco. My aunt often sends them to me. If you want some, Jean-Marc, I have a lot of them. Let's see. Here are three of them. Do you want them? Take them, then.

JEAN-MARC: Thank you very much. I am going to put them in this envelope until this evening, when I intend to stick them in my album.

PETER: Don't forget them. What are you doing this afternoon? My parents are going to Chartres by car. We often go there. The cathedral* is beautiful. You must (it is necessary to) see it. Go home quickly, and tell your mother that you are going to accompany us.

JEAN-MARC: You are very kind. I always ask her for permission.

PETER: Be here at two o'clock then.

F. Write in French a short conversation about a proposed visit by car or bicycle (à bicyclette) to some person or place.

* la cathédrale.

# LESSON VIII

## GRAMMAR

### A. Reflexive Verbs

When we say in English "I hurt myself" we are making the verb reflexive, i.e. the action turns back to the doer of the action.

French uses reflexive verbs more often than we do in English. Most reflexive verbs belong to Group I, i.e. their infinitive form ends in "-er," and they are conjugated like "donner."

The reflexive pronoun objects come, as we have already learnt, just *before* the verb. Reflexive verbs have **se (s')** (oneself) before their infinitive form.

e.g. se laver (*to wash oneself*)
    je **me** lave  *I wash myself,*
    tu **te** laves        *etc.*
    il (elle) **se** lave
    nous **nous** lavons
    vous **vous** lavez
    ils (elles) **se** lavent

> Note that "se" is both singular ("himself, herself, itself") and plural ("themselves"). All reflexive pronouns can also be indirect objects.
> e.g. je me dis
>     I say *to* myself.

*Negative:* je ne me lave pas
*Interrogative:* nous lavons-nous?
    or       est-ce que nous nous lavons?

NOTES

(1) The reflexive form of a verb may also be used to express "each other," "one another."

e.g. Ils se parlent    They speak to each other, to one another.

Ils se regardent    They look at each other, one another.

(2) It must be clearly understood that many verbs have an ordinary as well as a reflexive form, the ordinary form being required when the object is not reflexive.

e.g.  lever (*to lift*),      se lever (*to get up*),
      *raise*           *raise oneself*

     je lève la main     je me lève
     I raise my hand    I get up (raise myself)

(3) Many verbs which are not reflexive in English are reflexive in form in French.

e.g.  s'approcher de (*to approach*)
     s'écrier (*to cry out*)
     Je m'approche de la maison
     I approach the house

(4) See that the correct reflexive pronoun object is used before an infinitive.

e.g.  Nous allons *nous* coucher (*not* "se coucher")
     We are going to bed

*Reflexive Verbs—Imperative*

The Imperative of Reflexive verbs can now be learnt:

e.g.  se laver (*to wash oneself*)

     lave-toi       *wash (yourself)*
     lavons-nous   *let us wash (ourselves)!*
     lavez-vous    *wash (yourself or yourselves)!*

*Negative*

     ne te lave pas     *don't wash (yourself)!*
     ne nous lavons pas  *etc.*
     ne vous lavez pas   *etc.*

## B. Formation and Position of Adverbs

1. *Formation*

Many adverbs can be formed by adding **-ment** to the feminine singular form of an adjective.

    e.g.  doux (f. douce) (*soft*)    doucement (*softly*)

If the masculine singular form of the adjective already ends in a vowel "-ment" is added to this.

e.g. vrai (*true*)    vraiment (*truly*)

NOTES

(*a*) Adjectives ending in **-ant** and **-ent** usually change the ending to **-amment** and **-emment** to form the adverb.

e.g. evident (*evident*)  évidemment (*evidently*)
Exception: lentement (*slowly*)

(*b*) A few adjectives add an acute accent to the "e" of the feminine when forming the adverb.

e.g. profondément (deeply)

(*c*) Learn these important exceptions:

| Adjective | Adverb |
|---|---|
| bon (*good*) | bien (*well*) |
| petit (*little*) | peu (*little*) |
| mauvais (*bad*) | mal (*badly*) |

(*d*) In a few phrases adjectives are used with adverbial meaning.

e.g. je travaille **dur** (*I work hard*)
je crie **haut** (*I call out loudly*)

2. *Position of Adverbs*

In French, adverbs must be placed immediately *after* the verb.

e.g. I often go . . .    Je vais **souvent** . . .

*Note.*—When emphasis is required they may be placed at the beginning of a sentence.

e.g. Softly I advance.  **Doucement** je m'avance.

C. **Present Tense of Irregular Verbs "ouvrir" ("to open"), mettre ("to put")**

| | |
|---|---|
| ouvrir (*to open*)* | mettre  (*to put*) |
| j'ouvre   *I open*, | je mets   *I put*, |
| tu ouvres   *etc.* | tu mets   *etc.* |
| il (elle) ouvre | il (elle) met |
| nous ouvrons | nous mettons |
| vous ouvrez | vous mettez |
| ils (elles) ouvrent | ils (elles) mettent |

* Similarly: "couvrir" (*to cover*).

## VOCABULARY

| | | | |
|---|---|---|---|
| le balai | broom or long-handled brush | | |
| le bruit | noise | l'aventure | adventure |
| le bureau | study | la pantoufle | slipper |
| le cambrioleur | burglar | la pendule | clock (small) |
| le coup | blow | la pointe | point, tip |
| le décapsulateur | bottle opener | la robe de chambre | dressing-gown |
| les devoirs (pl.) | homework | | |
| le frère | brother | la tête | head |
| (le) minuit | midnight | | |
| le pied | foot | blessé | injured |
| le réfrigérateur | fridge | dur | hard |
| le soir | evening | fini | finished |
| le soulier | shoe | mystérieux | mysterious |
| le tiroir | drawer | ouvert | open |
| | | quelque | some |
| s'approcher(de) | to approach | | |
| s'avancer | to advance | attentivement | attentively |
| se coucher | to go to bed | | |
| crier | to call out | brusquement | abruptly |
| descendre | to go down | certainement | certainly |
| *dormir | to sleep | doucement | softly |
| écouter | to listen | en bas | down below |
| *s'endormir | to fall asleep | encore | again |
| entendre | to hear | ensemble | together |
| frapper | to strike | là-bas | down there |
| s'habiller | to dress | mais | but |
| se lever | to get up | parce que | because |
| se passer | to take place | peut-être | perhaps |
| ramasser | to pick up | pourquoi? | why? |
| remarquer | to notice | profondément | deeply |
| rendre | to give back | | |
| se retourner | to turn round | | |
| se réveiller | to wake up | quelqu'un | someone |
| verser | to pour out | tout de suite | immediately, at once |
| silencieusement | silently | | |
| | | vers | towards |
| simplement | simply | vite | quickly |

| toujours | always, still | avoir soif | to be thirsty |
| tout à coup | suddenly | | |

## Le Cambrioleur

Cette aventure se passe un soir à la maison des Dubois.

Pierre a beaucoup de devoirs ce soir. Il travaille dur, et quand ils sont finis à neuf heures il se couche et s'endort immédiatement.

Il dort profondément, mais à minuit il se réveille brusquement.

Qu'est-ce qui le réveille? C'est un bruit en bas. Il écoute attentivement—il l'entend encore.

Il se lève, met ses pantoufles, et va trouver sa sœur dans la chambre à coucher voisine.

Il en ouvre doucement la porte, la réveille, et lui dit:

"Lève-toi! Il y a quelqu'un en bas dans le salon ou dans la salle à manger. C'est peut-être un cambrioleur. Je vais descendre."

"Je vais t'accompagner," répond-elle, et elle s'habille vite.

Ils descendent l'escalier sur la pointe des pieds, et arrivent enfin au vestibule.

"Où est le balai de maman?" demande Pierre à Marie. "Le voilà dans le coin, là-bas," répond sa sœur, et elle le lui donne.

Son frère le saisit et ils s'avancent silencieusement vers la salle à manger, d'où sort toujours un bruit mystérieux.

La porte est ouverte. Devant le buffet il y a un homme qui cherche évidemment quelque chose dans un tiroir.

Les deux enfants attendent un moment. Pierre est sur le point de lui donner un coup de balai sur la tête quand l'homme se retourne.

Ils se regardent un instant. Les enfants s'écrient: "C'est papa!" "N'ayez pas peur, mes enfants," s'exclame M. Dubois. "Je cherche simplement un décapsulateur, car j'ai très soif et je veux boire quelque chose."

Puis il va à la cuisine, ouvre le réfrigérateur et en sort une bouteille de limonade et leur en verse à boire, puis, comme il a peur de réveiller sa femme, il leur dit: "Ne faites pas de bruit. Couchons-nous tout de suite."

## QUESTIONS

1. Où se passe cette aventure?
2. Pourquoi Pierre travaille-t-il dur?
3. A quelle heure finit-il ses devoirs?
4. Qu'est-ce qu'il fait alors?
5. Qu'est-ce qui le réveille?
6. Que fait-il alors?
7. Qu'est-ce qu'il dit à sa sœur?
8. Où est le cambrioleur?
9. Qui est-ce?
10. Qu'est-ce qu'il donne aux enfants?

## EXERCISES

A. Replace the infinitive in brackets by the appropriate form of the verb:

1. Elle (ouvrir) la porte.
2. Nous (mettre) nos pantoufles.
3. Vous (ouvrir) la lettre.
4. Ils (mettre) leurs souliers.
5. Elle (s'habiller) vite.
6. Nous (se coucher) tout de suite.
7. Ils (se lever) à huit heures.
8. Vous (se laver) le matin?
9. Nous ne (se parler) pas souvent.
10. Je (se réveiller) à minuit.

B. Translate:

they see each other, they speak to one another, he doesn't get up, do you wake up? let's get up, wash yourself, wake up, let us dress, don't get up, don't go to bed.

C. Form Adverbs corresponding to the Adjectives:

vrai, bon, facile, doux, petit, évident, profond, mauvais, rare, premier.

D. Translate:

quickly, down below, suddenly, early, at once, soon, we often go, he works hard, we slowly advance, you work little.

E. Translate:

The children are doing their homework. There is a clock on the mantelpiece. Mrs. Dubois looks at it, then she says to them: "Go to bed now.   It is late, and I am very tired. Father is working hard in his study."

Mrs. Dubois and the children go to bed, and soon fall asleep. Suddenly Mrs. Dubois wakes up.   She hears a noise below in the garden.   She looks for her dressing-gown, puts it on, and approaches the window.   She opens it softly and listens.   She hears it again.

At that moment Mr. Dubois hears it too.   He goes out into the garden.

His wife says to herself: "There it is again.   It is certainly a burglar who is down there."   She quickly picks up a shoe and throws it out of the window.   The shoe strikes M. Dubois on the head.

He calls out, "Don't be alarmed.   It is your husband."

Then Mr. Dubois sees his wife's shoe.   He picks it up and gives it back to her.

F. Relate briefly in French, from memory, the story: "Le Cambrioleur."

## LESSON IX

## GRAMMAR

### A. Numerals from 1 to 60

| Cardinal | Ordinal |
|---|---|
| 1 un (f. une) | 1st **le premier, la première** |
| 2 deux | 2nd le (la) deuxième: *le second, la seconde* (of two) |
| 3 trois | 3rd le (la) troisième |
| 4 quatre | 4th le (la) quatrième |
| 5 cinq | 5th le (la) cinquième |
| 6 six | 6th le (la) sixième |
| 7 sept | 7th le (la) septième |
| 8 huit | 8th le (la) huitième |
| 9 neuf | 9th le (la) neuvième |
| 10 dix | 10th le (la) dixième |
| 11 onze | 11th le (la) onzième |
| 12 douze | 12th le (la) douzième |
| 13 treize | 13th le (la) treizième |
| 14 quatorze | 14th le (la) quatorzième |
| 15 quinze | 15th le (la) quinzième |
| 16 seize | 16th le (la) seizième |
| 17 dix-sept | 17th le (la) dix-septième |
| 18 dix-huit | 18th le (la) dix-huitième |
| 19 dix-neuf | 19th le (la) dix-neuvième |
| 20 vingt | 20th le (la) vingtième |
| 21 vingt et un | 21st le (la) vingt et **unième** (*not* "premier") |
| 22 vingt-deux, etc | 22nd le (la) vingt-deuxième, etc. |
| 30 trente | 30th le (la) trentième |
| 40 quarante | 40th le (la) quarantième |
| 50 cinquante | 50th le (la) cinquantième |
| 60 soixante | 60th le (la) soixantième |

The Numerals are completed in Lesson XI.

1. *Cardinals*

Hyphens are used to join two numbers from 17 to 99, except in 21, 31, 41, 51, 61, 71, when "et" is used.

2. *Ordinals*

Add **-ième** to the Cardinal numbers, with the exception of "first," but any cardinal ending in "-e" drops this in forming the ordinal.   Note: "cinquième," "neuvième."

All ordinal numbers come before the noun, and agree like ordinary adjectives.

e.g. le deuxième livre        the 2nd book
     la troisième classe      the 3rd class

## B. TIME

Quelle heure est-il?    What time is it?
Il est . . .            It is . . .

After the half-hour use **moins** (less), and subtract the number of minutes from the next hour.

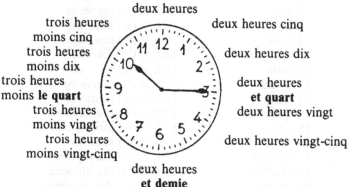

deux heures

trois heures moins cinq          deux heures cinq
trois heures moins dix           deux heures dix
trois heures moins **le quart**  deux heures **et quart**
trois heures moins vingt         deux heures vingt
trois heures moins vingt-cinq    deux heures vingt-cinq

deux heures **et demie**

The word "minutes" is always omitted.

NOTES

(1) 12 noon. midi          12.30 p.m. midi et demi
    12 midnight. minuit    12.30 a.m. minuit et demi

(2) When referring to times of trains, 'planes, etc., "heures" may be followed by the number of minutes right round the clock.

e.g. le train de deux heures quarante    the 2.40 train

(3) The 24-hour clock is used to indicate times of trains and on digital clocks and watches.

    e.g. le train de 16 h.50     the 4.50 p.m. train

(4) "a.m." and "p.m." are indicated thus:

| | |
|---|---|
| 3 a.m. | trois heures du matin |
| 2 p.m. | deux heures de l'après-midi *or* quatorze heures |
| 8 p.m. | huit heures du soir *or* vingt heures |

(5) Note the following:

| | | |
|---|---|---|
| | une demi-heure | half an hour ("demi" never agrees before a hyphen) |
| *but* | une heure et demie | an hour and a half |
| | un quart d'heure | a quarter of an hour |
| | à six heures précises | at exactly 6 o'clock |
| | vers six heures | at about 6 o'clock |

## C. CALENDAR

Seasons, Months, Days are all masculine, and all begin with a small letter.

*Seasons* (Les Saisons)

| | | |
|---|---|---|
| le printemps | *spring* | Note.—In spring = au printemps |
| l'été | *summer* | In summer, autumn, win- |
| l'automne | *autumn* | ter = en été, en automne, |
| l'hiver | *winter* | en hiver |

*Months* (Les Mois)

| | | | | |
|---|---|---|---|---|
| janvier | *January* | juillet | *July* | Note.— |
| février | *February* | août | *August* | In May |
| mars | *March* | septembre | *September* | = en |
| avril | *April* | octobre | *October* | mai, or, |
| mai | *May* | novembre | *November* | au mois |
| juin | *June* | décembre | *December* | de mai |

*Note.*—1st January = le 1<sup>er</sup> janvier (le premier janvier) but *all* other dates employ the *cardinal* numbers, e.g. 2nd January = le 2 janvier (le deux janvier)

| *Days* (Les Jours) | | Note.—On Sunday, etc. |
|---|---|---|
| dimanche | *Sunday* | (1) dimanche |
| lundi | *Monday* | ("on" is omitted) |
| mardi | *Tuesday.* | (2) On Sundays, le dimanche |
| mercredi | *Wednesday* | (3) Every Sunday |
| jeudi | *Thursday* | tous les dimanches |
| vendredi | *Friday* | (4) On Sunday mornings |
| samedi | *Saturday* | le dimanche matin |

## NOTES

(1) 

| le matin | *in the morning* | |
|---|---|---|
| l'après-midi | *in the afternoon* | "in" is omitted in |
| le soir | *in the evening* | French |
| la nuit | *at night* | |

*but*

| (toute) la matinée | *the whole morning* | duration |
|---|---|---|
| (toute) la soirée | *the whole evening* | of |
| (toute) la journée | *the whole day* | time |
| (toute) l'année (f.) | *the whole year* | |

(2) l'année dernière (prochaine)   *last (next) year*
   *but* "l'an" (m.) is used with numbers in most cases.
      e.g. Quel âge **a**-t-il?     Il **a** vingt ans.
         How old is he?     He is 20.
         ("avoir" is used to express age)
   Note also: Il **est** âgé **de** vingt ans.
      He is 20 years of age, aged 20.

## D. Present Tense of Irregular Reflexive Verb "s'asseoir" ("to sit down")

| je m'assieds | *I sit down,* | nous nous asseyons |
|---|---|---|
| *or* je m'asseois | | |
| tu t'assieds | *etc.* | vous vous asseyez |
| *or* tu t'asseois | | |
| il (elle) s'assied | | ils (elles) s'asseyent |
| *or* il (elle) | | *or* ils (elles) s'asseoient |
| s'asseoit | | |

## E.
Any verb with infinitive ending in **-cer** requires a cedilla before "a, o, u" to make "c" soft, e.g. nous commençons.

## VOCABULARY

| | | | |
|---|---|---|---|
| l'âge (m.) | age | la carte | card |
| le billard | billiards | la fin | end |
| le café-bar | café | l'habitude (f.) | habit |
| l'élève (m. or f.) | pupil | la leçon | lesson |
| le jour | day | la mer | sea |
| le lycée | school (secondary) | la plage | beach |
| | | la saison | season |
| le mois | month | la salle de classe | classroom |
| l'orchestre (m.) | orchestra | la semaine | week |
| le professeur | teacher | la terrasse | terrace |
| le roman | novel | les vacances | holidays |

| | | | |
|---|---|---|---|
| *s'en aller | to go off, away | intéressant | interesting |
| s'amuser | to enjoy or amuse oneself | précis | exact |
| | | de | from or of |
| se baigner | to bathe | de deuxième (classe) | of Class II |
| se laver | to wash | en | in (seasons, months) |
| se promener | to walk | | |
| se raser | to shave | | |
| se reposer | to rest | en seconde | in a second-class carriage |
| *faire un tour en auto, en voiture | to go for a run by car | | |
| | | en vacances | on holiday |
| *faire visite à | to visit | presque | almost |
| jouer à | to play at (games) | quelquefois | sometimes |
| jouer de | to play (musical instruments) | si (s'il) | if (if it) |
| | | toujours | always |
| le combien or quelle date | sommes-nous? | What is the date? | |
| | | C'est aujourd'hui le quinze mai | Today is the fifteenth of May |

## LES HABITUDES DES DUBOIS

Pendant presque toute l'année M. Dubois se lève de bonne heure, à sept heures précises. Il se lave, se rase, et s'habille; puis il descend prendre le petit déjeuner à huit heure moins le quart.

A huit heures et demie il part pour la gare. Il voyage toujours en seconde. Il rentre le soir par le train de cinq heures vingt.

En hiver il passe la soirée à lire un roman intéressant, à jouer du piano, ou à écouter la radio; en été il travaille au jardin. Le jeudi soir, toute la famille va généralement au cinéma ou au théâtre.

Le dimanche matin M. et Mme Dubois et leurs enfants vont à l'église. Puis ils déjeunent à midi et demi. L'après-midi M. Dubois joue quelquefois au tennis; s'il fait mauvais temps, il se repose dans un fauteuil ou il joue aux cartes. Vers huit heures du soir il regarde la télévision; il se couche vers onze heures et quart.

Au mois d'août la famille part en vacances. M. Dubois choisit toujours Chose-sur-Mer, parce qu'ils aiment tous le bord de la mer.

Le matin ils se baignent et s'amusent sur la plage; l'après-midi ils font un tour en voiture; après le dîner ils s'asseyent à la terrasse d'un café, où joue tous les soirs un petit orchestre.

A la fin des vacances, le 6 ou le 7 septembre, les enfants rentrent au lycée. Marie a seize ans; elle est élève de seconde; Pierre a quatorze ans; il est élève de quatrième. Les classes commencent à huit heures dix. Il y a quinze salles de classe, vingt et un professeurs, et dans chaque classe il y a de trente à trente-cinq élèves.

## QUESTIONS

1. En quelle saison allez-vous au bord de la mer?
2. Quel jour de la semaine est-ce aujourd'hui?
3. Quelle date sommes-nous?
4. Combien de jours y a-t-il au mois de janvier?
5. A quelle heure vous levez-vous le matin?
6. A quelle heure vous couchez-vous le soir?
7. Que fait M. Dubois le soir?
8. Qu'est-ce qu'il fait le dimanche matin?
9. Quel âge avez-vous?
10. Est-ce que vous jouez au tennis?

## EXERCISES

A. Translate:

she wakes up, we go to bed, they wash themselves, he sits

down, do you (vous) sit down? we do not rest, he gets up, do they bathe? they sit down, does she go to bed?

B. Translate:

15, 40, 51, 19, 13, 60, 36, 14, 21, 16, the 1st week, the 5th day, the 9th year, the 12th hour, the 21st minute.

C. Translate:

12 midnight, 12.30 p.m., 9.10, 8.15, 3.30, 4.45, 11.50 a.m., 6.55, 2 p.m., half an hour, a quarter of an hour, about 1 o'clock, at exactly 10 o'clock, the 5.40 p.m. train, at 7 o'clock in the evening.

D. Translate:

in winter, in spring, last summer, August, in April, June 1st, February 20th, Wednesday, on Saturday, every Tuesday, next Thursday, in the evening, last year, how old are you? I am 25.

E. I am 16 and I live in a little village in (à) the country, (at) 30 kilometres from Paris.

I usually wake up early, at 6.45, and I have breakfast with my parents at 7.30.

I leave for school at 7.50, and I often go in my father's car. I am a pupil in the second (class), and we begin our lessons at 8.15 in the morning, and we work until (jusqu'à) 12 noon.

After lunch we work until 4.20. In the evening I always have a lot of homework; on Thursday evenings I often go with my friends to the Youth Club, but my father goes off to the village café to play cards or billiards.

On Sundays I play tennis in the afternoon, if it is fine, or I read a novel if it is bad weather. After dinner I generally listen to my radio/cassette-player or I watch T.V.

In August we go on our holidays. We all like the seaside, and my parents always choose Chose-sur-Mer.

Every morning I bathe, but sometimes in the afternoon we go for a run in the car in the country.

I enjoy myself very much at the seaside; I return to school on September 5th.

F. Write in French a few lines on "Mes Habitudes."

## LESSON X

## GRAMMAR

### A. Countries, Inhabitants and Languages

A list of countries, inhabitants and languages in French is given in Appendix B on page 239.

Most countries are feminine in French. Countries and inhabitants are written with an initial capital letter, but languages and adjectives of nationality are written with an initial small letter, e.g.

| | |
|---|---|
| *Le Pays* (*Country*) | *L'Habitant* (*Inhabitant*) |
| l'Angleterre (f.) (*England*) | l'Anglais (*the Englishman*) |
| la France (*France*) | le Français (*the Frenchman*) |

The Feminine forms are obtained by following the usual rule for adjectives, e.g.

| | |
|---|---|
| l'Anglaise | the Englishwoman |
| les Anglais | the Englishmen |
| les Anglaises | the Englishwomen |

From the Inhabitant both the Language and the Adjective can be obtained, simply by replacing the initial capital letter by a small letter, e.g.

| | |
|---|---|
| j'aime l'anglais | I like English |
| un chien anglais | an English dog |

(Adjectives denoting nationality always follow the noun.)

Note carefully the following special points:

(*a*) *Feminine Countries, Continents, Provinces*

"to" or "in" **en**

e.g. en France    to France, in France

"from" **de (d')**

e.g. il vient de France    he comes from France

Titles: le roi de France    the King of France

(b) *Masculine Countries, Provinces*

        "to" or "in"    **au** (pl. **aux**)

  e.g. au Japon          to Japan, in Japan
       aux États-Unis      to *or* in the United States

           "from"    **du** (pl. **des**)

  e.g. du Canada        from Canada
     des États-Unis      from the U.S.A.

Titles: L'empereur du Japon   the Emperor of Japan

(c) *Languages*

    (1) "le" is omitted with the verb "parler"
    e.g. je parle français     I speak French
    *but* j'aime le français    I like French

    (2) "in"    **en**
       e.g. répondez en français   answer in French

    (3) un professeur de français    a teacher of French
        un professeur français      a teacher of French
                                 nationality

(d) *Towns*

        "in" or "to"    **à**

  e.g. à Londres    in, to, London

          "from"    **de**

  e.g. de Paris    from Paris

(e) If a country or town is qualified by an adjective, write simply **dans** for "in."

    e.g.   dans le beau Canada    in beautiful Canada
          dans l'Afrique due Nord   in North Africa
          dans le vieux Paris     in old Paris

## B. Phrases with "avoir"

"Avoir" (*to have*) is used in French in many common phrases where English uses "to be."

    e.g. avoir chaud        *to be hot*
       avoir froid         *to be cold*
       avoir faim         *to be hungry*
       avoir soif          *to be thirsty*
       avoir envie de      { *to want to*
                       { *to be anxious to*

| avoir peur | *to be afraid* |
| avoir raison | *to be right* |
| avoir tort | *to be wrong* |
| avoir besoin (de) | *to be in need* (*of*) |

**C.** 1. A is omitted in French when one is stating nationality, profession or occupation.

    e.g. il est Français     he is a Frenchman
         il est soldat       he is a soldier

   2. THE is used for parts of the body, when it is quite clear who the possessor is.

    e.g. il ouvre la bouche    he opens his mouth
         elle a les yeux bleus   she has blue eyes

**D.** 1. Regular verbs of Group I whose infinitives end in **-ayer, -eyer,** or **-oyer,** change y to i before a mute syllable. With **-ayer** verbs this change is optional.

   2. "Appeler" (*to call*) and "s'appeler" (*to call oneself, to be called*) double the "l" before a mute syllable.

| payer (*to pay*) | appeler (*to call*) |
| je paie, paye | j'appelle |
| tu paies, payes | tu appelles |
| il paie, paye | il appelle |
| nous payons | nous appelons |
| vous payez | vous appelez |
| ils paient, payent | ils appellent |

   3. Verbs whose infinitives end in **-ger** (e.g. manger, voyager) insert an **e** after the g before **a, o, u,** to make the "g" soft.

    e.g. nous mangeons     we eat

## VOCABULARY

| | | | |
|---|---|---|---|
| le bifteck | beefsteak | l'addition (f.) | bill |
| le bout | end | l'Asie (f.) | Asia |
| le bras | arm | la bière | beer |
| le Chinois | Chinese | la bouche | mouth |
| le commerçant | merchant | la Chine | China |
| le compatriote | compatriot | la chose | thing |
| le doigt | finger | la feuille | leaf |

|  |  |  |  |
|--------|---------|--------|---------|
| l'erreur (f.) | mistake | la mésaven- | misadventure |
| l'estomac (m.) | stomach | ture | |
| les États-Unis | United States | | |
| le Japon | Japan | content | pleased |
| Londres | London | drôle | funny |
| le papier | paper | étroit | narrow |
| le pâté | pâté | fait | made |
| le poulet | chicken | frit | fried |
| | | jeune | young |
| agiter | to wave | nouveau | new |
| avoir mal | to have a pain | (f. nouvelle) | |
| commander | to order | quelque | some |
| *comprendre | to understand | vide | empty |
| *découvrir | to discover | | |
| dessiner | to draw | bientôt | soon |
| expliquer | to explain | comme | like, as |
| goûter | to taste | donc | so, therefore |
| hocher | to shake (head) | ensuite | next |
| indiquer | to indicate | malheureuse- | unfortunately |
| manger | to eat | ment | |
| oublier | to forget | par exemple | for example |
| perdre | to lose | par hasard | by chance |
| sembler | to seem | parce que | because |
| voler | to fly | quoi | what |
| | | toujours | always, still |

comment vous } What is
appelez-vous? } your name?

je m'appelle    my name is . . .                he is a businessman
(Literally: "I call myself.")

Il est dans les affaires
(or C'est un homme d'affaires)

## Au Restaurant

M. Dubois a un ami qui est très riche.  Il est Anglais: il s'appelle M. Merchant, et il est dans les affaires.

M. Merchant voyage beaucoup.  Il voyage en Europe, aux États-Unis, et en Asie.  Il visite le Japon, et quand il part du Japon il arrive en Chine.

Il visite d'abord Pékin, et se promène dans les rues de cette ville; enfin il se perd, et se trouve dans une petite rue étroite devant un restaurant chinois.    Il est fatigué, et il a faim, alors il y entre.

Il s'assied et appelle le garçon.    Malheureusement, M. Merchant ne parle pas chinois.    Il lui dit en anglais: "Apportez-moi, s'il vous plaît, quelque chose à manger—du canard ou du poulet, par exemple."

Le garçon ne le comprend pas.    M. Merchant prend alors une feuille de papier et y dessine un canard, mais en vain. Ensuite il lui fait des signes; il ouvre la bouche et il y met le doigt, puis il se lève et agite les bras comme un oiseau qui vole. Le Chinois semble comprendre; il s'en va.

Au bout de quelques moments le garçon lui apporte un pâté. L'Anglais en goûte un morceau, le trouve bon, et le mange.

Il désire découvrir de quoi il est fait.

Le garçon apporte enfin l'addition, et M. Merchant lui montre l'assiette vide, et dit: "Couac, couac?" pour lui demander si c'est du canard.

Le Chinois comprend tout de suite; il hoche la tête et répond: "Ouah, ouah!" pour lui indiquer que c'est du chien.

Le voyageur comprend aussi.    Il a mal à l'estomac.    Il paie l'addition et sort à toute vitesse.

Dans la rue il rencontre par hasard un compatriote, et il lui explique sa mésaventure.

"Dites-moi vite, s'il vous plaît, où il y a un restaurant anglais dans cette ville," dit-il, "parce que j'ai envie de manger un bifteck, et de boire de la bière."

"Certainement, monsieur," répond-il. "Je vais vous accompagner et je vais vous le montrer."

Ils partent ensemble et son nouvel ami dit bientôt: "Le voilà: entrons-y tout de suite."

M. Merchant est très content; il oublie vite le pâté de chien, et commande un bifteck, des pommes de terre frites, et un verre de bière.

## QUESTIONS

1. Comment s'appelle l'ami de M. Dubois?
2. Où voyage-t-il?
3. Pourquoi entre-t-il dans un restaurant chinois?

4. Qu'est-ce qu'il dit au garçon?
5. Quel signe fait-il au garçon?
6. Qu'est-ce que le garçon lui apporte?
7. De quoi le pâté est-il fait?
8. Qui est-ce qu'il rencontre dans la rue?
9. Comment vous appelez-vous?
10. Êtes-vous Français(e)?   Parlez-vous français?

## EXERCISES

A. Translate:

he speaks to me, I have some, he sells them to me, we show them to you, they go there, he gives it to me, I give some to her, take it! let's go there! bring me them! let us sell some to him! don't sell it! don't go there! tell it to me! don't tell it to me!

B. Translate:

In England, a Chinese, some Frenchmen, she is an Englishwoman, in Japan, from France, in Paris, to London, from Japan, to England, from Rouen, I speak French, a Chinese street, answer in English, I like English, he is called Charles, I am a soldier, you have brown hair, we are cold, they are thirsty.

C. Translate:

A young Frenchman, who is travelling in England, goes one day into a little restaurant in London.

He is hungry, and he wishes to order some beef with some potatoes and mushrooms.

He does not speak English, so he draws on a sheet of paper an ox, some potatoes, and a mushroom.

Then he calls the waiter and shows them to him. The waiter seems to understand; he goes away and soon he brings (to) him beef and potatoes, but there are no mushrooms.

The Frenchman is not pleased.  He shows him the mushroom on the sheet of paper, and says in French: "Bring me some mushrooms too, please."

The waiter goes out, and after some minutes he brings him an umbrella.  "Here it is, sir," he says*.  The Frenchman

* Translate "says he."   In French, the verbs "say," "reply," etc., always precede their subject after spoken words.

says to himself: "These English are truly funny." But the English waiter says to himself: "Why isn't he pleased? He draws an umbrella on a sheet of paper and I bring one of them to him. Ah! but perhaps his umbrella is a mushroom!"

At that moment the Frenchman gets up, pays the bill and goes out into the street and the waiter laughs at his mistake.

D. Write in French, from memory, the story: "Le Restaurant."

# REVISION

## (Lessons 6–10)

A. Translate:

they are selling, do I sell? we drink, they are drinking, you make, do they make? he opens, I do not put, we eat, we begin, I get up, do you get up? they go to bed, he does not dress, we turn round, does he wash himself? she sits down, they sit down, they are coming, does he see? let us finish, sell, let us have, be good (sage), tell me.

B. Translate:

I sell it, we have some, they go there, she speaks to them, we give some to her, they tell us it, he sells them to me, let us finish them, sell it, give us them, give (2nd sing.) me some, get up, let us sit down, wash yourself (2nd sing.), don't do it, don't let us speak to them, don't get up, do it, do we eat some? do you see them?

C. Translate:

(*a*)  16, 39, 51, the 15th, the 1st, the 21st, at 12.30 p.m., ten past 6, a quarter to 9, five minutes to 8.

(*b*)  in winter, in spring, in May, April 1st, July 14th, on Tuesday, every Sunday, in the afternoon, at 3 o'clock in the morning, good morning.

(*c*)  in Spain, to England, in Japan, to Dover (Douvres), in London, a Frenchwoman, some Germans, he speaks Italian, answer in French, an English dog.

D. Translate:

these gentlemen, these women, this man, I am thirsty, we are hot, she is hungry, it is fine, it is very cold, he is a doctor, she has blue eyes.

E. Translate:

1. These stamps are blue, those stamps are grey.
2. Those old French castles are really very beautiful.

3. Mr. Smith often goes to France in summer.
4. My sister, who is sixteen, is arriving on Thursday from Nice.
5. Does she speak English?   No, she doesn't speak it well.

F. Write in French a few lines on one of the following subjects:

(a) Mes Habitudes        (b) Ma Journée

G. Answer in French the following questions:
   1. Comment vous appelez-vous?
   2. Quel âge avez-vous?
   3. Où demeurez-vous?
   4. Quelle date sommes-nous?
   5. Quel temps fait-il aujourd'hui?
   6. Quelle heure est-il?
   7. Où passez-vous généralement les vacances d'été?
   8. Est-ce que vous jouez du piano?
   9. Jouez-vous au tennis ou au cricket?
   10. Aimez-vous le français?

# LESSON XI

## GRAMMAR

### A. Numerals (from 60 onwards)

| *Cardinals* | | *Ordinals* |
|---|---|---|
| 61 | soixante et un | Add |
| 62, etc. | soixante-deux, etc. | -ième |
| 70 | soixante-dix | to |
| 71 | soixante et onze | Cardinals |
| 72, etc. | soixante-douze, etc. | (Lesson VIII) |
| 80 | quatre-vingts | |
| 81, etc. | quatre-vingt-un | |
| 90 | quatre-vingt-dix | |
| 91, etc. | quatre-vingt-onze | |
| 100 | cent | |
| 101 | cent un | |
| 200 | deux cents, *but* 201 deux cent un | |
| 1,000 | mille | |
| 2,000, etc. | deux mille | |

NOTES

(1) There is no special word for 70 or 90. From 61 to 99 count by twenties, not by tens.

(2) 21, 31, 41, 51, 61, 71 take "et"; 81, 91 have a hyphen and no "et."

(3) "Quatre-vingts" and "cents" (pl.) drop the "s" when a *number* follows them.

(4) "Mille" (thousand) never takes an "s," to avoid confusion with "un mille" (a mile).

   e.g. deux mille    2,000
        deux milles   2 miles

(5) Hyphens from 17 to 99 (excluding 21, 31, 41, 51, 61, 71) only; no hyphen after "cent" or "mille".

    e.g. 2242     deux mille deux cent quarante-deux

(6) The forms "septante", "octante" or "huitante", and "nonante" are often used in Belgium, Switzerland and S.E. France.

## B. Collective Numerals, Measurements, etc.

### 1. *Collective Numerals*

There are several collective numerals which are nouns of quantity, followed by "de": most are formed by adding **-aine** to the "round" numbers.

| e.g. une dizaine de | *about* 10 |
| une vingtaine de | *about* 20 |
| une centaine de | *about* 100 |
| un millier de | *about* 1,000 |
| un million de | *a million* |
| une douzaine de | *a dozen* (*about* 12) |
| une quinzaine | *a fortnight* (*about* 15 *days*) |
| une douzaine d'œufs | *a dozen eggs* |
| des centaines de soldats | *some hundreds of soldiers* |

*but* "about" + other numbers is translated by "environ."
e.g. about 25    environ vingt-cinq

### 2. *Measurements* are expressed by using "faire" or "être."

  (*a*) "*Faire*" + *Noun*

    e.g. Cette boîte fait 6 centimètres de long (*or* de longueur)

      **sur** 4 centimètres de large (de largeur)

      **sur** 2 centimètres de haut (de hauteur)

    This box is 6 cms. long by 4 cms. broad by 2 cms. high.

  (*b*) "*Etre*" + *Adjective*

    e.g. Cette boîte est longue, ou large, ou haute de 3 centimètres.

    This box is 3 cms. long, or broad, or high.

### 3. *Peculiarities*

  (*a*) *Price.*   At 10 francs a dozen    10 francs **la** douzaine
                                          ("at" is omitted)

  (*b*) *First.*   The first six towns    les six premières villes
                                         ("first" last!)

  (*c*) *Multiplication.*   $3 \times 5 = 15$: trois fois cinq **font** quinze.

(d) *Half.*   2 ½   deux et demi            } Adj.
             2.30 p.m.    deux heures et demie

        *but* half the bread, half the men
        **la moitié** du pain, **la moitié** des hom-   } Noun
        mes

4. *The Year* is expressed either as in English:

     e.g. in (the year) 1940

         en (l'an) dix-neuf cent quarante

   or by using "mil" instead of "mille"

     e.g. en mil neuf cent quarante

5. *Kings* follow the same rule as the date of the month:

     e.g. Louis I      Louis premier (I$^{er}$)

     *but* Louis II, etc.     Louis deux (II), etc.

## C. Comparative and Superlative of Adjectives

Adjectives add **plus** (*more*) or **moins** (*less*) to form the Comparative; and add **le (la) plus** (*most*) or **le (la) moins** (*least*) to form the Superlative: e.g.

|  | *Comparative* | *Superlative* |
|---|---|---|
| grand: { | un **plus** grand enfant | **le plus** grand enfant |
|  | une **plus** grande enfant | **la plus** grande enfant |
|  | (*a bigger child*) | (*the biggest child*) |
| intelligent: { | un enfants **plus** intelligent | l'enfant **le\* plus** intelligent |
|  | une enfant **plus** intelligente | l'enfant **la\* plus** intelligente |
|  | (*a more intelligent child*) | (*the most intelligent child*) |

*Exceptions*

|  | *Comparative* | *Superlative* |
|---|---|---|
| bon (*good*) | meilleur | le meilleur |
| mauvais (*bad*) | pire | le pire |
| petit (*small*) | moindre | le moindre |

"plus mauvais," "le plus mauvais" and "plus petit," "le plus petit" are also written.

   e.g. (*People*) le plus petit garçon      the smallest boy
(*Abstract Nouns*) les moindres idées      the smallest ideas

---

\* Notice that "le (la)" must be *repeated* when the adjective is one which comes *after* its noun.

NOTES

   (1) "Than"   **que**

        e.g. He is older than Charles
           Il est plus âgé **que** Charles

   (2) "In" after a Superlative   **de**
        e.g. The best hotel *in* Paris
           Le meilleur hôtel de Paris

   (3) "Than" before a Number   **de**
        e.g. More than twelve times
           Plus de douze fois

   (4) Equality is expressed by   **aussi** (*as*)
        e.g. Il est **aussi** grand que son père.
           He is as big as his father.
           After a negative, **si** is usually employed instead
           of   **aussi.**
           Il n'est pas **si** (*so, as*) grand que son père.

**D.** The article is omitted with a noun in apposition; and "de"
    is used alone in titles.
        e.g. Louis XIV, the King of France . . .
           Louis XIV, roi de France . . .

**E. Present Tense of Irregular Verbs "connaître" (to know)
   and "savoir" (to know):**

| connaître* | savoir |
|---|---|
| je connais | je sais |
| tu connais | tu sais |
| il (elle) connaît | il (elle) sait |
| nous connaissons | nous savons |
| vous connaissez | vous savez |
| ils (elles) connaissent | ils savent |

**connaître** is used when people or things are known (i.e.
recognised) by the senses, e.g. sight, hearing, touch, etc.

    e.g. Je connais Charles    I know Charles
         Il connaît bien Paris    He knows Paris well

---

\* Similarly all verbs in "-*aître*."

**savoir** is used when referring to knowing facts, knowing as a result of study, and knowing how to do something.

e.g. Je sais qu'il est malade.  I know he is ill.

Savez-vous où il demeure?  Do you know where he lives?

Je sais le français.  I know French.

Il sait nager.  He knows how to swim.

## VOCABULARY

| | | | |
|---|---|---|---|
| l'arbre fruitier | fruit-tree | la beauté | beauty |
| le blé | corn, wheat | la Bretagne | Brittany |
| le centre | centre | la côte | coast |
| le château | castle | la coutume | custom |
| le départe-ment | department | la ferme | farm |
| l'est (m.) | east | la fois | time |
| le fleuve | river (large) | la Grande-Bretagne | Gt. Britain |
| le monde | world | l'histoire (f.) | history, story |
| le nom | name | l'île (f.) | island |
| le nord | north | la montagne | mountain |
| l'ouest (m.) | west | la partie | part |
| le palais | palace | la province | province |
| le pont | bridge | la tour | tower |
| le produit | product | agricole | agricultural |
| le quai | quay | carré | square |
| le quartier | quarter, district | célèbre | famous |
| le siècle | century | chaque | each |
| le sommet | summit | construit | constructed, erected |
| le sud | south | court | short |
| le tombeau | tomb | droit | right |
| le trajet | journey | élevé | high, elevated |
| ajouter | to add | étendu | extensive, large |
| *couvrir | to cover | exceptionnel | exceptional |
| s'élever | to rise (buildings, etc.) | gauche | left |
| se diviser | to be divided | industriel | industrial |
| | | mort | dead |
| | | plat | flat |

| employer | to employ, use | principal | principal, chief |
| indiquer | to indicate | | |
| manquer | to miss, fail | à l'exception | except |
| visiter | to visit | de | |
| sa propre | its own | avant tout | chiefly |
| langue | language | pour | in order to |
| | | que (conj.) | that, than |
| | | sans doute | doubtless |
| | | seulement | only |
| | | tout le | everybody |
| | | monde | |

*Note.*—"Lyo*n*," "Marseill*e*."

## La France

Pour connaître les Français il faut connaître leur pays.

Vous savez, sans doute, que la mer qui sépare l'Angleterre de la France s'appelle la Manche, et que le trajet le plus court entre les deux pays, de Douvres à Calais, est de trente-cinq kilomètres seulement.

La France est le pays le plus étendu de l'Europe à l'exception de la Russie. Elle couvre plus de 550.000 kilomètres carrés, et elle est quatre fois plus étendue que la Grande-Bretagne.

La France a 55 millions d'habitants. C'est encore, avant tout, un pays agricole, et la moitié de sa population est employée aux travaux des champs. Ses produits les plus importants sont le blé et le vin. Ses vins sont les meilleurs du monde.

Elle se divise, pour l'administration, en quatre-vingt-quinze " départements," mais on emploie souvent les noms des trente-deux " provinces " pour indiquer les régions principales.

Chaque province a son caractère, ses coutumes, et ses costumes traditionnels et quelquefois sa propre langue.

Dans le nord-est, la Flandre, province plate, est une des régions les plus riches de l'Europe, avec une douzaine de grandes villes industrielles.

Tout le monde connaît les vins de la Champagne; la Normandie, avec ses fermes et ses arbres fruitiers; et, dans l'ouest, la Bretagne, région de pêcheurs.

Dans le centre se trouvent la Touraine et ses châteaux; et,

dans l'est, la Savoie et ses montagnes, où le Mont-Blanc, sommet le plus élevé, a 4 800 mètres de haut.

Dans la France du Sud (qui s'appelle le Midi) se trouve la Provence, avec sa côte célèbre et son climat exceptionnel.

Paris, Toulouse, Lyon, et Marseille sont les quatre premières villes de France. Paris est situé sur la Seine, grand fleuve long de 600 kilomètres, qui ajoute beaucoup, avec ses quais et ses ponts, à la beauté de la capitale, centre depuis quinze cents ans de l'histoire de France.

La ville se divise en deux parties. La partie la plus importante est au nord, sur la rive droite, où se trouvent les Grands Boulevards, avec leurs magasins, leurs arbres, leurs cafés, et leurs milliers de touristes et de taxis; l'Arc de Triomphe, l'Opéra et le palais du Louvre.

Au milieu de la Seine, sur une petite île, s'élève la célèbre cathédrale Notre-Dame de Paris.

Sur la rive gauche se trouvent le Quartier Latin, quartier de l'Université; la Tour Eiffel, haute de plus de 300 mètres; et le tombeau de Napoléon Ier, mort en 1821.

Et ne manquez pas de visiter le palais de Versailles, monument superbe du XVIIe siècle, construit par Louis XIV.

## QUESTIONS

1. Comment s'appelle la mer qui sépare l'Angleterre de la France?
2. Combien d'habitants a la France?
3. Quels sont ses produits les plus importants?
4. En combien de départements se divise-t-elle?
5. Combien de provinces y a-t-il?
6. Quels sont les noms de quatre régions importantes?
7. Quelle est la hauteur du Mont-Blanc?
8. Combien de kilomètres de longueur a la Seine?
9. Où est Notre-Dame de Paris?
10. Où se trouve le Quartier Latin?

## EXERCISES

A. Translate:

61, 73, 80, 81, 94, 97, 100, 101, 300, 425, 1,000, 1,001, 5,000, 4,436, the 70th, the 81st, the 205th, the 1,000th, in the year 1950, in the year 1789.

B. Translate:

a dozen shops, about twenty tourists, about a hundred books, about 75, thousands of books, this street is 300 metres long, a mountain 2,000 metres high, this room is 5 metres long by 4 metres broad, $3\frac{1}{2}$, half the country, $2 \times 12 = 24$, at 5 francs a dozen, the first three kings, Napoleon I.

C. Translate:

a bigger country, the biggest country, a better town, some finer shops, the finest streets, the best districts in Paris, a more important province, greener fields, the richest department in France, a less important province, the least rich region, as big as England, France is not as large as Russia, the smallest bridges, the worst ideas.

D. Translate:

I know France, he knows French, do you know Peter? we know that he is rich, they know the street, I know where he lives, he knows Paris, she knows how to swim, we know them, they know it (a fact).

E. Translate:

In order to know the English it is necessary to know their language and their country.

England is much smaller than France. It covers 130,000 square kilometres, and it has 55 million inhabitants. London, its biggest city, has more than 8 million inhabitants.

England is chiefly an industrial country, and some of its products are still the best in the world.

It is divided into forty counties*, and each county has its character and its capital.

In the centre and in the north are to be found the most important industrial regions, with about twenty very large towns.

In the west are the counties of Devonshire, with its farms and its orchards, and of Cornwall, with its fishermen. Their coasts are the finest in England, and thousands of tourists go there in summer.

In the east, a flat region, are found the best agricultural districts.

The Thames (la Tamise), the most important river, which is 350 kilometres long, divides London into two parts. Most of the principal buildings in London are on the left bank. Do not fail to visit Hampton Court, the palace of Henry VIII, built in 1520.

\* *Note.*—English counties are usually masculine, and take " dans " for " in."

|        |                        |                  |
| ------ | ---------------------- | ---------------- |
| e.g.   | le (comté de) Devonshire | Devonshire      |
|        | dans le Devonshire     | in Devonshire    |
| *but*  | la Cornouailles        | Cornwall         |
|        | en Cornouailles        | in Cornwall      |

F. Write down in French, from memory, some interesting facts about France, or Paris.

## LESSON XII

### GRAMMAR

**A. Relative Pronouns** (" who," " which," " that "—relating back to persons, animals or things just previously mentioned).

#### Persons, Animals, Things

1.  | Subject | **qui** (*who, which, that*) |
    | Object | **que (qu')** (*whom, which, that*) |

      *e.g. Subject:*    L'homme ou le chien ou la table **qui** est ici

                       The man or the dog or the table that is here

           *Object:*    L'homme ou le chien ou la table **que** je vois (qu'il voit)

                       The man or the dog or the table that I see (that he sees)

(Note that " que " is shortened to " qu' " before a vowel or " h ", but " qui " never loses its " i ".)

2. *After Prepositions* **qui** is used for Persons, and **lequel** (f. **laquelle**) for Animals and Things; but **dont** (whose, of whom, of which) can be used for Persons, Animals and Things, requires no alteration in spelling for agreement, and is used generally instead of " de qui " or " duquel."

    (*a*) *Persons*  Preposition + " qui "

| | |
|---|---|
| *of whom* | dont (*or* de qui) |
| *to whom* | à qui |
| *with whom*, etc. | avec qui |

      e.g. The woman *of whom* I speak
           La femme **dont** je parle
           The men *to whom* I speak
           Les hommes **à qui** je parle

(b) *Things or Animals*

| Preposition | + | *Singular* | *Plural* |
|---|---|---|---|
| *which* | | (m.) lequel | lesquels |
| | | (f.) laquelle | lesquelles |
| *of which* " dont | | **du**quel | **des**quels |
| or | | de laquelle | desquelles |
| *to which* | | **au**quel | **aux**quels |
| | | à laquelle | **aux**quelles |
| *with which*, etc. | | avec lequel | avec lesquels |
| | | avec laquelle | avec lesquelles |

e.g. The house *of which* I speak
La maison **dont (de laquelle)** je parle
The dog *to which* I speak
Le chien **auquel** je parle
The pen *with which* I write
La plume avec **laquelle** j'écris

NOTES

(1) In French " dont " must always come *immediately* after the noun to which it refers.

e.g. A house the door *of which* is open
Une maison **dont** la porte est ouverte

Notice the difference in the word order between English and French when using " dont."

*English:* The man *whose* son I know
*French:* L'homme **dont** je connais le fils

(Subject + Verb + Object)

(2) If there is a preposition before the preceding noun one must use " de qui " or " duquel " for Persons, and " duquel," etc., for Things or Animals instead of " dont."

e.g. L'homme à l'adresse **de qui (duquel)** j'écris
The man to *whose* address (to the address of whom) I write
Le livre sur la page **duquel** j'écris
The book on the page *of which* I write

(3) " Lequel," etc., must be used for Persons to avoid

ambiguity when two nouns are adjacent, the second governed by a preposition.

> e.g. La mère du garçon **laquelle** est ici
> The boy's mother *who* is here

(4) Never omit the relative pronoun in French, though it is often omitted in English.

> e.g. L'homme **que** je vois     The man I see

(5) " Où " can be used for place or time, instead of " in which, at which, on which."

> e.g. La maison **où** (dans laquelle) il demeure
> The house *in which* he lives
> Le jour **où** j'arrive     The day *on which* (when) I
>                                           arrive

(6) After a preposition " which," when referring to an *idea* and not to a definite noun, is translated by **quoi**.

> e g. Je le frappe, après **quoi** il tombe.
> I strike him, after *which* he falls.

(7) The prepositions " parmi," " entre " (*among*) take " lequel," etc., for persons as well as for things.

> e.g. Les hommes parmi **lesquels** . . .
> The men among *whom* . . .

(8) When " what " = " that which," and " that " = " that which," use the following:

> *Subject:* ce qui ⎫
> *Object:* ce que ⎬   that which

> e.g. *Subject:* Take *what* (that which) is in the box.
>            Prenez **ce qui** est dans la boîte.
>     *Object:*   I hear *what* (that which) you say.
>            J'entends **ce que** vous dites.
>            All *that* (that which) he says
>            Tout **ce qu'**il dit

(9) Use " que " for " when," " as," after " un jour," " un soir," etc.

> e.g. Un jour que nous     One day when (as) we were
>       travaillions               working

## B. The Conjunction " que " (that)

The conjunction " que," which joins two clauses, must never be omitted in French.

> e.g. He says *that* we are lazy.
> Il dit **que** nous sommes paresseux.
> I think he is in London.
> Je crois **qu'**il est à Londres.

## VOCABULARY

| | | | |
|---|---|---|---|
| le bout | scrap, piece, end | la chose | thing |
| | | l'injure | insult |
| le chef de train | guard | la place | seat |
| la chemin de fer | railway | la valise | suitcase |
| un employé | one of the (station) staff | ingrat | ungrateful |
| | | seul | alone |
| le fourgon | luggage-van | stupéfait | astounded |
| le numéro | number | | |
| le poing | fist | dehors | outside |
| le porte-bagages | luggage, sack | paisiblement | peacefully |
| | | par malheur | unfortunately |
| le pourboire | tip | profondément | deeply |
| le quai | platform | sauf (preposition) | except |
| le wagon | carriage | tant de | so much |
| | | tout (adverb) | quite |
| s'arrêter | to stop | tout à fait | entirely |
| bouger | to move | violemment | violently |
| *s'endormir | to fall asleep | dormir à poings fermés | to sleep like a top, deeply |
| entraîner | to drag | | |
| s'étonner (de) | to be astonished (to) | reçoit | receives |
| expliquer | to explain | | |
| se hâter (de) | to hurry (to) | | |
| manquer (de) | to fail (to) | | |
| oublier | to forget | | |
| se rappeler | to remember | | |
| rouler | to roll | | |

## UNE ERREUR D'IDENTITÉ

A la gare du Nord à Paris un voyageur monte dans un train qui est sur le point de partir pour Boulogne, met sa valise dans le porte-bagages, et appelle ensuite un employé qui passe.

Il lui explique qu'il a l'habitude de dormir profondément quand il voyage par le train, et il lui demande de dire au chef de train de le réveiller à la gare de Choix, à laquelle il veut descendre. " Ne manquez pas de me faire descendre, même s'il faut me jeter dehors," ajoute-t-il.

L'employé comprend, écrit sur un bout de papier le numéro de la place où il se trouve, reçoit un pourboire du voyageur, et part pour expliquer au chef de train ce qu'il faut faire.

Le monsieur s'installe à côté de la fenêtre, et s'endort tout de suite.

Le chef de train s'occupe de tant de choses en route qu'il oublie tout à fait le voyageur qui dort.

Le train s'arrête enfin à Choix, où le chef de train se rappelle sa mission quelques secondes avant le départ.

Il se hâte de chercher le wagon qu'il faut trouver, mais par malheur il n'a plus dans sa poche le bout de papier qui porte le numéro dont il a besoin.

Il passe dans un wagon où il y a un monsieur tout seul qui dort à poings fermés, le secoue violemment, et comme il ne bouge pas, il l'entraîne dehors sur le quai. Puis il regagne son fourgon, et donne le signal du départ.

Le train repart, et le chef de train s'étonne de voir le voyageur qu'il vient de rouler sur le quai lui montrer le poing, et lui crier des injures.

" Voilà un monsieur bien ingrat," se dit-il, stupéfait.

Arrivé à Boulogne, tout le monde descend, sauf un monsieur qui dort toujours paisiblement dans son coin à côté de la fenêtre.

## QUESTIONS

1. Pourquoi le voyageur appelle-t-il un employé?
2. Qu'est-ce qu'il lui explique?
3. Sur quoi l'employé écrit-il le numéro?
4. Qu'est-ce qu'il reçoit du voyageur?
5. A qui l'employé donne-t-il le message?

6. Où s'installe le voyageur?
7. Pourquoi le chef de train oublie-t-il sa mission?
8. Que fait-il quand il trouve un monsieur endormi?
9. Que fait le voyageur qui se trouve sur le quai?
10. Qui ne descend pas au terminus à Boulogne?

## EXERCISES

A. Insert " qui " (subject) or " que " (object) in the following:

1. Le chien — est noir.
2. Les messieurs — parlent.
3. La maison — j'achète.
4. L'enfant — nous regarde.
5. Les fleurs — elle vend.
6. Voici une robe — est belle.
7. Le livre — est sur la table.
8. Les autobus — nous voyons.
9. La place — il cherche.
10. Un express — part à six heures.

B. Translate the relative pronoun in brackets:

1. La femme (to whom) il parle.
2. La plume (with which) vous écrivez.
3. La rue (in which) je demeure.
4. Les pays (of which) ils parlent.
5. L'homme (whose) le fils est malade.
6. Le cinéma (at which) je la rencontre.
7. La dame (with whom) il se promène.
8. Montrez-moi (what) est dans la boîte.
9. Tout (that) nous disons est vrai.
10. Je ne sais pas (what) il fait.

C. Translate:

1. The lady whose son we know.
2. The men among whom he works.
3. The road which the car takes.
4. The day on which he arrives.
5. He strikes his head, after which he falls.
6. The seat I choose is comfortable.
7. The cat which I speak to is intelligent.
8. What he is saying is interesting.

9. I think he is in Paris.
10. One evening when I am not working.

D. Translate:

The suburb in which I live is very pleasant.

Our house is situated in a street bordered with trees, which are very beautiful in summer.

My bedroom, in front of which there is a balcony, looks out on* our garden, of which my father is very proud.

Near our street there is a park, in the middle of which there is an ornamental pond (le bassin).

My Uncle Robert, of whom I often speak, and whom I like very much, is arriving from London this evening. He generally brings me some stamps, and I hope he does not forget them this time. The stamps he gives me are sometimes rare (rare).

E. Recount in French, from memory, the story "Une Erreur d'Identité," *or*

Recount any amusing or interesting experience connected with a railway journey.

Word List: ' La S.N.C.F.', p. 235

* donner sur.

# LESSON XIII

## GRAMMAR

### A. WHICH? *(Interrogative Adjective and Pronoun)*

1. *Adjective*

|  | Sing. | Plur. |  |
|---|---|---|---|
| *M.* | quel | quels | } *which, what* ( +Noun) |
| *F.* | quelle | quelles | } |

e.g. Quel magasin?    Which shop?
Quelles femmes?    Which women?
Quel est ce bruit?    What is that noise?
("What" separated from
its noun in this case.)

*Note.*— When "quel" is used as an exclamation the article is omitted.   e.g. Quelle jolie robe!   What a pretty dress!

2. *Pronoun*

|  | Sing. | Plur. |  |
|---|---|---|---|
| *M.* | lequel | lesquels | } *which one(s)?* |
| *F.* | laquelle | lesquelles | } |

e.g. Voici deux chapeaux. **Lequel** préférez-vous?
Here are two hats.    *Which one* do you prefer?

### B. Demonstrative Pronouns

1. *This one, that one, these, those*

|  | Sing. |  |  | Plur. |  |
|---|---|---|---|---|---|
| *M.* | celui | } *this,* | ceux | } *these,* |
| *F.* | celle | } *that,* *the one* | celles | } *those,* *the ones* |

e.g. Which woman?   The one who is speaking.
Quelle femme?   **Celle** qui parle.
Your hat and Mary's (= that of Mary)
Votre chapeau et **celui** de Marie

*Note.*—When making a comparison or a contrast, add **-ci** (*the nearer, the latter, this one, these*) or **-là** (*the farther, the former, that one, those*) to these pronouns.

e.g. Here are two dogs.    This one is black; that one is white.
    Voici deux chiens.    Celui-ci est noir; celui-là est blanc.

2. *This, that*

When no noun has yet been referred to, and no gender yet mentioned, and ·when something is merely pointed out, or some idea referred to, use:

|  |  |
|------|------|
| ceci | *this* |
| cela | *that* |

("cela" is usually contracted to "ça" in conversation)

e.g. **Ceci** est joli.     This is pretty.
    Regardez **cela**.     Look at that.
    Je n'aime pas **ça**.     I don't like that.

3. *Use of "C'est" (pl. Ce sont) for "He is, she is, it is, they are," when demonstrative*

"Ce" (or "C'") is used in French before "être" not only for "it," but for "he, she, they," when "être" is followed by:

(a) *Proper Noun.*   C'est Henri     It is Henry

(b) *Noun preceded by article or otherwise qualified* (e.g. quelque = some, a few).

    C'est le (un) livre     It is the (a) book
    Ce sont les (des) livres     They are the (some) books
    Ce sont quelques amis     They are a few friends

(c) *Pronoun.*     C'est vous     It is you

(d) *Superlative.*   C'est le plus grand   It is the biggest

"C'est" = "it is," "this is," "that is," when something is pointed to, or referred to, but *not named* (viz. no gender known).

e.g. C'est joli.     It is pretty.
    C'est ici.     It is here.
    C'est vrai.     It (an idea, statement) is true.

*But* use "il (elle) est" (pl. ils (elles) sont) for "it is, he is, she is, they are" when not demonstrative but merely making a statement, the gender of the noun being known.

e.g. Voici une pomme.   **Elle** est rouge.
    Here is an apple.   *It* is red.

Regardez cette femme.  **Elle** est belle.
Look at that woman.  *She* is beautiful.
Où sont les chiens? **Ils** sont ici.
Where are the dogs? *They* are here.

*Note.*—Before a Clause beginning with **"que"** or before a
Phrase beginning with **"de,"** use "il est" (not "c'est") for "it
is."

    e.g. **Il** est vrai **qu'**il est paresseux.
        It is true that he is lazy.
        **Il** est difficile **de** faire cela.
        It is difficult to do that.

## C. Comparative and Superlative of Adverbs

*Adverbs* add **plus** (*more*) or **moins** (*less*).

|  | *Comparative* | *Superlative* |
|---|---|---|
| e.g. vite | plus vite | le plus vite |
| quickly | more quickly | most quickly |

*Exceptions*

| beaucoup | much | plus | more | le plus | most |
|---|---|---|---|---|---|
| bien | well | mieux | better | le mieux | best |
| peu | little | moins | less | le moins | least |
| mal | badly | pis | worse | le pis | worst |

NOTES

(1) Do not confuse "meilleur" (adj.) and "mieux" (adverb)

    e.g. A better book     Un **meilleur** livre
        He sings better   Il chante **mieux** que Charles.
        than Charles.

(2) "Plus" and "moins" when followed by a noun take
"de" like other expressions of quantity, e.g. plus **de** vingt
livres more than twenty books.

(3) More and more = **de** plus **en** plus.

## D. Present Tense of Irregular Verbs "vouloir," "pouvoir"

| vouloir (introduced p. 58) | pouvoir |
|---|---|
| (*to wish, want to*) | (*to be able*) |
| je veux  *I wish, etc.* | je peux, je puis  *I can, or am able* |

| | |
|---|---|
| tu veux | tu peux |
| il (elle) veut | il (elle) peut |
| nous voulons | nous pouvons |
| vous voulez | vous pouvez |
| ils (elles) veulent | ils (elles) peuvent |

Write "je peux" but "puis-je" in interrogative form.

## VOCABULARY

### Au Grand Magasin    At the Store

| | | | |
|---|---|---|---|
| l'ascenseur (m.) | lift | l'allumette (f.) | match |
| | | une blonde | an English cigarette |
| le billet | note, ticket | | |
| le buraliste | tobacconist | la carte d'identité | identity card |
| le chemisier | blouse, top shirt | | |
| | | l'étiquette | label, price-ticket |
| le chèque | cheque | | |
| l'escalier roulant | escalator | la marque | brand |
| | | une pìecè d'identité | a proof of identity |
| le paquet | packet | | |
| le permis de conduire | driving licence | la vendeuse | saleswoman |
| le rayon | department | á la mode | fashionable |
| le rayon de confection | dress department | au troisième | on the 3rd floor |
| le sac | bag | bien | well, very much |
| le tabac | tobacco | | |
| le tissu | material | bon marché | cheap |
| le vendeur | salesman | | |
| | | bonjour | good morning *or* good afternoon |
| coûter | to cost | | |
| envelopper | to wrap | | |
| fumer | to smoke | déjà | already |
| ruiner | to ruin | enfin | at last |
| | | vraiment | truly, really |
| cela vous va bien | that suits you well | très | very |
| | | cher | dear, expensive |
| comme (qu')elle est belle | how beautiful she (it) is | exquis | exquisite |

| comment allez-vous? | how are you? | épatant | delightful, "super" |
| adorable | charming, cute | seyant | attractive, becoming |
| je vais bien | I am well | | |
| n'est-ce pas? | isn't that so? | | |
| chic | smart, fashionable | | |
| voulez-vous? | will you? | | |
| voyons! | now look! look here! | | |
| (robe) habilleé | dressy, smart, formal | | |

## AU MAGASIN

Scène—Un grand magasin à Paris

(Mme Dubois et son amie, Mme Lebrun, arrivent au rayon des tissus)

LA VENDEUSE: Bonjour, mesdames. Vous voulez voir quelque chose?

MME D.: Je veux voir quelques tissus, s'il vous plaît—pour faire une robe habillée.

LA V.: Oui, madame. Voici quelques tissus très à la mode. Ce sont les plus jolis que nous avons. Celui-ci, par exemple? Regardez comme il est seyant.

MME D.: Oui, j'aime bien celui-ci.

MME L.: J'aime mieux celui-là; je le trouve très bien.

MME D.: C'est vrai. Combien coûte-t-il?

LA V.: Il coûte cent quatre-vingt dix-huit francs quatre-vingt* (198, 80F) le mètre, madame. Ce n'est pas bon marché mais c'est de la belle qualité.

MME D.: Vraiment? Alors, j'en prends cinq mètres.

LA V.: Ça fait neuf cent quatre-vingt quatorze francs quarante, exactement, n'est-ce pas? Vous payez avec un chèque, oui? Alors, si vous voulez bien me donner une pièce d'identité.

MME D.: Oh, je ne trouve pas ma carte d'identité. Est-ce que

---

* "Centimes" is omitted in prices, after "francs."

　　ça va avec le permis de conduire?

LA V.: Très bien madame.　Voici votre paquet.

MME L.: Oh! Francine, regarde donc ça.　(Elle montre un chemisier à son amie.)

LA V.: Madame désire acheter un chemisier?　Comment trouvez-vous celui-ci?　Ces chemisiers-ci viennent d'arriver ce matin.　Ils sont adorables, n'est-ce pas?

MME D.: Je trouve que celui-là fait plus chic.　(Elle regarde l'étiquette.)　C'est combien?　Ah! cinq cents soixante-quinze francs (575 F).　Ça, c'est trop cher.　(A Mme L.)　Lequel préfères-tu?

MME L.: J'aime mieux le chemisier vert; il est plus gai.

LA V.: Et il est moins cher, madame.　Trois cents quatre-vingt-dix francs (390 F) seulement.

MME D.: Eh bien, je vais l'essayer.　(Elle se regarde dans la glace.) Quel joli chemisier!　Il me va très bien, n'est-ce pas?　Alors, je le prends.　(Monsieur Dubois arrive.) Tiens!　Voilà mon mari.

M. D.: Ah! te voici enfin!　Je te cherche partout, Francine.　(Il voit Mme Lebrun.)　Bonjour, Madame Lebrun.　Comment allez-vous?　Qu'est-ce que ma femme vient d'acheter?　Un chemisier?　Elle me ruine.

　　　　(La vendeuse met le chemisier vert dans un sac, et le donne à Monsieur Dubois)

　　　　Descendons par l'ascenseur.　C'est plus rapide que l'escalier roulant.　Je veux acheter des cigarettes.

　　　　(Ils descendent tous, et sortent du magasin.　Ils entrent dans un bureau de tabac.)

LE BURALISTE: Bonjour, messieurs-dames.　Vous désirez?

M. D.: Vous avez des blondes?

LE B.: Mais oui, monsieur.　Lesquelles désirez-vous?　Nous avons des "Silver Tip."　Elles côutent huit francs soixante le paquet.

M. D.: Voulez-vous m'en donner trois paquets, s'il vous plaît.　J'aime bien celles-là.

LE B.: Oui, monsieur, ce sont les cigarettes qui se vendent le mieux.　Ça fait vingt-cinq francs quatre-vingts (25, 80 F).

M. D.: Voyons!　Il est déjà midi.　Allons déjeuner le plus vite possible.

## QUESTIONS

1. Comment allez-vous ce matin?
2. Laquelle préférez-vous, une cigarette ou une pipe?
3. Quelle marque de tabac fumez-vous?
4. Aimez-vous les cigarettes françaises?
5. Quel est votre journal favori?
6. Combien coûte le chemisier vert de Mme Dubois?
7. Où est-ce qu'on achète le tabac?
8. Combien de centimes font un franc?
9. Combien coûtent cent timbres de cinquante centimes?
10. Combien coûtent cinq paquets de cigarettes à neuf francs soixante le paquet?

## EXERCISES

A. Insert the correct form of "quel" (adj.) or "lequel" (pron.) as required:

1. — chapeau préférez-vous?
2. Voici deux chemisiers; — préférez-vous?
3. — de ces robes est la plus belle?
4. — robes voulez-vous voir?
5. — beau magasin!
6. — de ces livres est le plus intéressant?
7. — heure est-il?
8. — de ces journaux voulez-vous lire?
9. — aimez-vous mieux, celui-ci ou celui-là?
10. — cigarettes fumez-vous?

B. Insert suitable Demonstrative Pronouns:

1. Voilà deux livres; — est vert.
2. — qui est sur la table est bleu.
3. — est vrai.
4. Regardez —.
5. Regardez ces fleurs; — sont rouges, — sont blanches.
6. Je comprends —.
7. Voici ma voiture; — de Charles est plus petite.
8. — qui est devant le magasin est plus grande.
9. — coûte plus que —.
10. — est possible.

C. Insert "ce (c')" or "il (elle)," as required:

1. — est le plus grand magasin de la ville.
2. Regardez cette fleur; — est jolie.
3. Oui, — une belle fleur.
4. — sont de belles fleurs.
5. Voici un chapeau; — est bon marché.
6. — est un chapeau élégant.
7. Aimez-vous cette robe? — est très gaie.
8. — est la meilleure vendeuse du magasin.
9. Ah! — est vous, Madame Lebrun?
10. — sont nos amis Charles et Henri, n'est-ce pas?

D. Translate:

more often, most politely, he reads better, she speaks least, a better fruit, as quickly as possible, more and more expensive, more than 3,000 francs, on the fifth floor, I am very well, they wish, do you wish? they can, can I? we are able to go.

E. Translate:

(M. Dubois and his wife enter a tobacconist's)

M. DUBOIS: Good morning. Have you any English cigarettes?

THE TOBACCONIST: Yes, sir, we have some. They have just arrived. Which brand do you like best?

M. D.: Give me a packet of "Silver Tip," please, and a box of matches. I find Swedish (suédoises) matches are better than French matches.

THE TOBACCONIST: But we haven't any, sir. That makes 9 francs 70 (centimes*).

M. D.: Thank you. Here is a ten-franc note. (The salesman gives him 30 centimes.)

(M. and Mme D. go out. They stop in front of a large store)

MADAME D.: I want to see some dresses. Let us go to the dress department. We can take the lift to the fourth (floor*).

(They go up to the dress department)

THE SALESWOMAN: Good morning, madam. Good morning, sir. What can I show you?

MME D.: I want to see some evening dresses, please.

THE SALESWOMAN: Certainly, madam. Here are the best evening dresses in the shop. Do you like this one?

MME D.: No, I prefer that one, the white dress. I find it gayer than the black dress.

M. D.: But it is also dearer, isn't it?

THE SALESWOMAN: Yes, that is true. It costs 1500 francs.

MME D.: Yes, the black dress costs less, but it is also less smart. Which one do you prefer, my darling?

M. D.: You are ruining me. Let's go out as quickly as possible.

F. Write in French a short imaginary conversation which takes place in a shop, a street, or a restaurant.

# LESSON XIV

## GRAMMAR

### A. Formation of Future Tense

To form the future tense of regular verbs the endings **-ai**, **-as**, **-a**, **-ons**, **-ez**, **-ont** (which are the endings of the Present Tense of "avoir") are added to the Infinitive.

Note that verbs of Group III (**-re**) drop the final "-e" of the infinitive.

| donner | | finir | |
|---|---|---|---|
| je donner**ai** | *I shall give* | finir**ai** | *I shall finish, etc.* |
| tu donner**as** | *you will give* | finir**as** | |
| il donner**a** | *he will give* | finir**a** | |
| nous donner**ons** | *we shall give* | finir**ons** | |
| vous donner**ez** | *you will give* | finir**ez** | |
| ils donner**ont** | *they will give* | finir**ont** | |

| vendre | |
|---|---|
| vendr**ai** | *I shall sell, etc.* |
| vendr**as** | |
| vendr**a** | |
| vendr**ons** | |
| vendr**ez** | |
| vendr**ont** | |

All verbs have these endings in the future tense, but some irregular verbs make alterations in the stem, and the Verb Table at the end of the book can now be consulted when necessary.

The following common irregular futures should be learnt by heart:

| aller | j'irai | *I shall go* |
|---|---|---|
| avoir | j'aurai | *I shall have* |
| courir | je courrai | *I shall run* |
| être | je serai | *I shall be* |
| faire | je ferai | *I shall make* |
| pouvoir | je pourrai | *I shall be able* |

| recevoir | je recevrai | *I shall receive* |
| savoir | je saurai | *I shall know* |
| tenir | je tiendrai | *I shall hold* |
| venir | je viendrai | *I shall come* |
| voir | je verrai | *I shall see* |
| vouloir | je voudrai | *I shall wish* |

NOTES

(1) The following regular verbs of Group I (**-er**) take a grave accent throughout the Future (e.g. j'achèterai, etc.): mener (*to lead*), acheter (*to buy*), amener (*to bring along*), emmener (*to take along*), promener (*to walk*). This is due to the fact that the "e" preceding the last syllable is mute.

(2) The following regular verbs double the last consonant throughout the Future:
appeler (*to call*)  j'appellerai  jeter (*to throw*)  je jetterai

(3) Verbs in **-oyer** and **-uyer** change **y** to **i** throughout the Future.

    e.g. nettoyer (*to clean*)    je nettoierai
            essuyer (*to wipe*)     j'essuierai

Verbs in **-ayer** can retain **y** *or* change to **i**.

    e.g. payer (*to pay*)  je payerai or paierai

## B. Use of the Future Tense

The following points should be noted:

1. In French the Future must be used instead of the English Present when future time is really implied, i.e. after conjunctions of time: "quand, lorsque" (when), "dès que, aussitôt que" (as soon as), etc.

    e.g. *When* he *arrives* ( = will arrive) we shall go out.
        **Quand** il arrivera, nous sortirons.

        *but* do not use the Future in French after **si** (*if*); simply the Present as in English.

    e.g. If he arrives tomorrow, we shall set out.
        S'il arrive demain, nous partirons.

When "si" means "whether" Future is used, however, as in English.

    e.g. I don't know if ( = whether) he will come.
        Je ne sais pas s'il viendra.

2. The immediate Future can be expressed by the Present of "aller" + the Infinitive, as in English.

  e.g. I am going to sing now.
       Je vais chanter maintenant.

3. "Will you?" when a request, is not a Future, but is expressed in French by "Are you willing to?"

  e.g. Will you shut the door, please?
       Voulez-vous fermer la porte, s'il vous plaît?

4. In the interrogative form of the Future of all verbs a **t** must be inserted in the 3rd person singular.

  e.g. Donnera-t-il (elle)?
       Will he (she) give?

## C. Emphatic Pronouns (*Disjunctives, i.e. not connected with Verb—so separate, apart*)

| Singular | | Plural | |
|---|---|---|---|
| moi | *I* or *me* | nous | *we* or *us* |
| vous | *you* | vous | *you* |
| lui | *he* or *him* | eux | *they* or *them* (*m.*) |
| elle | *she* or *her* | elles | *they* or *them* (*f.*) |

"Toi" is used instead of "vous" in the singular for relatives and close friends.

These are used in the following cases:

1. *For Emphasis, Composite Subject or Object, or when Alone.*

  e.g. **Moi,** je n'irai pas.   I, I shan't go.
       Lui et moi (nous) allons sortir.
       He and I are going out.
       Qui est là?   Moi.   Who is there?   I.

2. *After Prepositions*

  e.g. avec **lui**   with him      l'un **d'eux**   one of them
       chez **nous**   at our house

but remember Transitive Verb + "to" + Pronoun requires Conjunctive Pronoun, e.g. I give *to* her = "je **lui** donne" and *not* "je donne à elle." Verbs of Motion take emphatic pronouns, e.g. He came to me.   Il vint à moi; and they are used after **Reflexive Verbs** for the Indirect Object, e.g. He addresses himself to me. Il s'adresse à moi.

3. *With verb "être"* (which cannot take an object).

e.g. C'est moi. It is I.

Similarly: C'est toi, lui, elle, nous, vous

*but* Ce **sont** eux, elles

*Note.*—"*être*" + Emphatic Pronoun can be used to show possession in French.

e.g. A qui est ce crayon? Il est à **moi**.
Whose pencil is this? It is *mine*.

4. *In Comparisons*

e.g. Il est plus intelligent que **moi**.
He is more intelligent than **I**.

*Note.*—"*-même*" (self) can be added to any of the emphatic pronouns, and agrees, being an adjective.

e.g. moi-même myself      nous-mêmes ourselves
Il le fera **lui-même**      He will do it *himself*

Do not confuse this with the reflexive pronoun which is not emphatic.

e.g. He cuts himself.    Il se coupe.

## D. Present Tense of Irregular Verbs "écrire" (to write) and "recevoir" (to receive)

| écrire | recevoir* |
|---|---|
| j'écris | je reçois |
| tu écris | tu reçois |
| il (elle) écrit | il (elle) reçoit |
| nous écrivons | nous recevons |
| vous écrivez | vous recevez |
| ils (elles) écrivent | ils (elles) reçoivent |

\* Similarly all verbs in " -cevoir," e.g. apercevoir (*to perceive*).

## VOCABULARY

| | | | |
|---|---|---|---|
| le camping | camping | la basse-cour | poultry-yard |
| le cheval | horse | la canne à | fishing-rod |
| le collège | college | pêche | |
| le départ | departure | la colline | hill |

| | | | |
|---|---|---|---|
| l'endroit (m.) | place | la douane | customs |
| le fermier | farmer | l'écurie (f.) | stable |
| le hangar | shed | l'étable (f.) | cowshed |
| le mouton | sheep | l'excursion | excursion |
| l'œuf | egg | la fois | time |
| l'oncle | uncle | la grange | barn |
| Pâques | Easter | la main | hand |
| le Parlement | Parliament | (la) maman | mother |
| le passeport | passport | la poule | hen |
| le pied | foot | la quinzaine | fortnight |
| le poirier | pear tree | la sortie | exit |
| le pommier | apple tree | la traversée | crossing |
| le pré | meadow | la truite | trout |
| le ruisseau | brook | la vache | cow |
| le verger | orchard | | |
| | | aimable | kind |
| avoir congé | to have a day's holiday | calme | calm |
| | | content (de) | pleased (to) |
| | | enchanté (de) | delighted (to) |
| couler | to flow | heureux (de) | happy (to) |
| descendre | to go down or get down | | |
| | | maintenant | now |
| | | peut-être | perhaps |
| emmener | to take away (people) | tant de | so much |
| | | tout près | quite near |
| emporter | to take away (things) | en autocar | by motor coach |
| | | en chemin de fer | by rail |
| passer | to spend | | |
| prêter | to lend | | |
| prier | to ask | par le train | by train |
| remercier | to thank | par le métro | by Underground |
| voyager | to travel | | |
| | | par avion | by air |

| | |
|---|---|
| faire une promenade (un tour) à pied, à bicyclette, à cheval, en auto, en bateau, en avion | to go for a trip on foot, by bicycle, on horseback, by car, in a boat, in an aeroplane |

UNE LETTRE DE PARIS

Chantenay, le 5 mars, 1984.

Cher Jean,

Je te remercie beaucoup de ta lettre du 1er mars, et de ton aimable invitation. Je serai enchanté de passer une quinzaine de jours chez toi à Pâques. Remercie aussi tes parents mille fois, de ma part.

Je vais enfin voir l'abbaye de Westminster, le Parlement, la cathédrale St. Paul, et la place Trafalgar. Nous pourrons aussi peut-être faire des excursions en voiture ou par le train à Oxford et à Windsor.

Je partirai de Paris le 9 avril par le train de 9 h 20, de la gare du Nord, et j'arriverai à Calais à 12 h 45. Ensuite je passerai la douane, et j'embarquerai pour Douvres.

Ce sera la première fois que je ferai un voyage en bateau, et j'espère bien que la mer sera très calme. Si nous faisons une bonne traversée de la Manche, j'arriverai à la gare Victoria vers 16 h 30, mais je ne sais pas si tu pourras venir me chercher.

Quand je descendrai du train je te chercherai à la sortie du quai. Si tu ne peux pas venir à la gare je prendrai un taxi. Naturellement, je ne connais pas Londres, mais je sais assez bien l'anglais pour donner ton adresse au chauffeur.

C'est demain mercredi et, tu sais, nous avons congé le mercredi après-midi dans tous les lycées français.

Alors s'il fait beau mon ami Paul Lenoir et moi nous irons faire une promenade à bicyclette à la campagne. Il a deux ans de plus que moi, et son oncle a une grande ferme à vingt kilomètres de chez nous, et nous allons souvent chez lui.

C'est une belle ferme, avec des granges, des hangars pour les tracteurs et les machines, une écurie pour les chevaux de Monsieur Lenoir, des étables pour les vaches, et une basse-cour pleine de poules et de canards. Il y a aussi beaucoup de moutons dans les prés; et au pied de la colline, derrière la maison, il y a un beau verger avec des pommiers et des poiriers.

Dès que nous arriverons, nous irons voir les animaux. Je ferai peut-être un petit tour à cheval avec lui s'il a un peu de temps libre, parce que maintenant je sais monter à cheval.    J'emporterai aussi ma canne à pêche, parce qu'il y a beaucoup de truites dans le ruisseau qui coule tout près de la ferme.

M. Lenoir me donnera, comme toujours, une douzaine d'œufs pour maman.    Il a lui-même deux fils, et nous avons l'intention de faire du camping avec eux au mois d'août. Nous les connaissons bien, et ils sont très gentils.

Je viens de recevoir mon passeport, et je serai bien content de voir arriver le jour de mon départ pour l'Angleterre.

Avant de partir j'achèterai des timbres français pour ta collection, et je te les apporterai.

J'attends avec impatience le jour de mon départ pour l'Angleterre.

Salut et à bientôt,

Pierre.

## QUESTIONS

 1. Qu'est-ce que Pierre verra à Londres?
 2. Où ira-t-il peut-être en voiture?
 3. Par quel train partira-t-il de Paris?
 4. Où est-ce qu'il embarquera pour Douvres?
 5. A quelle heure arrivera-t-il à Victoria?
 6. Qui a une grande ferme?
 7. Pourquoi Pierre emportera-t-il sa canne à pêche?
 8. Qu'est-ce que M. Lenoir lui donnera?
 9. Qu'est-ce que Pierre et ses amis feront au mois d'août?
10. Connaissez-vous Paris ou Londres?

## EXERCISES

A.  Replace the following Present Tenses by the Future Tense: ils donnent, je vends, finit-il? elle va, tu es, nous voyons, je fais, ils viennent, elle peut, vous voulez, nous recevons, ils ont, j'achète, il jette, vous payez.

B.  Translate:

he and I, with them (m.), in front of her, at our house (use "chez"), it is he, it is they (m.), he is bigger than you, after me, at her house (use "chez"), come with them (f.).

C. Translate:

I am writing, we write, they receive, does he receive? I know English, they know the street, I go for a bicycle ride, he travels by boat, we go for a ride on horseback, they travel by air.

D. Translate:

> 10, Windsor Street,
> Kingston, Surrey.
> 13th March, 1984.

Dear Peter,

I have just received your letter of 5th March and I am very pleased to know that I shall see you at last next month.

I shall be at Victoria Station at 4.30 p.m. on Saturday and I shall wait for you at the exit from the platform. If you do not see me at first, do not take a taxi, but wait in front of the letter-box on the right. You know that all letter-boxes in England are red.

My Uncle Charles, who knows your father well, will be able perhaps to come with me. He speaks French better than I.

During the first week we shall visit the Houses of Parliament, Westminster Abbey, St. Paul's Cathedral, and many other interesting places in London.

After that, if it is fine, we shall go to Windsor, and you will see the Castle and Eton College. My uncle often goes there by car, and he will take us with him. He knows Oxford well.

I shall have a lot of new stamps to (à) show you when you arrive. My brother Robert, who is three years older than I, has also a fine collection. He and I intend to go camping in Scotland at the end of July. He will lend you his bicycle, and we shall be able to go for some bicycle rides into the country.

Now I have a lot of homework to (à) do.

> Yours sincerely,
> John.

E. Write in French a short letter to a friend giving details of a journey or visit you intend to make.

# LESSON XV

## GRAMMAR

### A. The Perfect Tense

With the exception of reflexive verbs, and a few verbs expressing motion (see Lesson XVI), French verbs form their Perfect Tense (e.g. "I have given *or* I gave") by adding their past participle to the present tense of "avoir."

This tense must *always* be used in French in *Conversation* or in a *Letter* to express any action completed at a definite time in the past.

The Past Participle of any irregular verb may be found in the Verb Table at the back of the book, which can now be consulted as each new tense occurs.

The Past Participle of regular verbs is formed as follows:

|  | *Stem of* | | |
|---|---|---|---|
| Group | *Infinitive + Ending* | | *= Past Participle* |
| I | donn(**er**) | **-é** = | donn**é** |
| II | fin(**ir**) | **-i** = | fin**i** |
| III | vend(**re**) | **-u** = | vend**u** |

*Perfect Tense* of "donner":

j'ai donné    *I have given, I gave*
tu as donné
il (elle) a donné
nous avons donné
vous avez donné
ils (elles) ont donné

Similarly: (finir) j'ai fini, etc.; (vendre) j'ai vendu, etc.

*Interrogative*

ai-je donné?   have I given?   did I give?

*Negative*

je n'ai pas donné   I have not given, I did not give.

*Note.*—Some common irregular past participles:
(See Verb Table, page 216, for complete list.)

| avoir | j'ai eu | *I have had* |
| boire | j'ai bu | *I have drunk* |
| dire | j'ai dit | *I have said* |
| écrire | j'ai écrit | *I have written* |
| être | j'ai été | *I have been* |
| faire | j'ai fait | *I have done, made* |
| mettre | j'ai mis | *I have put* |
| prendre | j'ai pris | *I have taken* |
| recevoir | j'ai reçu | *I have received* |
| voir | j'ai vu | *I have seen* |

## B. Rule for the Agreement of the Past Participle after "avoir"

The Past Participle must agree like an adjective with any *direct* object *preceding* the verb "avoir."

e.g. Je **les** ai trouvés.
I have found them.
Les livres **que** j'ai achetés
The books which I bought
**Quelle** femme avez-vous vue?
What woman have you seen?

But there is no agreement when the preceding object is indirect.

e.g. Je **leur** ai donné des fleurs.
I have given some flowers to them. (*indirect*)

## C. Position of Adverbs in the Perfect, and other compound tenses. Adverbs are usually placed between the auxiliary verb and the past participle.

e.g. J'ai **souvent** vu   I have often seen

*Exceptions* which follow the past participle:

(1) Long adverbs:
e.g. J'ai vu **tout à coup**   I saw suddenly

(2) Adverbs of time or place:
e.g. J'ai vu **hier**      I saw yesterday
J'ai vu **partout**   I saw everywhere

## D. Warning Note on Tenses

(*a*) When the action is not yet finished, and "for" = "since" (depuis) use the *Present*, not the Perfect.

e.g. He has been waiting *for* an hour.
Il **attend** (action still going on) depuis une heure.
How long have you been in Paris?
**Depuis** quand êtes-vous à Paris?

(*b*) "I have just given, etc." is expressed in French not by the Perfect but by the *Present* of **venir,** followed by **de** plus Infinitive.

e.g. I have just seen Mr. Dubois.
Je viens de voir M. Dubois.
(Literally: "I come from seeing.")

## E. The Past Participle can be used as an Adjective:

e.g. Le château, bâti sur un rocher, . . .
The castle, built on a rock, . . .

## VOCABULARY

| | | | |
|---|---|---|---|
| le bateau-mouche | river-steamer | l'arrivée (f.) | arrival |
| | | la carte postale | postcard |
| le bâtiment | building | la circulation | traffic |
| le canot | rowing-boat | la forteresse | fortress |
| le faubourg | suburb | les nouvelles | news |
| le lendemain | next day | l'oubliette (f.) | dungeon |
| le métro | Underground | | |
| le pique-nique | picnic | ancien | former (ex-) |
| | | célèbre | celebrated |
| le prisonnier | prisoner | ci-joint | enclosed |
| le retour | return | heureux | happy |
| le thé | tea | large | broad |
| | | paresseux | lazy |
| *apprendre | to learn | triste | sad |
| assister (à) | to be present (at) | vrai | true |
| débarquer | to disembark | à impériale | with upper deck |
| habiter | to inhabit | | |
| laisser | to let, allow | au revoir | goodbye |
| périr | to perish | avant de | before (of time) |

| | | | |
|---|---|---|---|
| raconter | to recount | déjà | already |
| s'amuser | to enjoy oneself | en plein air | in the open air |
| | | infiniment | greatly |
| soulever | to lift up | de temps en temps | from time to time |
| huit jours | a week | hier | yesterday |
| quinze jours } a fortnight | | demain | tomorrow |
| une quinzaine } | | | |

## UNE LETTRE DE LONDRES

10, Green Street,
Chiswick, W.4.
le 9 avril, 1984.

Ma chère Maman,

J'espère que tu as déjà reçu la carte postale que je t'ai envoyée le lendemain de mon arrivée.    Voici des nouvelles de ton paresseux.    Tu m'excuseras pour le délai mais tu sais bien que j'ai été très occupé.

Je suis à Londres depuis huit jours maintenant, et je m'amuse formidablement bien.    Jean et ses parents sont vraiment charmants, et son frère Robert est aussi bien gentil.

Le faubourg de Chiswick, qui est à l'ouest de Londres, est un quartier très chic, et les Smith habitent une belle maison moderne dans une large rue bordée d'arbres.

Comme je te l'ai déjà raconté, Jean m'a enfin trouvé à la Gare Victoria, et il m'a emmené d'abord par le métro à Piccadilly, qui est le vrai centre de Londres, où nous avons pris le thé, avant d'aller à Chiswick.    La circulation dans les rues est pire qu'à Paris.    Les autobus à impériale sont rouges, et ils sont énormes.

Lundi nous avons fait un grand tour de Londres pour voir les bâtiments et les monuments historiques, et nous avons vu l'abbaye de Westminster, le Parlement, la cathédrale St. Paul, et enfin la Tour de Londres et le pont de la Tour, dont les deux parties se lèvent en l'air de temps en temps pour laisser passer les grands bateaux sur la Tamise.

La visite de la Tour, dans laquelle ont péri tant de prisonniers célèbres, a été fort intéressante.    Les gardiens s'appellent "beefeaters," et ils portent un uniforme rouge et noir. Notre guide, ancien soldat comme tous les "beefeaters," nous a raconté des histoires terribles au sujet des oubliettes, des salles de torture, et des exécutions dans cette forteresse imposante.

Hier l'oncle de Jean nous a emmenés en voiture à Windsor, et nous avons visité le collège d'Eton et le château de Windsor, dont j'ai tant entendu parler.

Jeudi, Jean, son frère, et moi, nous avons fait un pique-nique sur les bords de la Tamise.    Il a fait un temps superbe, et nous avons pris un bateau-mouche à Richmond pour faire une excursion à Hampton Court, où nous avons débarqué.    Nous avons passé la matinée à visiter le palais, qui date du seizième siècle, et nous nous sommes promenés dans ses magnifiques jardins. Nous avons mangé les sandwichs que nous avons emportés en plein air, dans le parc en face du palais, puis nous avons fait un tour en canot avant de rentrer par le bus.

Cet après-midi nous allons assister à un grand match de football à Chelsea.

La semaine prochaine j'espère, entre autres choses, aller à Oxford pour voir les collèges de l'université.    Nous avons l'intention d'y aller par le train.    Tu trouveras ci-joint quelques cartes postales que j'ai achetées pour toi.

Je t'écrirai dimanche prochain, avant mon retour. Embrasse Papa et Marie.    Au revoir, Maman chérie.

Ton fils qui t'aime.

Pierre.

## QUESTIONS

1. Où demeurent les Smith?
2. Pierre, s'amuse-t-il bien à Londres?
3. Comment sont les autobus anglais?
4. Comment s'appellent les guides de la Tour?
5. De quelle couleur est leur uniforme?
6. Comment Pierre a-t-il voyagé à Hampton Court?
7. Qu'est-ce que Pierre et ses amis ont mangé en plein air?
8. Quel est le vrai centre de Londres?
9. Qu'est-ce que Pierre envoie à sa mère?
10. De quel siècle date le palais de Hampton Court?

## EXERCISES

A. Replace the following Present Tenses by the Perfect:

nous vendons, il finit, nous parlons, je prends, ils voient, elle fait, vous avez, je suis, tu reçois, nous écrivons.

B. Fill in the Past Participle, making any necessary agreements:

1. Il a (mettre) la lettre sur la table.
2. Les livres que nous avons (trouver).
3. La lettre que vous avez (écrire).
4. Elle les a (finir).
5. Ils nous les ont (vendre).
6. Combien de pommes avez-vous (acheter).
7. Les amies que j'ai (voir).
8. Elle a (choisir) ces fleurs.
9. Nous les avons (suivre).
10. Il leur a (parler).

C. Translate:

in the open air, from time to time, the next day, next week, last Thursday, bordered by trees, by Underground, some old soldiers, he has just arrived, I have been in London for a week.

D. Translate:

the house of which I spoke, we recognised her, the castles which I have seen, the pencil with which I wrote, he wrote to her, the letter I have written, the friend whose daughter I met, he sold to them, I chose them, they bought some.

E. Translate:

Chantenay,
12th April, 1984.

My dear Peter,

Mother thanks you very much for your letter of the 9th April.   The postcards which you sent her are very interesting.

She is very busy today because the Lenoirs are coming to spend the evening with us.

There is not much news since your departure.   Médor has been very naughty.   Last Tuesday he went for a walk with

Mother, and when she met Mrs Lebrun he grabbed a piece of meat in her basket and carried it off into a garden where he ate it. You can imagine Mrs Lebrun's face! (tête)

Yesterday Father took me with him to Paris, and I spent the day with my friend Louise. Her parents have just bought a fine apartment near the Eiffel Tower. We saw an old English film on her video. It's a story about a dog which is called "Lassie."

Father says we shall go tomorrow to Fontainebleau by car, if it is fine. We shall have (make) a picnic in the woods, and we shall visit the castle and the gardens which are so beautiful in spring, as Mother says.

Father says he hopes you have not forgotten to (de) bring him back some English cigarettes, and Mother wants to know if you have learnt a lot of English. If you tell me the time (hour) of your return I will come to the Gare du Nord. Don't forget to (de) send us a postcard before Saturday as Mother says.

See you soon*. Hi, Peter!

Your sister,<br>Mary.

\* A bientôt.

F. Write in French a letter to a friend describing a visit you have made to some interesting town, or building.

# REVISION

## (Lessons XI–XV)

A. (a) *Present:* we write, does she write? they can, can I? you (tu) can, we receive, he does not receive, they wish, do you (tu) wish? we wish, he knows the street, they know where he is, do you know Rouen? I know German, we know how to swim.

(b) *Future:* I shall be, they will have, he will go, we shall run, I shall come, you will see, they will be able, we shall wish, he will make, you will receive.

(c) *Perfect:* I have had, they have been, she has made, we have drunk, she has put, I have wished, you have written, he has received, we have taken, they have read.

B. (a) *Numerals:* 61, 77, 80, 91, 200, 240, 3000, in 1952, Louis I, Louis XIV, about 20 cars, thousands of books, half the bread, an hour and a half, $2 \times 7 = 14$.

(b) *Comparative and Superlative of Adjectives and Adverbs:* a bigger room, a better house, a more interesting book, the prettiest dresses, the most intelligent dog, he walks fastest, she sings better, I write less often, we are as rich as they, he does not work so hard as you.

C. *Pronouns, Tenses, Agreement of Past Participle:*

1. This dress is green and that one is blue. Which one do you prefer?

2. What pretty flowers! I like these better than those you have chosen.

3. It is she who has written these letters. They are very interesting.

4. Come with me, and I will show you the house I have bought.

5. It is a fine cake, isn't it? Here is a knife with which you can cut it.

6. I have known Peter for several years. He is more intelligent than you.

7. The hotel of which I spoke is excellent. It is the best hotel in London.

8. He and I want to know what you have just seen.
9. The suburb in which I live is very pleasant. That is true.
10. I have seen them, but I have not spoken to them.

D. Write in French a few lines on one of the following topics:
   (*a*) La France, ou l'Angleterre.
   (*b*) Paris, ou Londres.

# LESSON XVI

## GRAMMAR

### A. The Perfect Tense of Verbs requiring "être" + Past Participle

1. The following verbs, mostly verbs of *motion*, require "être" to form the Perfect and other compound tenses:

(*a*) Verbs of *Motion* (change of position):

aller (*to go*), venir (*to come*), arriver (*to arrive*), entrer (*to enter*), partir (*to set out*), sortir (*to go out*), descendre (*to descend*), monter (*to mount*), tomber (*to fall*), retourner (*to return*).

And compounds with "re-" (*again*), e.g. rentrer, revenir, repartir, etc.

(*b*) Verbs denoting change of state:

devenir (*to become*), naître (*to be born*), mourir (*to die*).

(*c*) rester (*to remain*).

e.g. aller

je suis allé(e)   *I have gone, I went*
tu es allé(e)
il est allé
elle est allée
nous sommes allé(e)s
vous êtes allé(e)(s)
ils sont allés
elles sont allées

(Verbs describing method of moving take "avoir," e.g. j'ai marché, j'ai couru.)

NOTES

(1) The Past Participle always agrees with the subject, as it is an *adjective* in these cases. When there are two or more subjects of mixed genders, the Past Participle agrees with the masculine, in the plural form.

(2) If any Verbs of Motion are used transitively (i.e. with an object) they require "avoir" and follow the rule for agreement of the past participle with "avoir."

    e.g. Nous **avons** descendu les bagages.
        We have brought down the luggage.

2. All Reflexive Verbs require "être" to form the Perfect, and other compound tenses.

e.g. se coucher

je me suis couché(e)   *I have gone to bed,*
tu t'es couché(e)      *I went to bed*
il s'est couché
elle s'est couchée
nous nous sommes couché(e)s
vous vous êtes couché(e)(s)
ils se sont couchés
elles se sont couchées

NOTES

(1) The Past Participle agrees with the preceding reflexive direct object, and if the object is indirect there is no agreement.

    e.g.

Agreement     { Elle **s'**est coupée.
             { She has cut herself (Direct).

No          { Elle **s'**est coupé la main.
Agreement    { She has cut (*to herself*) the hand (Indirect).
            { Elles **se** sont parlé.
            { They have spoken *to each other* (Indirect).

(2) *Negative* form: je **ne** me suis **pas** couché.
    *Interrogative* form: me suis-je couché?
                  *or* est-ce que je me suis couché?

## B. Insertion of the Definite Article

**le, la, les** must be inserted in the following cases in French, though omitted in English:

1. *With Titles*

    e.g. **le** colonel Smith  **le** docteur Paul
                        (Do not use "médecin" in title)
       Colonel Smith    Dr. Paul
    (Note: *small* letter for ranks and titles).

2. *When an adjective precedes a proper noun*

  e.g. **le** vieux Pierre     **la** petite Marie
     old Peter       little Mary

 (Note also: Bonjour, monsieur **le** maire, etc.
       Good morning, mayor, etc.)

3. *In a general statement*

  e.g. **Les** enfants aiment **le** chocolat.
     Children like chocolate.

4. *With abstract nouns, materials, substances used in a general sense*

  e.g. **La** peur le saisit    Fear seizes him
     J'aime **l'**histoire     I like history
     **L'**or est précieux    Gold is precious

5. *With parts of the body*
  e.g. Il a **les** yeux bleus   He has blue eyes

## VOCABULARY

| | | | |
|---|---|---|---|
| le coureur | competitor | l'allure (f.) | speed |
| le guidon | handlebars | la chance | luck |
| le maillot | jersey | la colline | hill |
| le pneu | tyre | la course | race |
| le vainqueur | winner | l'étape (f.) | lap, stage (of a race) |
| le vélo | bicycle | | |
| | | la marque | make, type |
| crever | to get a puncture | au moins | at least |
| filer | to speed along | de près | closely |
| gagner | to win | donc | so, therefore (conj.) |
| *se mettre à | to begin to | | |
| tomber | to fall | en tête | in front |
| | | ne . . . que | only |
| courbé | bent | tellement | so (adverb) |
| jaune | yellow | tout de suite | immediately |
| suivi (de) | followed (by) | | |

## LE TOUR DE FRANCE

*Scène:* Le jardin des Dubois, au mois de juillet. Il est sept heures du soir. M. Dubois vient de rentrer de son bureau. Il est assis sur la pelouse, avec sa famille.

M. Dubois: Eh bien, les enfants, qu'est-ce que vous avez fait aujourd'hui ?

Pierre: Ce matin, à dix heures, nous avons reçu un coup de téléphone du capitaine Leblanc. Il nous a invités, Marie et moi, à l'accompagner à Marly, pour voir passer les coureurs du Tour de France.

M. Dubois: Vous en avez de la chance! C'est aujourd'hui la première étape, Paris—Caen, n'est-ce pas ?

Marie: Oui, papa. Le capitaine Leblanc est venu nous chercher à onze heures en voiture, avec son fils, le petit Yannick. Il n'a que cinq ans, mais il a déjà son petit vélo, et il adore les courses cyclistes.

M. Dubois: Et vous êtes arrivés à temps ? Marly est assez loin.

Pierre: Mais oui. Le capitaine a roulé à plus de cent quarante kilomètres à l'heure sur l'autoroute, et nous avons mis moins de deux heures pour y arriver. Nous nous sommes installés au sommet d'une petite colline à deux kilomètres de Marly pour mieux voir. Le premier groupe est arrivé presqu'aussitôt. Ils sont passé à toute allure, courbés sur leurs guidons, le grand Bernard, en maillot jaune, en tête.

Marie: Nous sommes restés une heure. Le champion d'Italie, Lombardi, a crevé, et il est tombé. Il s'est mis tout de suite à changer de pneu, mais il a perdu au moins cinq minutes.

Pierre: Nous sommes repartis vers trois heures et demie, alors nous ne savons pas qui a gagné.

M. Dubois: Je viens d'acheter "L'Écho du Soir." C'est Bernard Dineau qui est le vainqueur. Il est arrivé le premier à Caen, suivi de près par Lombardi.

Marie: Bravo! Il est tellement beau garçon.

*Note.*—The "Tour de France," the most popular sporting event of the year in France, is a bicycle race round France, divided into daily stages (étapes). The competitors represent the leading cycle firms, and there is a prize for the winners of each "étape." Aggregate time determines who is to wear the leader's yellow jersey and also the final winner.

## QUESTIONS

1. Pourquoi le capitaine Leblanc a-t-il téléphoné à la maison des Dubois?
2. Quelle est la première étape du Tour de France?
3. Où sont-ils allés pour voir passer les coureurs?
4. Où se sont-ils installés pour mieux voir?
5. Qui est arrivé à la tête du premier groupe?
6. Pourquoi le champion d'Italie est-il tombé?
7. Qu'est-ce qu'il a fait alors?
8. Combien de temps a-t-il perdu?
9. Qui a gagné cette étape?
10. De quelle marque est votre bicyclette?

## EXERCISES

A. Replace the Present Tense by the Perfect Tense:

1. Nous partons de bonne heure.
2. Elle reçoit un coup de téléphone.
3. Ils s'asseyent au bord de la route.
4. Vous achetez un journal.
5. Elle se repose un peu.
6. Nous arrivons à Caen.
7. Marcel gagne l'étape.
8. Les coureurs viennent bientôt.
9. Je les vois de près.
10. Ils filent très vite.

B. Translate:

Doctor Lenoir, old Mary, Lieutenant Duval, little Peter, she has grey eyes, bicycles cost a lot, I like horses, men like tobacco, French is easy, bread is not dear, she has cut her finger, she has hurt herself (se blesser).

C. Translate:

LOUISE: What did you do yesterday, Mary?
MARY: Peter and I went to the seaside. Captain Leblanc invited us to accompany him to Sablon in his car.
LOUISE: I know Sablon well. I went there several times last summer.
MARY: We enjoyed ourselves very much. We started early,

and we travelled very fast.　We arrived there before twelve o'clock.　First we went down to the beach, where we bathed.　Then we lunched at a little restaurant near the port, where we saw several fishing-boats.　In the afternoon I sat on the rocks with Mrs. Leblanc, and little Yannick played on the sand, but Peter went for a walk on the cliffs with the captain, who told him many of his adventures.　We stayed there till half-past five, and we got home very late.　I went to sleep several times in the car, but Peter woke me up.

D.　Write in French a short account (using the Perfect Tense) of how you spent yesterday.

# LESSON XVII

## GRAMMAR

### A. Interrogative Pronouns (who ? what ?)

1. *For Persons*

   *Subject:* Qui ? or Qui est-ce qui ? *Who ?*
   *Object:* Qui ? or Qui est-ce que ? *Whom ?*
   *After a preposition:* avec qui ?   *with whom ?*

   e.g. *Subject:* Qui est là ?       Who is there ?
   *Object:* Qui voyez-vous ?  Whom do you see ?
   *Preposition:* A qui parlez-vous ?  To whom are
                                    you speaking ?

2. *For Things*

   *Subject:* Qu'est-ce qui ?   *What ?*
   *Object:* Que ? or Qu'est-ce que ?  *What ?*
   *After a preposition:* avec quoi ?   *with what ?*

   e.g. *Subject:* Qu'est-ce qui est sur la table ?
                      What is on the table ?

   *Object:* Que voyez-vous ?  What do you see ?
   *Preposition:* Avec quoi écrivez-vous ?
                      With what are you writing ?

Note the following interrogative expressions:

   Qu'est-ce que c'est qu'un château ?  What is a castle ?
   Qu'est-ce que c'est ?  What is it ?
   Qu'est-ce que c'est que ça ?  What is that ?
   Qu'a-t-il ?  What is the matter with him ?
   Qu'y a-t-il ?  What is the matter ?
   A qui est ce livre ?  Whose book is this ?
   *Quel est le nom du livre ?  What is the name of the
   book ?

---

* Use Adjective "quel" for "what" when Noun is mentioned.

## B. Possessive Pronouns (mine, yours, etc.)

|  | Singular | | Plural | |
|  | Masc. | Fem. | Masc. | Fem. |
| --- | --- | --- | --- | --- |
| *mine* | le mien | la mienne | les miens | les miennes |
| *yours* | le tien | la tienne | les tiens | les tiennes |
| *his, her, its* | le sien | la sienne | les siens | les siennes |
| *ours* | le nôtre | la nôtre | les nôtres | les nôtres |
| *yours* | le vôtre | la vôtre | les vôtres | les vôtres |
| *theirs* | le leur | la leur | les leurs | les leurs |

These must agree, like the Possessive Adjective (mon, ma, mes) with the noun possessed, and *not* with the possessor.

    e.g. Here is my pen and *his*.
        Voici ma plume et **la sienne.**

NOTES

(1) "leur" takes no "e" in the feminine.

(2) Possession may also be expressed by "être" + Emphatic Pronoun.

    e.g. **A qui** est ce livre?   Whose book is this?

       Il est **à moi** ⎱
   or C'est **le mien** ⎰   It is mine.

(3) He is a friend of *mine* = C'est **un de mes** amis
                          (one of my friends)

## C. Present Tense of Irregular Verbs "croire" (to believe) and "devoir" (to owe)

| croire (*to believe*) | devoir (*to owe,* *to have to*) |
| --- | --- |
| je crois | je dois |
| tu crois | tu dois |
| il (elle) croit | il (elle) doit |
| nous croyons | nous devons |
| vous croyez | vous devez |
| ils croient | ils (elles) doivent |

    * e.g. He has to, ought to, must go.
       Il doit aller.

## VOCABULARY

| | | | |
|---|---|---|---|
| l'appareil photo | camera | l'anniversaire (f.) | birthday |
| le bras | arm | la chance | luck |
| le cadeau | present | la charrette | cart |
| les ciseaux (m.) | scissors | la félicitation | congratulation |
| | | la grappe | bunch |
| le coteau | hillock | la leçon d'anglais | English lesson |
| le nom | name | | |
| le raisin | grape | la montre-bracelet | wrist-watch |
| le sécateur | pruning shears | | |
| le stylo | (fountain-) pen | la photo | photo |
| le vendangeur | grape harvester | la propriété | estate |
| le vigneron | vine-grower | la vendange | grape-harvest |
| le vignoble | large vineyard | la vigne | vine, small vineyard |

| | | | |
|---|---|---|---|
| avancer | to be fast (clocks, watches) | aimable | kind |
| | | crevé | punctured |
| couper | to cut | | |
| cultiver | to grow | alors | then |
| emmener | to take (people) | aux environs | in the neighbourhood |
| emprunter (à) | to borrow (from) | comment allez-vous ? | how are you? |
| laisser | to leave | | |
| prêter | to lend | | |
| ramasser | to pick up | en attendant | meanwhile |
| ressembler (à) | to resemble | en plein travail | hard at work |
| retarder | to be slow | | |
| sonner | to ring | hier soir | last night |
| | | malheureusement | unfortunately |
| bonjour | good morning, good afternoon | merci mille fois | a thousand thanks |
| bonsoir | good evening | mon Dieu ! | heavens! |
| bonne nuit | good night (only when going to bed) | parmi | among |
| | | tout le monde | everybody |

## LES VENDANGES

(Louise, jeune fille de 17 ans, sonne à la porte de la maison des
Dubois; Pierre va ouvrir)

PIERRE: Qui    est-ce    qui    sonne? Ah,    c'est    toi,
Louise.   Comment vas-tu?   Qui veux-tu voir?

LOUISE: Je vais très bien, merci.   Est-ce que Marie est là?

PIERRE: Mais non.   Elle vient de sortir.   (Il remarque le
paquet qu'elle porte sous le bras.)   Qu'est-ce que c'est
que ça?

LOUISE: C'est    l'appareil    photo    de    Marie    que    j'ai
emprunté.   Le mien ne marche pas, tu sais.   Mais le
sien est excellent.   Je suis allée hier chez mon oncle Jules,
qui est vigneron, et qui a un beau vignoble dans les
environs de Reims, et j'ai voulu prendre des photos.

PIERRE: Marie est sortie avec maman pour acheter une
montre—tu sais que c'est aujourd'hui son anniversaire—
mais elle sera bientôt de retour.   En attendant,
asseyons-nous dans le salon, et tu pourras me parler de ta
journée à Reims?   Tu t'es bien amusée?   Qu'est-ce que
tu as fait?   (Ils s'assoient.)

LOUISE: Nous nous sommes levés de bonne heure, mon père
et moi, et nous sommes partis de la Gare de l'Est à huit
heures du matin.   Nous sommes arrivés à Reims à dix
heures et demie.   Mon oncle est venu nous chercher à la
gare et il nous a emmenés en voiture à sa propriété.

PIERRE: Vous avez vu les vendanges?

LOUISE: Mais oui.   Apres le déjeuner nous sommes montés
au sommet d'un petit coteau, d'où nous avons vu les
vendangeurs en plein travail dans les vignes.

PIERRE: Avec quoi coupent-ils les raisins?

LOUISE: Ils utilisent tous des sécateurs pour couper les
grappes, et ensuite ils les mettent dans des paniers, qu'ils
portent sur leur dos, jusqu'aux charrettes.   Nous y
sommes restés longtemps.   Il a fait très chaud, et nous
avons mangé beaucoup de raisins; nous en avons
remporté quelque grappes.

(Mme Dubois et Marie rentrent)

MME DUBOIS (dans l'entrée): A qui est ce parapluie?   Qui
est-ce qui est venu nous voir?   Je crois que c'est

Louise. (Elles entrent dans le salon.) Ah oui, c'est
Louise. Bonjour, ma chérie.

LOUISE: Bonjour, Madame Dubois. Bonjour, Marie (Elles,
s'embrassent). J'ai rapporté ton appareil. C'est très
gentil de me l'avoir prêté. Voici un petit cadeau pour
ton anniversaire. Tous mes meilleurs vœux. (Elle lui
donne un petit paquet.)

MARIE: Merci mille fois. Alors qu'est-ce que c'est? Ah,
quel beau stylo. Il ressemble un peu au tien, Pierre.

LOUISE: Mon Dieu! Il est déjà midi dix Louise, tu es un
chou! (Elles s'embrassent encore.) Je dois rentrer tout
de suite.

MARIE: Je crois qu'il est seulement midi. Ma montre retarde
de quelques minutes, mais la tienne avance beaucoup.
Malheureusement, ma bicyclette a un pneu crevé, mais
maman te prêtera la sienne, si tu veux.

## QUESTIONS

1. Qui a sonné à la porte des Dubois?
2. Qu'est-ce que Louise a rapporté?
3. Chez qui est-elle allée à Reims?
4. Qu'est-ce que c'est qu'un vigneron?
5. Avec quoi coupe-t-on les grappes de raisins?
6. Comment s'appellent ceux qui coupent le raisin dans une
   vigne?
7. Qu'est-ce que Marie a reçu comme cadeau?
8. Avec quoi prend-on des photos?
9. Est-ce que votre montre avance ou retarde?
10. Quelle est la date de votre anniversaire?

## EXERCISES

A. Translate:

I have rung, she has got up, we have received, they have
remained, she has cut, we believe, they believe, we owe, they
owe, I must go.

B. Fill in the correct interrogative pronoun:

1. — a sonné à la porte?
2. A — a-t-elle parlé?

3. — elle a rapporté?
4. Avec — est-elle sortie?
5. Avec — a-t-il coupé le pain?
6. — c'est qu'une montre?
7. — vous avez mangé?
8. — est arrivé à la maison?
9. — buvez-vous?
10. — avez-vous rencontré?

C. Translate:

1. To whom are you speaking?
2. Of what are you speaking?
3. What is in the box?
4. What is the matter with them?
5. What is the matter?
6. Whom have you seen?
7. Who has gone out?
8. Whose umbrella is this?
9. What is that book?
10. What is the French word for "fountain-pen"?

D. Replace the Nouns italicised by suitable Possessive Pronouns:

1. Voici ma bicyclette; où est *votre bicyclette*?
2. Leur maison est petite; *notre maison* est grande.
3. Voici mes livres, et voilà *leurs livres*.
4. Sa cravate est verte; *ma cravate* est bleue.
5. J'aime bien *votre enfant* et *ses enfants*.

E. Translate:

1. Your house and his.
2. This book is ours.
3. My dogs and theirs (sing.).
4. Whose pen is this? It is hers.
5. Here are some pencils. They are mine.
6. My watch is better than yours.
7. He is a friend of mine.
8. Our houses and theirs (pl.).
9. These presents are yours (pl.).
10. Her car is larger than his.

F. Translate:

(Peter and his friend Charles are in a classroom at school)

PETER: The lesson is going to begin soon, and I have lost my English dictionary. Will you lend me yours, Charles?

CHARLES: Unfortunately, I have left mine at home. I went to the cinema with my parents last night, and I went to bed at eleven o'clock. I woke up very late, and I forgot all my books.

PETER: Ah, there is a dictionary that has fallen on the floor near your desk. (He gets up and picks it up). Whose is it? Why, it is Marcel's, and he has not arrived today. What luck!

ROBERT: It isn't yours, Peter. Marcel has lent it to me. Give it to me, please.

(The master enters)

THE MASTER: Sit down, everybody. Open your books. What have you written for today? Robert, to whom are you talking? What is the matter?

ROBERT: Peter has taken Marcel's dictionary, sir.

THE MASTER: Show it to me. What is this name? Oh yes, here is Marcel's name. Why did you take it, Peter?

PETER: I have lost mine, sir, and I borrowed his for this lesson.

THE MASTER: Very well. Let us begin the lesson. Who can tell me at what page it is necessary to begin?

G. Write in French a short imaginary conversation between a schoolboy (or schoolgirl), whose birthday it is, and a friend.

## LESSON XVIII

## GRAMMAR

### A. The Imperfect (or Past Continuous) Tense

The Imperfect Indicative is formed by dropping the ending **-ons** of the 1st person plural of the Present Tense, and adding the endings **-ais, -ais, -ait, -ions, -iez, -aient.**

e.g. *Present:* nous donnons, nous finissons, nous vendons.

*Imperfect:* je donn-**ais**, je finiss-**ais**, je vend-**ais**.

*Imperfect* of "donner"

| | |
|---|---|
| je donn**ais** (*I was giving, used to give, would often give*) tu donn**ais** il donn**ait** nous donn**ions** vous donn**iez** ils donn**aient** | Continuous action in the past or a state in the past. |

*Exception:* "être" (*to be*)—Imperfect "j'étais"; and note that verbs ending in "-cer" (e.g. commencer) require a cedilla before the imperfect endings beginning with "a," e.g. je commençais; and those ending in "-ger" (e.g. manger) require an "e" before "a," e.g. je mangeais.

The Imperfect, with its descriptions, adds colour to a narrative that would be dull if it were merely a list of actions.

The Imperfect is used:

1. For description of a state in the past.

e.g. Il portait un chapeau gris.
He was wearing (wore) a grey hat.

Le soleil brillait.
The sun was shining.

La maison était petite.
The house was small.

La scène était gaie.
The scene was gay.

Il était pauvre.
He was poor.

2. For repeated actions, in the past—i.e. habits.

    e.g. Il se levait toujours à 6 heures.
        He used to (would) get up always at 6 o'clock.

| | |
|---|---|
| Il buvait souvent du vin.<br>He often drank wine. | English, unlike French, does not always show the Imperfect by the form of the verb, e.g. he drank. |

3. For an action that was going on (continuous, when another action happened (interrupting).

    e.g. Je lisais un livre quand il est arrivé.
        I was reading a book when he entered.

4. To translate "*were to* do something" after "if."

    e.g. Si je vous donnais le livre.
        If I *were to* give you the book.

## B. The Present Participle

In English the Present Participle ends in "-ing" (e.g. giving), and in French it is formed by adding **-ant** to the 1st person plural of the Present Tense after dropping the ending **-ions**.

                                           Exceptions

| | | | |
|---|---|---|---|
| e.g. *Present:* | donn**ons** | avoir | **ayant** |
| *Present Participle:* | donn**ant** | être | **étant** |
| | (*giving*) | savoir | **sachant** |

*Note.*—Reflexive verbs require the Reflexive Pronoun.

    e.g. **se** levant (*getting up*)

Verbs of Motion and Reflexive Verbs require "étant" for "having," e.g. **étant** parti (*having gone away*), **s'étant** levé (*having got up*).

The Present Participle is used:

1. As part of a verb, in which case it is invariable.

    e.g. Les enfants, **voyant** leur mère . . .
        The children, seeing their mother . . .

2. "En" (meaning "on, by, when, while") is often added.

    e.g. **En arrivant** à la gare, elle va au guichet.

On arriving at the station, she goes to the booking-office.

3. As an adjective, in which case it agrees.

e.g. Une femme **charmante**   A charming woman

NOTES

(1) "-ing" is translated by the infinitive after verbs of *perception* such as "voir," "entendre," "écouter," "regarder."

e.g. I see him com*ing*.   Je le vois **venir.**

(2) In other cases, when "-ing" does not refer to the subject of the sentence, the present participle cannot be used, and "qui" plus verb must be used instead.

e.g. I met a man carrying a sack.
J'ai rencontré un homme **qui portait** un sac.

(3) "-ing" can be translated by a past participle.

e.g. **Arrivée** à la gare, elle va au guichet.
Arriv*ing*, hav*ing* arrived, at the station, . . .

(4) I spend the time reading.
Je passe le temps **à lire.**

## C. Prepositions + Gerund

In English we use the gerund ending in "-ing" after all prepositions (e.g. after see*ing*, before go*ing*), but in French all prepositions except "en" (e.g. en voyant—on seeing) must be followed by an infinitive.

| | |
|---|---|
| e.g. sans **voir** | without see*ing* |
| avant de **venir** | before com*ing* |
| après **avoir** donné | after hav*ing* given |
| après **être** allé | after hav*ing* gone |
| après **s'être** levé | after hav*ing* got up |

*Note.*—In the following cases "-ing" is not translated by a present participle, but by a past participle.

| | | | |
|---|---|---|---|
| accoudé | leaning (elbows) | endormi | sleeping |
| agenouillé | kneeling | penché | leaning |
| assis | sitting | | (forward) |
| couché | lying | suspendu | hanging |

e.g. He was sitting.   Il était assis.
(= "seated," a state, not an action).

## D. Present Tense of Irregular Verbs "conduire" (to lead, take) and "rire" (to laugh)

| conduire (Similarly most verbs in "-uire") | rire (Similarly "sourire" = *to smile*) |
|---|---|
| je conduis | je ris |
| tu conduis | tu ris |
| il conduit | il rit |
| nous conduisons | nous rions |
| vous conduisez | vous riez |
| ils conduisent | ils rient |

*Note.*—"Conduire" is used for "to lead, take *or* conduct" in the case of people or animals.

    e.g. Je le conduis à la maison.   I take him home.

It is also used for "to drive" in the case of vehicles.

    e.g. Le chauffeur conduit l'auto.

        The chauffeur drives the car.

(Use "porter" (*to carry*) for things.

    e.g. Je porte la valise à la gare.

        I *take* the suitcase to the station.)

        "prendre" means "to take hold of."

## VOCABULARY

| | | | |
|---|---|---|---|
| l'appartement (m.) | flat | la barbe | beard |
| | | la goutte | drop |
| le bonhomme | fellow, chap | la joue | cheek |
| le bureau | study | les lunettes | spectacles |
| les cheveux | hair | la pluie | rain |
| le directeur | headmaster | | |
| l'hôte | host | clair | clear |
| le nuage | cloud | distrait | absent-minded |
| l'orage (m.) | storm | maigre | thin |
| le pyjama | pyjamas | crasseux | dirty |
| le sac à dos | rucksack | (f. crasseuse) | |
| le seuil | threshold | pareil (f. -lle) ⎱ such, | |
| le vieillard | old man | tel (f. telle) ⎰ similar | |
| | | trempé | wet |
| | | jusqu'aux os | through |
| | | à l'ombre | in the shade |

| | | | |
|---|---|---|---|
| balbutier | to stammer | afin de | in order to |
| causer, | to chat | cependant | however |
|   bavarder | | comment se | how is it? |
| couler | to flow |   fait-il? | |
| enseigner | to teach | juste à temps | just in time |
| expliquer | to explain | mon vieux | old fellow, my |
| *pleuvoir | to rain (in | |   dear chap |
|   (à verse) |   torrents) | ne...ni...ni | neither...nor |
| s'installer | to install one- | partout | everywhere |
| |   self | pas de pro- | |
| se réfugier | to take refuge |   fesseur | no professor |
| *se remettre | to set out | personne | nobody |
|   en route |   again | quelque part | somewhere |
| se trouver | to be found | qu'est-il | what has be- |
| *sourire | to smile |   devenu? |   come of |
| tomber | to fall | |   him? |

si, tellement } so, to such an extent

## Le Professeur Distrait

Le professeur Leblanc, qui enseignait l'histoire au lycée Montaigne, à Poitiers, était souvent très distrait.

C'était un grand homme maigre, à la barbe blanche, qui portait de grosses lunettes et qui fumait toujours une vieille pipe crasseuse.

Il habitait seul un petit appartement près du lycée. En hiver il sortait rarement, mais en été, quand il faisait beau, il avait l'habitude de se promener le dimanche à la campagne.

Un dimanche d'été il s'est levé de bonne heure, et après avoir pris le petit déjeuner, il est sorti, la canne à la main, avec sac à dos, pour rendre visite à des amis qui s'appelaient Duclos, et qui demeuraient dans un petit village à quinze kilomètres environ de Poitiers.

Le temps était superbe; le soleil brillait dans un ciel clair, les oiseaux chantaient, la nature souriait, les arbres fruitiers étaient en fleurs. Le vieux Leblanc est arrivé chez ses amis juste à temps pour déjeuner.

Après le repas la famille s'est installée dans le jardin. Assis à l'ombre d'un pommier en fleurs, le professeur, en causant avec ses amis, en lisant, et en fumant sa pipe, a passé un après-midi très agréable.

Cependant, vers cinq heures du soir le ciel s'est couvert de gros nuages noirs, et il a commencé à pleuvoir à verse. La famille s'est réfugiée dans le salon, et, en regardant la pluie par la fenêtre, M. Duclos a dit: "Mon cher ami, vous ne pouvez pas rentrer par un temps pareil. Il faut passer la nuit chez nous. Vous pourrez vous remettre en route demain, n'est-ce pas?"

"Vous êtes bien aimable," a répondu le professeur. "J'accepte avec plaisir, surtout que je n'ai ni pardessus ni parapluie."

En quittant la salle à manger après le dîner, son hôte a conduit le vieux bonhomme dans son bureau, où il s'est installé confortablement dans un fauteuil.

Au bout d'une heure Mme Duclos est entrée dans le bureau. Pas de professeur! "Où est-il passé?" s'est-elle demandé. "Je ne l'ai pas vu sortir. Il s'est peut-être perdu quelque part dans la maison. Il est tellement distrait."

Avec son mari elle l'a cherché partout. "Personne! Sapristi, qu'est-il devenu?" s'est écrié enfin M. Duclos. "Il est presque minuit, et il pleut toujours."

A cet instant on a frappé à la porte. M. Duclos l'a ouverte. Là, sur le seuil, se trouvait M. Leblanc. Il était trempé jusqu'aux os, la pluie coulait le long de ses joues, des gouttes d'eau tombaient de sa barbe.

"Mais qu'est-ce qui vous est arrivé, mon vieux?" lui a demandé son hôte. "Pourquoi êtes-vous sorti par un tel orage?"

"Mes chers amis," a balbutié le vieillard, "je vais tout vous expliquer. Comme vous m'avez invité à passer la nuit chez vous, je suis rentré chez moi chercher mon pyjama."

## QUESTIONS

1. Qu'est-ce que le professeur enseignait au lycée?
2. Comment était M. Leblanc?
3. Qu'est-ce qu'il faisait les dimanches d'été?
4. Que portait-il à la main; et sur le dos?
5. Où demeuraient ses amis, les Duclos?
6. Où est-ce que le professeur a passé l'après-midi?

7. Qu'est-ce que M. Duclos a dit, en voyant la pluie?
8. Qui a cherché partout dans la maison?
9. Pourquoi M. Leblanc est-il sorti?

## EXERCISES

A. Replace the following Present Tenses by the Imperfect:

je finis, ils mangent, elle lit, vous faites, il écrit, je commence, ils prennent, elle boit, vous dites, je connais.

B. Translate:

finishing, being, on reading, knowing (savoir), writing, while saying, after having seen, before arriving, having arrived, sitting, lying down, without looking, I hear him singing, an amusing story, he met some men running.

C. Translate:

we are laughing, is he laughing? he is driving a car, we take him there, I take my letters to the post office.

D. Translate:

Our French master* when I was at school was very absentminded. His name was Lerouge, and he was a small, thin man, who was about sixty. He had (the) white hair and very large spectacles.

He used to get very angry when we talked during his lessons, and sometimes he threw a book at a pupil who was not working.

One day, the headmaster invited him to spend the evening at his house, to (pour) play cards.

On arriving there, old Lerouge, who did not play well, sat down in a corner of the drawing-room hoping to watch the others play. His host saw him, however, and asked him to (de) fetch some cards in another room.

After half an hour, as he did not come back, the headmaster went to see where he was. He found him sleeping in one of the bedrooms.

Poor Lerouge was so absent-minded that he had (avait) forgotten the cards, and was thinking that he was at home.

---

* professeur de français.

E. Write in French a short story about some amusing or eccentric person you know—or recount the story of " Le Professeur Distrait " from memory.

# LESSON XIX

## GRAMMAR

### A. The Past Historic Tense

Although you may never need to write or speak in the Past Historic, you need to be able to recognize it in *written narratives*. It is the equivalent in literature of the Perfect Tense which you would use in *conversation and letters*. Both tenses therefore are used for actions, completed at a definite time in the past, which carry the story forward.

There are three types of endings. (Add required type to the stem of the infinitive.)

*Type* 1

*Verbs ending in "-ER"* (no exceptions), e.g. donner.

je donn-**ai**   (*I gave*)
tu donn-**as**
il donn-**a**
nous donn-**âmes**
vous donn-**âtes**
ils donn-**èrent**

*Note.–* Before vowel **"a"** throughout write "je mangeai, etc.," "je commençai, etc." with "-ger" and "-cer" verbs.

*Type* 2

*Verbs ending in "-IR" and "-RE"* (*including some irregular verbs with these endings*).

e.g. fin**ir**                    vend**re**

je fin-**is**   (*I finished*)       je vend-**is**   (*I sold*)
tu fin-**is**                      tu vend-**is**
il fin-**it**                      il vend-**it**
nous fin-**îr̄es**                  nous vend-**îmes**
vous fin-**îtes**                  vous vend-**îtes**
ils fin-**irent**                  ils vend-**irent**

It is advisable to consult the Verb Table (page 216) for

irregular verbs with these infinitive endings. Some *drop a syllable* and some *add a syllable* in their *stem*.

Note the following verbs in **-ir** and **-re** which take endings of Type 3:

| *Exceptions* | | *Peculiarity* | |
|---|---|---|---|
| connaître | je conn**us** | être | je f**us** |
| courir | je cour**us** | | |
| lire | je l**us** | | |
| mourir | je mour**us** | | |
| se taire | je me t**us** | | |

*and* "venir" (*to come*) *and* "tenir" (*to hold*) insert **n**.

e.g.
| je vi**n**s | nous vî**n**mes |
|---|---|
| tu vi**n**s | vous vî**n**tes |
| il vi**n**t | ils vi**n**rent |

*Type 3*

*Verbs ending in "-OIR(E)"* (*e.g. vouloir, boire, etc.—all being irregular verbs*).

e.g. voul**oir** (*to wish*)

je voul-**us**
tu voul-**us**
il voul-**ut**
nous voul-**ûmes**
vous voul-**ûtes**
ils voul-**urent**

| *Exceptions* | | *Peculiarity* | |
|---|---|---|---|
| s'asseoir | je m'ass**is** | avoir | j'e**us** |
| voir | je v**is** | | |

Example to show correct use of Past Historic (completed action in past in narrative), Imperfect (continuous action in past), and Perfect (completed action in past in conversation):

Comme il *pleuvait, M. Dubois **mit** son imperméable, **prit** son parapluie, et **courut** vite au café où il **trouva** son ami, qui l'*attendait. "Je suis allé vous chercher chez Lebrun," **dit** son ami, "mais je ne vous y ai pas trouvé."

As it was raining, Mr. Dubois put on his mackintosh, took

* These verbs do not describe a completed, but a continuous action, and are therefore Imperfect

his umbrella, and ran quickly to the café, where he found his friend, who was waiting for him. "I went to look for you at Lebrun's house," said his friend, "but I did not find you there."

*Warning Notes*

1. "Was" is not always a sign of the Imperfect, but is translated by the Past Historic in the following cases:

(*a*) He *was killed* (Passive—not to be confused with active "he was killing").

Il **fut** tué     (Not a continuous, but a completed action).

(*b*) "It is true," *was* the reply.

"C'est vrai," **fut** la réponse (Completed action).

2. One word in the past tense in English is not necessarily always a sign of the Past Historic in French, but is often used in descriptions of people or scenes,

e.g. The road *led* to the field.

Le chemin conduis**ait** au champ.

The man smoked a pipe.

L'homme fum**ait** une pipe.

3. Do not confuse, owing to "r" before ending:

*Past Historic:* je montrai   } Similarly:
with *Future:* je montre**r**ai   } "entrer, rentrer."

## VOCABULARY

| | | | |
|---|---|---|---|
| le barreau | bar | la besogne | task, job |
| le bond | jump | l'idée (f.) | idea |
| le cirque | circus | la patte | paw |
| l'emploi | employment | la peau | skin |
| l'équilibre | balance | | |
| le plancher | floor | faux (fausse) | false |
| le saut | jump | féroce | ferocious |
| le singe | monkey | malheureux | unfortunate |
| le soulier | shoe | trapu | thick-set |
| le vagabond | tramp | troué | in holes |
| le veston | jacket | utile | useful |
| | | usé | worn, |
| se briser | to break | | threadbare |

| | | | |
|---|---|---|---|
| conserver | to preserve | tomber | to arrive just at |
| s'effondrer | to collapse, | bien | the right time |
| | to give way | | |
| glisser | to slip | au-dessus de | above |
| *mourir | to die | à moi | help! |
| remplacer | to replace | au secours! | |
| *souffrir | to suffer | en arrière | backwards |
| *se taire | to be silent | fort | strongly |
| | | tout bas | in a low voice, whisper |
| | | il venait de mourir | he *had just* died |
| | | volontiers | willingly |

## LA CAGE AU TIGRE

Un pauvre vagabond se présenta un jour dans un cirque pour chercher un emploi. C'était un petit homme trapu. Il n'avait pas de pardessus, et il portait un veston usé et des souliers troués; il souffrait du froid et de la faim, et il espérait gagner un peu d'argent en faisant quelques petits travaux utiles.

Le jour même où il arriva un gros singe venait de mourir, et il était impossible de le remplacer tout de suite. On conduisit le vagabond au directeur, qui le reçut et qui lui expliqua son idée.

"Vous tombez bien," lui dit-il. "Notre chimpanzé est mort ce matin. Si vous voulez vraiment du travail, tout ce que vous aurez à faire, c'est de vous mettre dans sa peau que nous avons conservée, et de passer quelques heures par jour dans sa cage."

Le pauvre homme accepta volontiers ces conditions, mit la peau du singe, et entra le soir même dans sa cage, qui se trouvait précisément au-dessus de celle du tigre.

Malheureusement, pour amuser les spectateurs, le nouveau singe fit quelques bonds d'un barreau à l'autre, glissa tout à coup, perdit son équilibre, et tomba.

Le plancher de sa cage s'effondra, et le malheureux, tombant à terre, se retrouva par terre à quelques pas du tigre, qui dormait la tête entre ses pattes de devant.

"A moi! Au secours!" s'écria le faux singe, saisi de peur, en faisant un saut en arrière.

"Tais-toi, mon vieux," répondit tout bas la bête féroce. "Tu vas me faire perdre mon emploi?"

## QUESTIONS

1. De quoi souffrait le vagabond?
2. Où se présenta-t-il?
3. Qui venait de mourir?
4. Qu'est-ce que le vagabond devait faire?
5. Où se trouvait la cage du singe?
6. Pourquoi le vagabond tomba-t-il?
7. Qu'est-ce qui s'effondra?
8. Où se trouvait le tigre?
9. Est-ce que le vagabond avait peur?
10. Qu'est-ce que le tigre lui dit?

## EXERCISES

A. Change the Infinitive in brackets into the correct form of the Past Historic:

1. Ils (aller) à Paris.
2. Elle (vendre) du chocolat.
3. Ils (faire) cela.
4. Il (mettre) son casque.
5. Il (manger) un biscuit.
6. Ils (écrire) des lettres.
7. Je (lire) un livre.
8. Elles (finir) leur travail.
9. Nous (s'asseoir) sur un banc.
10. Elle (courir) à la poste.
11. Je (commencer) à pleurer.
12. Elle (voir) son frère.
13. Je (tenir) la valise.
14. Il (mourir) de faim.
15. Nous (être) saisis.

B. Change the Infinitive to the correct form of the *Imperfect*, *Past Historic*, or *Perfect*, as required:

M. Dubois (partir) de la maison à huit heures, (courir) à la gare, (acheter) un billet, et (attendre) le train sur le quai. Pendant qu'il l'(attendre), il (lire) son journal.   Il (pleuvoir). Son ami, M. Lebrun, (arriver) enfin.   Il n' (avoir) pas de parapluie.   "J' (aller) à Paris hier, et je (laisser) mon parapluie dans le métro," lui (expliquer) -t'-il.

C. Translate:

When the train arrived Mr. Dubois chose a smoking carriage (wagon-fumeurs) found a comfortable seat (place), sat down, lit a cigarette, put on his spectacles, and began to read a novel.   The porters (employés) shouted, the train started off, and travelled fast towards Paris.

D. Translate:

A tramp arrived one day at a small town.   It was raining, and he was cold and hungry.   He wore shoes that were in holes, and of course he had no money.

He stopped in front of a shoeshop in the market square.   As he was looking at the shoes he had an idea.   He entered the shop and said to the shopkeeper: "I wish (voudrais) to buy a pair of shoes.   I can pay for them.   A kind woman gave me some money this morning, and I have also earned five hundred francs."

The shopkeeper brought him some shoes, and he put on a fine pair of new shoes.   Then he took (made) a few steps to try them.   "These shoes suit (go) me well," said he, and he walked slowly towards the door.

Suddenly he ran away as fast as possible.   The poor shopkeeper followed him, shouting "Stop thief!"*, but the tramp soon reached the corner of the street and disappeared.

E. Recount in French a short anecdote, using the Past Historic as the main tense.

---

* "au voleur!"

# LESSON XX

## GRAMMAR

### A. Negatives

1. *Negation with a Verb*. In addition to "ne . . . pas
(*not*)" there are other negatives formed with "ne" plus Verb.

| | |
|---|---|
| * ne . . . aucun (-e) | *not any* |
| ne . . . guère | *hardly, scarcely* |
| * ne . . . jamais | *never* |
| * ne . . . ni . . . ni | *neither . . . nor* |
| * ne . . . nul (f. nulle) | *not any* |
| * ne . . . pas un (une) | *not one* |
| * ne . . . personne | *nobody* |
| ne . . . plus | *no longer, no more* |
| ne . . . point | *not at all* |
| ne . . . que | *only* |
| * ne . . . rien | *nothing* |

### Notes

(*a*) *Position* is similar to that of "ne . . . pas," e.g.
Simple Tense:  je **ne** donne **plus**  I no longer give
Compound Tense: je **n'**ai **plus** donné  I have no longer given
*but* in Compound Tenses "personne" comes after the past
participle.

> e.g. je **n'**ai vu **personne**  I have seen nobody

(*b*) "Que" comes immediately before the word it modifies,
and "ne . . . que" can be used when a verb has an object or
adverbial phrase.

> e.g. Je **n'**arriverai chez vous **qu'**à midi.
> I shall reach your house only at 12 o'clock.

(*c*) *Both* parts of "ne . . . pas," "ne . . . plus,"
"ne . . . point," "ne . . . jamais," "ne . . . rien" come *before*
an Infinitive.

> e.g. Il vaut mieux **ne pas** venir.
> It is better not to come.

(*d*) "Pas" may be omitted with "cesser (*to cease*), oser (*to dare*), pouvoir (*to be able*), savoir (*to know*)," when an infinitive follows.

> e.g. Je **ne** pouvais le faire.
> I was not able to do it.

Also note: N'importe (*It does not matter*). You will often hear French people omitting the "ne" in conversation.

> e.g. J'ai rien fait, moi.    C'est pas moi!
> I've not done anything (wrong).    It's not me!

Do use the correct form yourself, though.

(*e*) Those negatives which are marked with an asterisk are reversed when the negative comes *first* in the sentence in English. "Ne" always stays in its usual position.

> e.g. *Nobody* is here.
> **Personne n'**est ici.
> *Nothing* is lost.
> **Rien n'**est perdu.
> *Never* will I go there.
> **Jamais** je **n'**y irai.

(*f*) "Sans" (without) has negative force like "ne."

> e.g. Sans rien dire
> Without saying anything
> Sans voir personne
> Without seeing anybody

2. *Negation when Verb is omitted but understood.* In a negative answer to a question in conversation, when the verb is omitted, but understood, the *second* part of the negative is used alone.

> e.g. Qui est là? **Personne.**
> Who is there? (There is) Nobody.
> Que dit-il? **Rien.**
> What does he say? Nothing.
> Qui a dit cela? **Pas** moi.
> Who said that? (It was) Not me.
> **Ni** l'un **ni** l'autre. Neither one nor the other.

3. *Negative with any word other than a verb.* "Non" is used to negative any word other than a verb.

e.g. Non loin du village se trouvait un château.
Not far from the village was a castle.

Ni moi non plus.        Nor I either.

Non seulement.        Not only.

"Pas" is added for emphasis:

Venez avec nous, non pas avec eux.    Come with us, not with them.

Note the expression:

Pas du tout    Not at all

4. "Aucun" and "nul" can be used as pronouns and adjectives.

e.g. **Aucun n'a** répondu.    None answered.

Je **n'ai** entendu **aucune** voix. I heard not a single voice.

5. *After a Comparative* "ne" is inserted in French.

e.g. Il est plus intelligent que vous **ne** le croyez.
He is more intelligent than you think.

## B. Inversion of Subject and Verb in special cases

In French the subject and verb are inverted:

(*a*) After spoken words in inverted commas.

e.g. "Come in!" he said.    "Entrez!" **dit-il.**

(*b*) After "à peine" (hardly), "peut-être" (perhaps), "aussi" (so, therefore).

e.g. Peut-être arrivera-t-il.    Perhaps he will arrive.

(*c*) In subordinate adjectival clauses introduced by "où" (where) and "que" (whom, which).

e.g. La maison **où** demeurait la femme.
The house *where* the woman lived.

La route **que** prennent les voyageurs.
The road *which* the travellers take.

## VOCABULARY

| | | | |
|---|---|---|---|
| le chef de train | guard | la colère | anger |
| | | la dent | tooth |
| le contrôleur | inspector | la glace | carriage-window |
| le cri | cry | | |
| l'étonnement | astonishment | l'idée (f.) | idea |

| le fumeur | smoker | la maîtresse | mistress |
| le guichet | ticket office | l'odeur (f.) | smell |
| le mal- | wretch | la portière | carriage door |
| heureux | | la salle | waiting room |
| le paysan | countryman | d'attente | |
| le tour | turn | la tante | aunt |

| aboyer | to bark | étonné | astonished |
| allumer | to light | farouche | wild |
| arracher (à) | to snatch | immobile | motionless |
| baisser | to lower | isolé | isolated |
| cesser (de) | to cease | mauvais | nasty, bad |
| composter | to get | | |
| | one's ticket | alors | then |
| | franked | brusquement | abruptly |
| *craindre | to fear | en face de | opposite |
| s'évanouir | to faint | ensuite | next |
| éviter | to avoid | exprès | on purpose |
| s'exclamer | to exclaim | ni . . . non | nor . . . |
| *paraître | to appear | plus | either |
| se préparer | to prepare to | paisiblement | peacefully |
| (à) | | partout | everywhere |
| rester | to remain | tout à coup | suddenly |
| *revoir | to see again | sans cesse | ceaselessly |
| *sortir | to take out | sur le point de | on the point |
| se venger | to have rev- | | of |
| | enge | | |

"Prochain" (next) comes before its noun when it means "next, of a series"; after its noun when it means "next, of time." Similarly "dernier" (last).

### Un Chien Intelligent

Un paysan arriva un jour à une petite gare de campagne pour prendre le train car il voulait aller à la ville voisine.

Il acheta son billet au guichet, le composta, et s'assit dans la salle d'attente pour lire son journal. Au bout d'un quart d'heure le train arriva.

Le paysan choisit un compartiment-fumeurs, et y monta.

Assise dans un coin, en face de lui, se trouvait une vieille dame, de mauvaise humeur, avec son petit chien, qui aboyait sans cesse.

Le chef de train donna le signal du départ, et le train partit.

Le paysan sortit sa pipe de sa poche, l'alluma et se mit à fumer paisiblement.

La dame s'exclama: "Monsieur, vous n'allez pas fumer ici. Moi, je n'aime pas du tout l'odeur du tabac—et mon chien non plus."

"Mais si, * madame," répondit poliment le paysan. "C'est un compartiment-fumeurs. Je l'ai choisi exprès." Et il continua à fumer.

Elle ne dit plus rien, mais son visage devint rouge de colère, et elle le regarda d'un œil mauvais.

Tout à coup elle se leva, arracha la pipe de la bouche du paysan, et la jeta par la fenêtre.

Le paysan, tout étonné, resta un instant immobile, la bouche ouverte, sans rien dire. Le petit chien ne cessa d'aboyer.

Le paysan regarda la bête; l'idée lui vint de se venger.

Il se leva brusquement à son tour, saisit l'animal des bras de sa maîtresse, baissa la glace, et le jeta aussi par la fenêtre, en disant: "Toi, va chercher ma pipe."

La dame poussa un cri d'horreur. "Ah, malheureux," s'écria-t-elle. "Qu'avez-vous fait? Je ne reverrai jamais mon cher Toto." Elle était sur le point de lui donner un coup de son parapluie, mais à cet instant elle s'évanouit.

A la gare suivante le paysan se prépara à descendre.

Se penchant à la portière il vit, à son grand étonnement, le chien, qui les attendait sur le quai, la pipe entre les dents.

* *Note.*—Use "si" for "yes" after a negative question.

## QUESTIONS

1. Où est-ce que le paysan acheta son billet?
2. Quel compartiment choisit-il?
3. Qui était assise en face de lui?
4. Qu'est-ce qui aboyait beaucoup?
5. Qu'est-ce que le paysan sortit de sa poche?
6. Que dit la vieille dame?
7. Que répondit le paysan?

8. Que fit alors la dame?
9. Que fit ensuite le paysan?
10. Pourquoi le paysan fut-il étonné à la prochaine gare?

## EXERCISES

A. Make the following sentences *negative*, using the negative expressions indicated for each:

1. (pas) Il a de l'argent.
2. (jamais) Je l'ai vu à Paris.
3. (que) Nous avons 20,000 francs aujourd'hui.
4. (ni . . . ni) Elle achète des fleurs et des légumes.
5. (aucun) Ils ont trouvé une lettre.
6. (guère) Il leur parle.
7. (personne) J'ai rencontré.
8. (point) Je l'aime.
9. (rien) Nous avons trouvé.
10. (plus) L'entendez-vous?

B. Translate:

1. I never go.
2. He no longer reads.
3. We have only 10 francs.
4. They do nothing.
5. Nobody comes here.
6. I hardly know him.
7. He has not any books.
8. Nothing is lost.
9. I have never seen.
10. He has met nobody.
11. It is better not to speak.
12. They have neither pen nor pencil.
13. Never have I lost.
14. He cannot go out.
15. What do you see?   Nothing.
16. Who has sold it?   Nobody.
17. Who wishes to go?   Not he.
18. Nor I either.
19. Come with us, not with him.
20. Not far from the town there was a castle.

21. He comes to Paris only on Mondays.
22. It doesn't matter.
23. Not one was here.
24. I never buy anything.
25. Not at all.

C. Translate:

A young countryman, who lived in an isolated village where there were very few cars, came to Paris to spend a few weeks with his uncle, who kept a small café.

When he arrived at the station he found neither his uncle nor his aunt on the platform. He searched everywhere, but in vain. Nobody was waiting for him. He had (*avait*) never visited Paris, and, fearing to (*de*) lose himself in the great city, he hired a taxi, and gave (to) the driver his uncle's address.

The taxi travelled so fast that the countryman was afraid, and the chauffeur only avoided a bus by (*en*) mounting (on) the pavement.

The countryman, very astonished, called out to the driver: "Take care*. It is the first time that I have travelled (say: am travelling) by taxi." "Sir", replied the chauffeur, smiling, "it is the first time that I have driven (say: am driving) one (of them)."

D. Recount in French, from memory, either the story "Le Chien Intelligent," or the story "Le Paysan à Paris."

---

* Faites attention

# REVISION

## (Lessons XVI–XX)

A. (a) *Present:* he leads, we lead, I laugh, they laugh, do you believe? she does not believe, they believe, I owe, we owe, they owe.

(b) *Perfect with "être":* she has arrived, they have come, we have got up, she has sat down, they have spoken to each other.

(c) *Imperfect:* I was writing, he was eating, you were reading, we were making, she was beginning.

(d) *Present Participle:* finishing, having, writing, reading, doing.

(e) *Past Historic:* they went, he sold, she came, I wrote, we read, he put, they made, I took, she saw, they received.

B. *Interrogative and Possessive Pronouns*

    1. Who has arrived?  What has he brought?
    2. Whom did you see?  To whom were you speaking?
    3. What is that?  Of what are you speaking?
    4. Whose books are these?  They are mine.
    5. Here is our car.  Yours is bigger.

C. *Negatives*

    1. He never gives us anything.
    2. Nobody will be able to find them.
    3. I told him not to go there.
    4. She wears neither gloves nor hat.
    5. We rang only once.  There was no answer.

D. *Use of Tenses (Perfect, Imperfect, Past Historic), and Present Participle*

    1. "We got up at 7.30," he said, "and we arrived there before 9."

    2. "On arriving at the café we met our friends, who were waiting for us," she explained.

    3. He wrote a few letters, then he went to bed, because he was tired.

4. They used to go to the seaside every summer, and they often bathed.

5. That evening, sitting on the gate, old Peter watched the cars passing.

E. *Composition*

(*a*) Write a short letter or conversation on one of the following topics (using the Perfect as narrative tense):

1. Une visite à Paris, ou à Londres.

2. Les Vendanges, ou Le Tour de France.

(*b*) Recount one of the following (using the Past Historic as narrative tense):

1. Une Aventure amusante ou désagréable.

2. Une Anecdote.

# LESSON XXI

## GRAMMAR

### A. The Conditional Tense

The Conditional is formed by adding the *endings* of the Imperfect (-ais, etc.) to the *stem* of the Future.

> e.g. Future: je donnerai (Stem: donner-)
> Conditional:
> je donner**ais**  *I should, would give, etc.*
> tu donner**ais**
> il donner**ait**
> nous donner**ions**
> vous donner**iez**
> ils donner**aient**

This tense is used:

1. To express "would" or "should" in expressions such as
   Je voudrais aller   I should like to go.
   Je devrais aller    I should (= ought to) go.

2. In reported speech, to report what was originally a Future in Direct Speech:

   > e.g. *Direct*
   > Il dit: "J'arriverai bientôt."
   > He said: "I shall arrive soon."
   >
   > *Reported*
   > Il dit qu'il arriver**ait** bientôt.
   > He said that he would arrive soon.

3. After a Conditional Clause introduced by "si". (if) plus Imperfect.

   > e.g. **Si** je partais aujourd'hui, j'arriver**ais** à temps.
   > If I were to leave today, I should arrive in time.
   > **Si** je l'avais vu, je lui aur**ais** parlé.
   > If I had seen him, I would have spoken to him.

NOTES

(a) The Conditional must be used when implied after "quand, lorsque (*when*)," "dès que, aussitôt que (*as soon as*)," and other conjunctions of time:

> e.g. He said he would come *when he was* in Paris.
> Il dit qu'il viendrait **quand il serait** à Paris.

(b) When "would, should" imply determination use verb "vouloir (*to wish*)," not Conditional.

> e.g. He *would* not answer.
> Il ne voulait pas répondre.

(c) When "would" = "used to," use Imperfect.

> e.g. He *would often* go.
> Il allait souvent.

(d) When "would you" is a polite request use "voudriez-vous."

> e.g. *Would* you shut the door?
> Voudriez-vous fermer la porte?

## B. SI (= IF)

1. "Si" when meaning "if" uses the same tense in French as after "if" in English, *not* the Future or Conditional.

> e.g. If he arrives tomorrow
> S'il arrive (Present) demain
> If he were to arrive (*or* should arrive) *or* arrived
> S'il arrivait (Imperfect)

2. "Si" meaning "whether" can take the Future or Conditional.

> e.g. I wonder if he will come.
> Je me demande s'il **viendra.**
> I wondered if he would come.
> Je me demandais s'il **viendrait.**

NOTES

(a) Write "s'" for "si" before "il" or "ils" only, but not before "elle, elles."

> e.g. s'il, s'ils
> *but* si elle, si elles

(*b*) Do not confuse "si" (= if) with "si" (= yes) used after a negative.

> e.g. Vous n'avez pas d'argent?
> **Si,** j'ai mille francs.
> You have no money?
> Yes, I have a thousand francs.

## VOCABULARY

| | | | |
|---|---|---|---|
| l'avion (m.) | aeroplane | la marine | navy |
| le baccalauréat (le "bac") | exam. equivalent to A Level | la quinzaine de jeurs | fortnight |
| le gratte-ciel | skyscraper | étranger | foreign |
| le notaire | solicitor, lawyer | fort | strong |
| le soldat | soldier | à mon avis | in my opinion |
| | | à ma place | in my place |
| se demander | to wonder | il vaudrait mieux | it would be better to |
| perfectionner | to perfect | | |
| se présenter à | to take (an exam.) | à l'étranger | abroad |
| | | tout de même | all the same |
| valoir | to be worth | | |

*Note.*—"Je voudrais" has the meaning of "I should *like* to" in the Conditional.

### Le Choix d'une Carrière

M. Dubois: Eh bien, Pierre, il faudra bientôt penser à choisir une profession ou un emploi. Si tu es reçu à ton "bac" cette année, et si tu quittes le lycée, qu'est-ce que tu as l'intention de faire?

Pierre: Je voudrais être pilote dans l'aviation civile. Je sais que j'aurais beaucoup de travail. Je suis fort en maths, mais je me demande si je réussirai en anglais.

Mme Dubois: Tu verrais beaucoup de pays étrangers. J'ai toujours voulu voyager à l'étranger, mais on n'a jamais ni le temps ni l'argent.

PIERRE: Je voudrais bien visiter l'Amérique pour voir New York et ses gratte-ciel, par exemple.

M. DUBOIS: Mais d'abord ce serait une bonne idée d'être reçu a ton examen. C'est au mois de juin que tu te présentes, n'est-ce pas? Tu n'es pas très fort en anglais?

PIERRE: C'est vrai. Je voudrais bien passer une ou deux semaines en Angleterre pendant les vacances de Pâques pour me perfectionner.

Quand il était à Paris l'été dernier mon ami Jones a dit qu'il m'inviterait à passer une quinzaine de jours chez lui cette année. Je vais lui écrire tout de suite.

MME DUBOIS: Bon. Tu pourras lui dire que nous serons enchantés de le recevoir ici après l'examen. S'il accepte, dis-lui de nous faire savoir à peu près la date de son arrivée.

M. DUBOIS: Moi, à ta place, j'aurais choisi l' électronique. On voyage moins, c'est vrai, mais c'est tout de même moins dangereux, et c'est une profession d' avenir pur a des débouchés (a career with prospects).

PIERRE: Tu crois ça, papa? A mon avis il y a moins de danger dans les airs que sur terre. Il vaudrait mieux être pilote d'avion.

MME DUBOIS: Ton oncle disait toujours, quand il était jeune. qu'il serait dans l'armée quand il aurait quitté le lycée, mais le voilà notaire. Il faut attendre un peu; on change souvent d'opinion.

## QUESTIONS

1. Qu'est-ce que Pierre a l'intention de choisir comme profession?
2. Est-ce qu'il est fort en anglais?
3. Qu'est-ce qu'il voudrait voir à New York?
4. A quelle date se présente-t-il à son examen?
5. Comment s'appelle son ami anglais?
6. Quelle profession l'oncle de Pierre a-t-il choisi?
7. Quelle profession M. Dubois aurait-il choisi?
8. A quelle profession vous destinez-vous?
9. Quel pays voudriez-vous visiter en Europe?
10. Aimez-vous mieux voyager en avion ou en bateau?

## EXERCISES

A. Give the 1st Person Singular, and the 1st Person Plural of
   the Conditional of:

   aller, avoir, courir, être, faire, mourir, pouvoir, venir, voir,
   vouloir.

B. Translate:
   1. I should like to go with him.
   2. He said that he would go.
   3. He said he would go when they arrived.
   4. He would often go there last year.
   5. She was angry, and would not go.
   6. Would you shut the door, please?
   7. I was wondering if you would come.
   8. If he came I should be glad.
   9. If he comes tomorrow, I shall see him.
   10. I do not know if he will come.

C. Translate (See Vocabulary, p. 129):

M. DUBOIS: What would you like to do this afternoon
   children?

MARY: We should like you to take us by car to Villeneuve to
   see the competitors in the "Tour de France."   It is the
   first stage today.   Maurice said they would pass through
   Villeneuve.   It would be very interesting to (de) see them.

M. DUBOIS: O.K., but ask your mother if she would like to
   come with us.

PETER: Mother said this morning she would come if it were
   fine.

M. DUBOIS:   All right then.   The weather forecast said that
   it would be fine today.

PETER: Maurice said if we arrived there before 2 p.m. we
   should see all the competitors pass and that would be
   fine.   I should see my friend René.   I am sure he would
   be pleased if I were there to encourage* him.

D. Write in French a few lines about the profession or
occupation you would like to follow.   (See p. 230.)

* encourager.

## LESSON XXII

## GRAMMAR

### A. VERB + INFINITIVE

In French there are four ways of dealing with an infinitive following a verb:

**1. By using the infinitive without a preposition (i.e. the direct infinitive).**

    e.g. I wish *to read.*    Je veux **lire.**

The direct infinitive is used after:

    (*a*) Most verbs of *motion*:

| | |
|---|---|
| aller (*to go*) | monter |
| | rentrer (*to go home, to come in again*) |
| | (*to go up, to get on* (*train etc.*), *to mount* (*horse*)) |
| courir (*to run*) | retourner (*to go back*) |
| descendre (*to descend*) | venir (*to come*) |
| entrer (*to enter*) | |

and compounds, such as rentrer (*to come in again*)

        e.g. I go *to see* him.    Je vais le **voir.**

        *but* I shall go to London next week to see him.
                J'irai à Londres la semaine prochaine **pour** le **voir.** (Insert "pour" when verb is widely separated from infinitive, and generally after "partir" and "sortir.")

    (*b*) Verbs of *mood:*

| | |
|---|---|
| devoir (*to have to*) | pouvoir (*to be able*) |
| espérer (*to hope*) | savoir (*to know*) |
| falloir (*to be necessary*) | vouloir (*to wish*) |
| oser (*to dare*) | |

    e.g. I hope *to go* there.    J'espère y **aller.**

(c) Verbs of *perception*:

entendre (*to hear*)          sentir (*to feel*)
regarder (*to look at*)       voir (*to see*)
sembler (*to seem*)
e.g. I see him (*coming*).    Je le vois **venir.**

(d) Verbs of *thinking, preferring*:

croire (*to believe*)         aimer mieux (*to prefer*)
penser (*to think*)           préférer (*to prefer*)
e.g. I think *I hear* it.     Je crois l'**entendre.**

(e) faire (*to have some action done*), laisser (*to let* or *allow
    some action*):

e.g. I have him brought (lit. "make him come")
    Je le fais **venir**
*but* I make him sing a song.
    Je **lui** fais **chanter** une chanson.
    (When infinitive has an object.)
*Note.*—J'envoie **chercher** le médecin.
    I send for the doctor.

## 2. <u>By inserting</u> "à" (to) before the infinitive:

e.g. I begin *to read*.      Je commence **à lire.**
Verbs requiring this additional "à" are indicated in
vocabularies and dictionaries.
The commonest are:

aimer à (*to like to*)        inviter à (*to invite to*)
apprendre à (*to learn to*)   réussir à (*to succeed in*)
commencer à (*to begin to*)   se décider à (*to decide to*)
continuer à (*to continue     se mettre à (*to begin to*)
    to*)
            but "aimer" is often used without "à."

## 3. <u>By inserting</u> "de" (= "to" in this case) **before the infinitive**:

e.g. Je regrette **de dire.**      I regret to say.
Verbs requiring this additional "de" are indicated in
vocabularies and dictionaries.
The commonest are:

cesser de (*to cease to*)         ordonner* de (*to order to*)
demander* de (*to ask to*)        oublier de (*to forget to*)

dire\* de (*to tell to*)           permettre\* de (*to allow to*)
empêcher de (*to stop
    from*)                        prier de (*to beg to*)
essayer de (*to try to*)          regretter de (*to regret to*)

\* These verbs require "à" + Person.

e.g. Je **lui** dis de partir.      I tell him to go.

4. **By using "pour" in cases not coming under previous headings**:

I sit down *to read.*
Je m'asseois **pour lire.**

NOTES

(*a*) Two verbs are followed by the preposition "**par**" (*by*) + infinitive.

commencer par (*to begin by*)
finir par (*to end by*)

e.g. He finished *by breaking* it.     Il finit **par** le **casser.**

(*b*) "To go or come *and* do something" is translated by a direct infinitive.

e.g. I go *and* sit down.     Je vais **m'asseoir.**

## B. ADJECTIVE + INFINITIVE

Most Adjectives, especially those expressing emotions and those following impersonal "il est," are followed by **de** before an infinitive.

e.g. Je suis content **de** vous voir.
     I am pleased to see you.
     Il est difficile **de** faire cela.
     It is difficult to do that.

But a few require **à**:

e.g. Je suis prêt **à** partir.     Il est occupé **à** travailler.
     I am ready to start.     He is busy working.

## C. NOUN + INFINITIVE

After a Noun the Infinitive is usually preceded by **de**:

e.g. L'ordre **de** partir     Je n'ai pas le temps **de** sortir.
     The order to go     I have no time to go out.

But note that expressions with "quelque chose" and "beaucoup" take **à**:

    e.g. Quelque chose **à** manger.    Beaucoup **à** faire.
         Something to eat.          A lot to do.

## VOCABULARY

| | | | |
|---|---|---|---|
| le bijoutier | jeweller | l'approche (f.) | approach |
| le buisson | bush | la barrière | gate |
| le chêne | oak | la chasse | hunting, shooting |
| le coup (de fusil) | shot | la chose | thing |
| le fusil | gun | la perdrix | partridge |
| le gibier | game | | |
| le lapin | rabbit | effrayé | frightened |
| le temps (de) | time (to) | enchanté | delighted |
| le vieillard | old man | épuisé | weary |
| | | étonné | astonished |
| s'adresser à | to address oneself to | facile | easy |
| | | léger | light |
| *apparaître | to appear | penché | leaning |
| se cacher | to hide | prêt | ready |
| craquer | to crack | | |
| s'échapper | to escape | allez-y | go on (go to it!) |
| s'enfoncer | to plunge into | | |
| s'enfuir | to run away | bruyamment | noisily |
| essayer (de) | to try to | | |
| fouiller | to search | en vain | in vain |
| longer | to go along | là-bas | over there |
| *permettre (de) | to permit to | par terre | to the ground (from standing position) |
| prier (de) | to ask to | | |
| *promettre (de) | to promise to | | |
| | | sans doute | doubtless |
| ramasser | to pick up | soudain | suddenly |
| rebrousser chemin | to retrace one's steps | tous les deux | both |
| | | à toute vitesse | ⎱ at full |
| réussir (à) | to succeed in | à toutes jambes | ⎰ speed |
| se sauver | to run away | à la hâte | in haste |
| tirer | to fire | | |

## LA MORT DU CANARD

M. Dubonnet, bijoutier à Paris, habitait le boulevard Saint-Denis, mais le dimanche il allait souvent à la chasse.

Sa femme n'aimait pas ces excursions; elle aimait mieux inviter quelques amis à dîner et à jouer aux cartes.

Un beau dimanche d'automne son mari se leva de bonne heure, avec l'intention d'aller à la chasse, et quand il fut prêt à partir, sa femme lui dit: "A bientôt mon chéri. N'oublie pas de me rapporter quelque chose. Je serais très contente d'avoir un lapin ou une perdrix, par exemple, pour ce soir."

"J'essayerai de te rapporter quelque chose," répondit-il, en l'embrassant.

En arrivant à la petite gare de X. il descendit, et s'enfonça bientôt dans les bois, le fusil à la main.

Il se cacha enfin derrière un gros chêne et, couché par terre, il attendit l'arrivée des lapins. Il attendit une heure, deux heures; enfin un bruit léger annonça l'approche d'un animal. Il entendit craquer les branches.

Tout à coup un lapin se montra à quelques pas de lui. Il tira, mais il le manqua, et la pauvre bête, effrayée, s'enfuit à toute vitesse.

Il attendit encore deux ou trois heures. Ce fut en vain. Les lapins restèrent cachés dans leurs trous. Il se faisait tard; le soleil commençait à se coucher. M. Dubonnet fouilla les buissons, longea les haies, mais en vain. Aucun animal, aucun oiseau n'en sortit.

Épuisé, le chasseur abandonna la chasse au lapin et se mit à rebrousser chemin.

En passant près d'une ferme, il remarqua un vieillard, penché sur une barrière, qui le regardait venir. C'était sans doute le fermier. Il vit aussi un gros canard dans le champ en face du vieillard. Tout à coup une idée lui passe par ta tête. Il se décida à expliquer son affaire au fermier.

"Bonjour, monsieur," dit-il en s'approchant de lui. "Je viens vous demander la permission de tirer sur ce canard. Ma femme m'a prié de rapporter quelque chose pour le dîner; j'ai promis de la faire, mais je n'ai pas réussi à trouver de gibier. Si vous me donnez la permission, je voudrais bien essayer de le tuer, et je vous payerai bien."

"Mais tirez donc, mon vieux," répondit le vieillard. "Vous

devez emporter du gibier, n'est-ce pas? Allez-y! Je ne vous empêcherai pas de tirer."

M. Dubonnet, enchanté, leva son fusil épaula, et tira tout de suite. Du premier coup le pauvre canard roula par terre. Il alla le ramasser.

"Je vous remercie," dit-il, en s'adressant au fermier. Je vous dois combien?

"Monsieur," expliqua le vieillard, en souriant, "ce champ n'est pas à moi, et le canard non plus."

"Mon Dieu," s'exclama le bijoutier, étonné. "Si j'avais su, je n'aurais pas tiré." Ils se sauvèrent alors tous les deux à toutes jambes.

## QUESTIONS

1. Où allait souvent M. Dubonnet le dimanche?
2. Est-ce que sa femme l'accompagnait?
3. Où se cacha-t-il pour attendre les lapins?
4. Est-ce qu'il réussit à tuer un lapin?
5. Qui rencontra-t-il, penché sur une barrière?
6. Qu'est-ce que le chasseur vit dans le champ?
7. Qu'est-ce qu'il demanda au vieillard?
8. Qu'est-ce que le vieillard répondit?
9. Pourquoi le vieillard sourit-il?
10. Que fit enfin M. Dubonnet?

## EXERCISES

A. Insert "à" or "de" before the Infinitive in the following:

1. J'apprends—jouer du piano.
2. Il essaie—trouver son livre.
3. Nous l'empêchons—sortir.
4. Ils nous invitent—dîner.
5. Je réussis—tuer un lapin.
6. Elle oublie—le faire.
7. Nous lui disons—partir.
8. Il promit—venir.
9. Je commence–chanter.
10. Nous leur permettons—entrer.

B. Translate:

1. We go and find our friends.
2. He finishes by selling it.

3. Give me something to drink.
4. She sat down to read a book.
5. I hear him singing.
6. They were pleased to see us.
7. We are ready to start.
8. She sends for the doctor.
9. I made him carry the gun.
10. He hasn't the time to write.

C. Translate:

When Mr. Dubonnet was ready to start his wife said to him:
" I should be very glad to have some rabbits, because I have
invited several friends to dine this evening and I want to give
them a good meal."

Her husband promised to bring back one or two, and he
tried all day to kill something, but he did not succeed in finding
anything.

He told his friend Duval, as they were coming back from
their shooting expedition, that his wife would be very angry.

" Why don't you buy a few rabbits at that farm over there ?"
said Duval.

" That is a good idea," replied Dubonnet.   " I should like
to take back something.   I am going to knock at the door to
ask the farmer to sell me one (of them*)."

He went and knocked at the door, but nobody answered.
He was wondering whether he should (devrait) knock again
when a ferocious dog appeared and began to bark, so they
both ran away as fast as possible.

When Dubonnet got home at last his wife told him to go and
buy something to eat at the butcher's.

D. Write in French, from memory, an account of " La Mort
du Canard "—or give an account of any other amusing or
interesting hunting or shooting experience.

---

* Always insert " en " (of it, of them) when numbers and quantities recur
without mention of the noun.

## LESSON XXIII

## GRAMMAR

### A. Compound Tenses

We have already seen that the Present Tense of "avoir" or "être" added to the Past Participle forms the Perfect Tense.

e.g. j'ai donné     I have given
   (*Motion*)     je suis allé     I have gone
   (*Reflexive*)   je me suis levé   I have got up

We must now learn the formation and use of other Compound Tenses:

| *Tense* | *With "avoir"* | *With "être"* | *Meaning* |
|---------|----------------|----------------|-----------|
| 1. *Pluperfect* | j'avais donné | j'étais allé | I *had* |
| (= Imperfect | | je m'étais | given, gone, |
| +Past Participle) | | levé | got up |

This tense is used in all cases for English "had" followed by a Past Participle, *except* when the "had" is preceded by a conjunction of time—"when" (quand, lorsque), "as soon as" (dès que, aussitôt que), "hardly" (à peine), "after" (après que)—and when this action is immediately followed by an action in the Past Historic. In this case the Past Anterior should be used for the first action, as in the following examples:

| 2. *Past Anterior* | *With "avoir"* | *With "être"* | *Meaning* |
|--------------------|----------------|----------------|-----------|
| (= Past Historic | j'eus donné | je fus allé | I *had* |
| +Past Participle) | | je me fus | given, gone, |
| | | levé | got up |

But in conversation the pluperfect often replaces the past anterior which sounds rather stilted and "posh".

Examples of use of Pluperfect and Past Anterior:

  *Pluperfect*       He had found his friend at the café.
                    Il **avait** trouvé son ami au café.

| | |
|---|---|
| *P. Anterior* | *When* he had found his friend, they went out. |
| | **Quand** il **eut** trouvé son ami, ils sortirent. |

*Hardly* had he arrived, when his friend entered.

**A peine fut**-il arrivé que son ami y entra.


NOTES

(1) Use the Imperfect, not the Pluperfect, in sentences where " for " = " since."

    e.g. He had been in Paris for two years.

       Il **était** à Paris depuis deux ans.

(2) " Had just " followed by Past Participle is translated by the Imperfect of " venir " +" de " +Infinitive.

    e.g. I had just seen     Je venais de voir

| 3. *Future Perfect* | *With " avoir '* | *With "être"* | *Meaning* |
|---|---|---|---|
| (= Future + | j'aurai | je serai allé | I *shall* |
| Past | donné | je me serai | *have* given, |
| Participle | | levé | gone, got up |

| 4. *Conditional Perfect* | | | |
|---|---|---|---|
| (= Conditional + | j'aurais | je serais allé | I *should* |
| Past Participle | donné | je me serais | *have* given, |
| | | levé | gone, got up |

Examples of use of Future Perfect, Conditional Perfect:

| *Future* | He will have seen his friend before Monday. |
|---|---|
| *Perfect* | Il aura vu son ami avant lundi. |
| *Conditional* | He said he would have seen his friend |
| *Perfect* | before Monday. |
| | Il dit qu'il aurait vu son ami avant lundi. |

*Note.*—Look out for the " hidden " Future Perfect or Conditional Perfect after Conjunctions of time (" when," " as soon as," etc.).

    e.g. I shall go out when he *has* arrived.

       Je sortirai quand il **sera** arrivé.

       He said he would go when his friend *had* arrived.

       Il dit qu'il partirait quand son ami **serait** arrivé.

## B. The Passive

The Passive voice of a verb is formed by adding the various tenses of " être " to the past participle.

| | | |
|---|---|---|
| e.g. | je suis aimé (-e) | *I am loved* |
| | j'étais aimé (-e) | *I was loved* (Condition) |
| | je fus blessé (-e) | *I was wounded* (Action) |
| | je serai aimé (-e) | *I shall be loved* |
| | je serais aimé (-e) | *I should be loved* |
| | j'ai été blesse (-e) | *I have been, was wounded* |
| | j'avais été aimé (-e) | *I had been loved* |

NOTES

(1) The Past Participle must always agree with the subject (except " été," which is always invariable).

e.g. Nous sommes trouvé**s**.  We are found.
*but* Elle a été trou̇vée.  She has been found.

(2) French avoids the Passive, when the agent is not specified, by two methods:

(*a*) By using " on " plus active verb.
e.g. I have been told.  **On** m'a dit (= *One has told me*).
French is spoken here.  Ici **on** parle français.

(*b*) By using a Reflexive verb.
e.g. He is called Henry.  Il **s'appelle** Henri.
Tobacco is sold here.  Le tabac **se vend** ici.

*But* where the agent is specified use the Passive, with " by " translated by " par " for actions, and " de " for condition or state.

e.g. He was attacked by a lion.
Il fut attaqué **par** un lion.
He was loved by his friends.
Il était aimé **de** ses amis.

## C. The Verb "Devoir"

"Devoir" (*to owe*) is a most important verb in French, as it also means " to have to, to be obliged to," and the meaning of the following tenses should be learnt by heart.

| | | |
|---|---|---|
| *Present* | je dois | *I must, have to* |
| *Future* | je devrai | *I shall have to* |

| *Perfect* (Conversation or Letter) | j'ai dû ⎫ | *I have had to* |
| | | *I had to, I must have* |
| *P. Historic* (Narrative) | je dus ⎬ | *(An action completed on a definite occasion in the past.)* |
| *Imperfect* | je devais | *I was due to* (not yet completed) |
| *Conditional* | je devrais | *I should, ought to* |
| *Fut. Perfect* | j'aurai dû | *I shall have had to* |
| *Condit. Perf.* | j'aurais dû | *I ought to have, should have* |

These are all followed by the Infinitive.

    e.g. I ought to have gone.

        J'aurais dû **aller.**

## VOCABULARY

| | | | |
|---|---|---|---|
| le clair de lune | moonlight | l'Afrique | Africa |
| le coup d'œil | glance | la caserne | barracks |
| le coup de pied | kick | la clef | key |
| le derrière | bottom, behind | la façon | fashion |
| le lionceau | lion-cub | la grâce | grace |
| l'officier | officer | l'infanterie | infantry |
| le soldat | soldier | la mascotte | mascot |
| | | la peur | fear |
| | | la vérité | truth |
| bloquer | to bar | la vie | life |
| bouger | to move | | |
| *découvrir | to discover | blessé | wounded |
| enfermer | to shut up | empressé | hurried |
| épouser | to marry | nonchalant | lazy, careless |
| errer | to wander | posté | posted |
| s'étonner | to be astonished | redoutable | redoubtable |
| | | sauvage | wild (*not* savage, which is "féroce") |
| faillir | to fail, nearly to do something | | |
| grandir | to grow big | ailleurs | elsewhere |
| guérir | to heal | juste | right, true |
| *offrir | to offer | | |

| gentiment | nicely in a well-behaved manner | aux alentours | in the neigh-bourhood |
| | | au beau milieu | right in the middle |
| *perdre connais-sance | to lose conscious-ness | bon sang! | heavens! |
| *remettre | to put back | sans doute | doubtless |
| sauver | to save | | |
| soigner | to take care of | | |
| se vanter | to boast | | |

## Une Histoire de Lion

Un lieutenant d'infanterie, dans un régiment posté en Afrique, trouva un jour un lionceau gravement blessé qu'il fit soigner et guérir, et qui prit bientôt l'habitude de le suivre comme un chien.

Au bout de quelques mois ce lionceau avait beaucoup grandi, et l'officier fit construire une cage dans laquelle l'animal se couchait la nuit; mais pendant la journée il errait partout dans la caserne et aux alentours.

On lui donna le nom de Léo. Il était aimé de tous les soldats, qui lui offraient des morceaux de viande qu'il prenait gentiment.

Le colonel du régiment aimait se vanter de leur mascotte, dont il était très fier.

Cependant, un soir le colonel, qui était rentré assez tard en voiture, s'étonna de découvrir le lion couché au beau milieu de l'entrée de la caserne.

Il faisait clair de lune, la bête avait l'air bien redoutable, et le chauffeur du colonel fut saisi de peur. "Mais bon sang," s'écria l'officier, en souriant, "vous n'avez rien à craindre. Le lieutenant Duclos a sans doute oublié d'enfermer Léo dans sa cage. Je vais descendre lui parler." Et il s'approcha du lion, en lui disant: "Dis donc, mon petit Léo, tu dois aller te coucher ailleurs."

Le lion ne voulait pas bouger, et le colonel, un peu vexé, lui donna un coup de pied au derrière. L'animal se leva lentement et s'en alla d'une façon nonchalante, en le regardant d'un œil mauvais.

Quand le colonel fut entré dans la caserne il envoya tout de suite chercher le lieutenant, pour lui raconter ce qui était arrivé.

Celui-ci se présenta en hâte devant son chef.

"Vous auriez dû remettre Léo dans sa cage ce soir, lieutenant," dit le colonel. "Je viens de le chasser de la cour, où il bloquait le passage de ma voiture."

"Mais, mon colonel," lui expliqua le lieutenant, "je vous assure que je l'ai enfermé, comme d'habitude, à sept heures."

"Comment s'est-il échappé alors?" demanda le colonel. "Nous devrions aller voir comment la porte a bien pu s'ouvrir."

Ils s'en allèrent tous les deux examiner la cage. Le lieutenant avait dit juste. La porte de la cage était toujours fermée à clef, et Léo dormait profondément dans un coin.

Le pauvre colonel faillit perdre connaissance. Il avait donné un coup de pied à un lion sauvage.

## QUESTIONS

1. Qu'est-ce que le lieutenant trouva un jour?
2. Quelle habitude le lionceau prit-il bientôt?
3. Pourquoi l'officier fit-il construire une cage?
4. Où errait le lionceau pendant la journée?
5. Qu'est-ce que les soldats lui offraient?
6. De quoi le colonel aimait-il se vanter?
7. Qu'est-ce que le chauffeur du colonel rencontra un soir à l'entrée de la caserne?
8. Que fit le colonel en descendant de voiture?
9. Qu'est-ce que le colonel dit au lieutenant?
10. Qu'est-ce qu'ils trouvèrent en arrivant à la cage de Léo?

## EXERCISES

A. Translate:

he had given, he will have given, he would have given; they had arrived, they will have arrived, they would have arrived; she will have gone out, you would have read, I had gone to bed, they will have got up.

B. Translate:

1. He had often come to London, and I had admired him.
2. As soon as the car had stopped, he got out.

3. She had been learning French for two years.
4. When they had arrived he closed the door.
5. They had just gone out when Peter appeared.
6. Hardly had I spoken when Mary entered.
7. We shall soon have forgotten him.
8. He will telephone you when he has finished his work.
9. If I had known, I would have written to you.
10. She said she would come as soon as she had dressed.

C. Translate:

she is loved, he has been seized, I shall be caught, he was killed, we have been told, English is spoken here, tea is sold here, she is called Mary, he was loved by his soldiers, I was attacked by a lion; we must go, I shall have to go, you should have gone, you should go, he had to run.

D. Translate:

An Englishman, who had unfortunately married a very bad-tempered* wife, bought a farm in Africa.

This farm was very lonely, and there was a great number of lions in that region, so he always carried a gun when he worked in his fields.

One day the farmer had just gone off to the fields when a friend, who had come to find him, was astonished to see an enormous lion enter the farmer's house, the door of which was open.

This friend, noticing the farmer in the distance, followed him immediately and told him what he had seen. "You ought to go back at once," he cried, "if you wish to save your wife." The farmer, however, did not seem to be alarmed. "I shall go back when I have finished my work. It is the lion who is going to lose his life," he replied, smiling.

"If he enters the kitchen, where my wife is preparing lunch, she will certainly kill him. The poor animal ought to have chosen another house."

E. Recount in French, from memory, "Une Histoire de Lion"; or any interesting or amusing story about an animal.

---

\* bad-tempered = qui avait mauvais caracterè.

## GRAMMAR

### A. Verbs + Preposition + Noun

Some verbs in French take an unexpected preposition before a noun. The prepositions "à," "de," and "en" must be repeated in French before each noun.

Such prepositions are usually indicated in a dictionary, but the following should be noted:

1. Verbs of "taking away" take **à** before the person, where "*from*" is used in English:

| | |
|---|---|
| acheter à | to buy from |
| arracher à | to snatch from |
| emprunter à | to borrow from |
| ôter à | to lift from |
| prendre à | to take from |
| voler à | to steal from |

e.g. J'emprunte le livre **à** mon père.
I borrow the book from my father.

2. Verbs of "taking, drinking, reading," etc., take **dans** in French for English "*from, out of.*"

| | |
|---|---|
| boire dans | to drink out of |
| lire dans | to read out of |
| prendre dans | to take out of |

e.g. Je bois **dans** une tasse.   I drink out of a cup.

*Note.*—Je regarde **par** la fenêtre.   I look out of the window.

3. Do not fail to put in the **à** (*to*) (which is omitted in English) with the following verbs, before the indirect object:

| | | |
|---|---|---|
| apprendre à | to teach (*to*) | someone |
| conseiller à | to advise (*to*) | ,, |
| défendre à | to forbid (*to*) | ,, |
| demander à | to ask (*to*) | ,, |
| dire à | to tell (*to*) | ,, |

| donner à | to give *to* | someone |
| enseigner à | to teach *to* | ,, |
| montrer à | to show *to* | ,, |
| obéir à | to obey *to* | ,, |
| ordonner à | to order *to* | ,, |
| pardonner à | to pardon *to* | ,, |
| permettre à | to permit *to* | ,, |
| plaire à | to please *to* | ,, |
| raconter à | to tell *to* | ,, |
| répondre à | to answer *to* | ,, |
| ressembler à | to resemble *to* | ,, |

e.g. I show *my friend* the book, and I give *him* it.
   Je montre le livre **à** mon ami, et je le **lui** donne.

4. The following verbs require **de** before a noun or pronoun:

| s'approcher de | to approach |
| se moquer de | to make fun of, laugh *at* |
| remercier de | to thank for |
| rire de | to laugh at |
| se servir de | to use |
| se souvenir de | to remember |

e.g. Je m'approche **de** la maison.   I approach the house.
   Je m'**en** approche.          I approach it.

5. The following verbs require **no preposition** in French:

| attendre | to wait-for |
| chercher | to look-for |
| demander | to ask-for |
| écouter | to listen-to |
| payer | to pay-for |
| regarder | to look-at |

e.g. J'écoute la radio.   I listen *to* the wireless.

## VOCABULARY

| le matelot | sailor | la bière | beer |
| le patron | proprietor | l'épaule | shoulder |
| le perroquet | parrot | la parole | word (spoken) |
| le porte-feuille | note-case | | |
| | | empaillé | stuffed |

| ajouter | to add | étonnant | astonishing |
|---------|--------|----------|-------------|
| articuler | to utter, pronounce | ventriloque | with ventriloquial powers |
| rendre | to make | au bout de | at the end of |
| sourire | to smile | regarder de près | to look closely at |
| | | en colère | in anger |
| | | tous les deux | both |
| | | s'ennuyer | to be bored |

*Note.*—Use "rendre" instead of "faire" when an adjective follows the verb "make."

    e.g. That makes me sad.
       Cela me rend triste.

## LE PERROQUET

Un matelot ventriloque, qui portait un perroquet gris sur l'épaule, entra un jour dans un café, s'assit, et appela le garçon.

Quand celui-ci arriva, le matelot lui dit: "Apportez-moi une bière, s'il vous plaît." Au grand étonnement du garçon, le perroquet ajouta tout à coup: "Et moi aussi, j'ai grand soif. Je prends une bière."

Le patron, qui se trouvait tout près, entendit les paroles de l'oiseau et s'approcha de la table où était assis le matelot pour regarder l'oiseau de près.

Le garçon revint avec les deux bières, et le matelot les but, toutes les deux. Le perroquet s'écria en colère: "Qu'est-ce que tu fais, mon vieux. Alors tu bois ma bière!"

"C'est un perroquet remarquable que vous avez là, matelot," dit le patron. "Il parle très bien."

"Oui, je suis vraiment fort intelligent," lui répondit l'oiseau.

"C'est étonnant le nombre de mots qu'il connaît," s'exclama le patron. "Je vous le paie cent vingt-cinq francs, si vous voulez me le vendre, monsieur."

"Je pars demain pour l'Afrique," lui expliqua le matelot. "Si vous voulez l'acheter, il vaut deux cent cinquante francs."

Le patron, enchanté d'avoir un oiseau si extraordinaire pour amuser ses clients, alla chercher son portefeuille, et donna trois billets de cent francs au matelot, qui partit en souriant, très content de son affaire.

Son nouveau maître mit le perroquet dans une belle cage à l'entrée du café.

Au bout de trois mois le matelot entra de nouveau dans le café. Le propriétaire le reconnut et vint lui parler.

"Je dois vous dire, monsieur," dit-il au matelot, "que l'oiseau que je vous ai acheté ne parle point depuis votre départ."

"Évidemment il s'ennuie, et il attend mon retour. Je vais lui parler moi-même," dit le matelot pour le rassurer.

"Bonjour, Jacquot. Tu vas bien?" demanda-t-il à l'oiseau.

"Je m'ennuie ici. Tu as longtemps voyagé," lui répondit le perroquet.

"Vous voyez bien qu'il parle toujours, Patron. C'est sans doute mon absence qu'il trouve insupportable, et qui le rend triste," expliqua son ancien maître.

"C'est tout de même curieux," fit le patron, en riant. "Le pauvre Jacquot est mort depuis deux mois. C'est Jacquot empaillé que vous voyez là dans sa cage!"

## QUESTIONS

1. Qu'est-ce que le matelot portait sur l'épaule?
2. Qu'est-ce qu'il commanda à boire?
3. Que dit le perroquet au garçon?
4. Que fit le patron en l'entendant?
5. Quel prix le matelot demanda-t-il?
6. Pourquoi le patron voulait-il acheter l'oiseau?
7. Où le mit-il après le départ du matelot?
8. Quand est-ce que le matelot revint au café?
9. Qu'est-ce que le propriétaire lui dit alors?
10. Pourquoi le perroquet ne parla-t-il plus?

## EXERCISES

A. Insert the correct preposition:

1. J'achète — l'épicier.
2. Il s'approcha — château.
3. Ils entrèrent — la salle.
4. Nous obéirons — capitaine.

    5. Je me servais — un couteau.
    6. Il ressemble — sa mère.
    7. Nous répondons — la question.
    8. Vous l'arrachez — garçon.
    9. Ils montrèrent la rue — l'homme.
  10. Je l'ai emprunté — mon ami.
  11. Elle me remercia — ma lettre.
  12. Nous demandons le prix — marchand.
  13. Vous racontez — élèves l'histoire de la ville.
  14. Il défendit — l'enfant de le faire.
  15. Je conseille — mon ami de partir.

B. Translate:

    1. We shall listen to the music.
    2. She was looking out of the window.
    3. The traveller asked for a ticket.
    4. The pupil reads from a book.
    5. My uncle has paid for the dinner.
    6. You must wait for a bus.
    7. My sisters laugh at me.
    8. The thief stole it from the merchant.
    9. I was drinking out of a cup.
  10. The master teaches Marcel English.

C. Translate:

One evening, in the last century, a few days before Christmas, a traveller entered an inn.　Outside, the ground was covered with snow.

The newcomer looked for a place near the fire, but nobody moved to make room for him.*

When the innkeeper asked him what he wanted, the traveller answered him in a loud voice:† "Bring me a bottle of wine, please.　And take a dozen oysters to the stable for my horse."

The innkeeper looked at him with astonishment, and hesitated a moment.

"Hurry, he is very hungry, and he is waiting for them," the traveller told him.

All the farmers immediately got up and followed the innkeeper in order to see this remarkable animal.

* pour lui faire place.　　† p. 226(b).

The stranger then approached the fire and, choosing the best place, sat down in order to warm himself.

After a few minutes everybody came back, and the inn-keeper said: "Sir, your horse does not want to eat the oysters."

"What a pity*," replied the traveller, laughing. "As I have paid for them, I will eat them myself, then."

D. Recount in French any interesting or amusing story connected with animals, birds, or insects.

* Quel dommage.

## GRAMMAR

### A. Some Problem Prepositions

*About*

**vers** (Time): vers 9 heures (*about 9 o'clock*)

**environ** (Numbers): environ vingt-cinq (*about 25*)

**au sujet de** (*concerning*): un livre au sujet des lois (*a book about laws*)

**sur le point de** ( +*verb*): sur le point de partir (*about to go*)

*Before*

**avant** (Time): avant 9 heures (*before 9 o'clock*)

**devant** (Place): devant la maison (*before the house*)

*For* (Time)

**pendant** (Past Time): Je l'ai cherché pendant deux heures (*I looked for him for two hours*).

Sometimes "for" is omitted:

e.g. J'attendis deux heures (*I waited two hours*).

**pour** (Pre-arranged): J'irai pour trois jours (*I shall go for three days*).

**depuis** (When "for" = "since"—action continuing):
Je suis ici depuis une heure (*I have been here for an hour—and am still here*).

*In* (Place)

**dans** (Definite): dans notre maison (*in our house*)

**en** (Indefinite): en ville, en auto, en hâte, en été (*in town, by car, in haste, in summer*)

**à** in such expressions as:

| | |
|---|---|
| à la campagne | (*in the country*) |
| à l'ombre | (*in the shade*) |
| à la main | (*in one's hand*) |

*In* (Time)

**en** (Duration): Il le fit en 3 minutes (*He did it in* 3 *minutes*).
(Seasons, months): en été, en mai (*in Summer, in May*).

**dans** (Future): Je le ferai dans 3 jours (*I shall do it in* 3 *days' time*).

(Omit with "morning," "evening," etc.)

e.g. in the morning   le matin

*On* (Time)

**à** mon retour (*on my return*).

**par** (with details): par un beau jour d'été (*on a fine summers' day*).

le jour **où** . . . (the day on which . . .)

Omit "on" with days.

e.g.   on Monday        lundi
       on June 2nd      le deux juin

*Over*

**au-dessus de** (Position): au-dessus de la maison (*over or above the house*).

**par-dessus** (Motion): Il regarda par-dessus le mur (*He looked over the wall*).

*Towards*

**vers** (Time): vers 3 heures (*towards* 3 *o'clock*)

**vers** (Motion): il courut vers moi (*he ran towards me*)

**envers** (Feeling): ses sentiments envers moi (*his feelings towards me*)

*With*

**avec** is the usual word, but note the following:

*Description* (Permanent): Un homme **à** la barbe blanche (*A man with a white beard*).

*Description* (Temporary): Le sac au dos le sac sur le dos (*With his sack on his back*).

Omit "with" in such cases.

Also note "couvert **de**" (covered with), saisi **de** (seized with), entouré **de** (surrounded by).

e.g. couvert de neige   covered with snow

## B. Miscellaneous Pronouns and Adjectives

Do not confuse the following:

1. *Each*

    **chaque** (*Adjective*)

    e.g. each man   chaque homme

    **chacun (-e)** (*Pronoun*)

    e.g. Each (one) carried a gun.
    Chacun portait un fusil.

2. *Some, a few; someone, some*

    **quelque** (*Adjective*)

    e.g. some flowers   quelques fleurs

    **quelqu'un (-e)** (*Pronoun*) = someone
    (Pl. **quelques-un(e)s**)

    e.g. Some were roses.
    Quelques-unes étaient des roses.

## C. Miscellaneous Adjectives and Adverbs

Do not confuse the following:

1. **même** (*Adjective*) = same (before Noun), even, very (after Noun).

    e.g.   the *same* thing       la même chose
    the *very* dogs        les chiens mêmes

    **même** (*Adverb*) = even

    e.g. He even ran.    Il courut même.

    (*Note.*—moi-même, etc. = myself.)

    **de même** (*Adverb*) = similarly

    e.g. He did the same.    Il fit **de même**.

2. **tel** (*Adjective*) = such a
    (Fem. **telle**)

    e.g. such a dog    un **tel** chien

    **si** (*Adverb*) = such a, so

    e.g. such a big dog    un **si** gros chien

    (*Note.*—Use " tel " when alone, but " si " when there is another adjective.)

3. **tout(e)** (*Adjective*) = all
    e.g. *all* the family    **toute** la famille
**tout** (*Adverb*) = completely, very
    e.g. They were completely exhausted.
    Ils étaient **tout** épuisés.
(*Note.*—"tout," though an adverb, agrees with *feminine* nouns, except before a vowel or mute " h.").
    e.g. Elle était tou**t**e fatiguée  } She was very tired.
    Elle était tout épuisée   }

## VOCABULARY

| | | | |
|---|---|---|---|
| le bateau de pêche | fishing boat | l'auberge (f.) | inn |
| le chef | chief | la cachette | hiding-place |
| le cimetière | cemetery | la ceinture | belt, waist |
| le contrebandier | smuggler | la corde | rope |
| le fantôme | ghost | la côte | coast |
| le maire | mayor | la dalle | stone slab |
| le pistolet | pistol | l'église (f.) | church |
| le port | port, harbour | l'époque (f.) | period, time |
| le regard | look | la falaise | cliff |
| le sapin | fir | la forme | figure, shape |
| le tombeau | tomb | la lune | moon |
| le vent | wind | la soutane | cassock |
| | | la voix | voice |
| | | bas | low |
| attirer | to attract | guetté | watched |
| espionner | to spy (on) | lourd | heavy |
| *braire | to bray | voilé (de) | veiled (by) |
| chuchoter | to whisper | | |
| éclairer | to illuminate | à dix mètres | ten yards away |
| faire le guet | to keep watch | | |
| *fuir | to flee | à gauche | to the left |
| gémir | to whine, to groan | au moins | at least |
| | | déjà | already |
| gravir | to climb (hill, etc.) | diable! | heavens! |
| grimper | to climb | du côté de | in the direction of |

| | | | |
|---|---|---|---|
| (dans) | (tree, etc.) | quant à | as for |
| *paraître | to appear | soit ... ou | either ... or |
| pleurer | to weep | sous peu | shortly, soon |
| *rejoindre | to join | tout droit | straight on |
| *se servir (de) | to use | bouleversé | overcome, |
| tousser | to cough | | upset |
| veiller | to keep watch | | |

## Le Cimetière Hanté

Une nuit d'hiver, en l'an 1810, sous le règne de Napoléon I$^{er}$, le maire du village de Fleury, petit port non loin de Boulogne, se dirigeait vers l'auberge pour boire un verre de vin avec ses amis.

En route il passa près de l'église du village, qui se trouvait au sommet des falaises, et il s'assit un moment sur le mur du cimetière pour se reposer un peu.

La lune, voiléc par des nuages, se montrait de temps en temps et éclairait les tombeaux.

En jetant par hasard un regard par-dessus le mur, du côté des tombeaux, il vit, à son grand étonnement, une forme noire sortir d'un des tombeaux, suivie, presqu' aussitôt, d'autres formes mystérieuses, toutes vêtues de longues soutanes.

Chaque fantôme portait une boîte sur le dos. Chacune de ces boîtes mesurait à peu près trois pieds de long sur deux pieds de large, et paraissait bien lourde.

Il y avait au moins une douzaine de ces fantômes, qui disparurent par un sentier qui conduisait aux rochers au pied de la falaise.

A quelques centaines de mètres de la côte un bateau de pêche semblait attendre quelqu'un; le maire pouvait distinguer ses voiles blanches au clair de la lune.

Pris de panique, il descendit vite au village, où il alla tout de suite chercher le gendarme.

Il lui raconta ce qu'il avait vu, et ils remontèrent tous les deux le chemin de l'église.

Les habitants du village avaient déjà parlé au gendarme des voix qu'ils avaient entendues la nuit au cimetière, mais celui-ci croyait que c'était soit le vent de la mer qui gémissait dans les branches des arbres, soit le bruit des vagues qui venaient se briser sur la plage.

Arrivés au sommet, ils grimpèrent dans un sapin qui se trouvait près du plus grand des tombeaux, et attendirent.

Ils faisaient le guet depuis une demi-heure quand la dalle du tombeau se leva doucement, et un homme, vêtu de la tête aux pieds d'une longue robe blanche, en sortit. Il siffla deux fois; c'était sans doute un signal.

Quatre autres hommes le rejoignirent, portant chacun un gros sac, et ils marchèrent tout droit vers le sapin où se cachaient les deux villageois.

"Ce sont des contrebandiers," chuchota le gendarme. Au même instant le maire toussa violemment. Un tel bruit ne pouvait manquer d'attirer leur attention. Le chef de la bande leva les yeux vers leur cachette et s'écria. "Diable! On nous espionne."

A ces paroles ses compagnons laissèrent tomber leurs sacs, et s'approchèrent de l'arbre.

Leur chef tira un pistolet de sa ceinture; il était sur le point de tirer quand le gendarme cria: "Ne tirez pas. Je me rends."

"Descendez," ordonna le chef. Ce qu'ils firent sans perdre de temps.

Les contrebandiers s'emparèrent d'eux. Le chef prit une corde dans son sac, et s'adressa d'abord au gendarme. "Nous allons vous attacher à cet arbre," dit-il. "Quant à vous, monsieur le maire, vous allez porter mon sac. Pour ce soir vous serez contrebandier." Tout bouleversé, le sac sur le dos, le maire les suivit.

## QUESTIONS

1. A quelle époque eut lieu cette aventure?
2. Où se trouvait l'église du village?
3. Qu'est-ce que la lune éclairait?
4. Comment les fantômes étaient-ils vêtus?
5. Qu'est-ce qu'ils portaient?
6. Qu'est-ce qui semblait les attendre?
7. Que fit alors le maire?
8. Où se cachèrent le maire et le gendarme?
9. Pourquoi les contrebandiers les découvrirent-ils?
10. Qui dut porter le sac du chef?

## EXERCISES

A. Translate:

about 32, about 9 o'clock, before the castle, before midnight, by car, in his car, in the country, in an hour's time, with blue eyes, above the wall, with his hands in his pockets, I shall go for 3 days, I have been here for 3 days, he waited for an hour, we made it in an hour, on Monday, on a fine day, in April, in summer, in the evening.

B. Translate:

the same house, they even shouted, he did the same, all the men, she is quite pale, a few pens, some (f.) are here, each chair, each one (f.), such an animal, such a large animal, both, someone, at the same time, three times.

C. Translate:

in 1815, in the reign of Louis XVI, a bottle of wine, covered with smoke, a dozen men, some kilometres away, he climbs up a tree, straight on, from head to foot, from time to time.

D. Translate:

A few years ago Mr. Dubois and his family spent their summer* holidays at Fleury, a little port near Boulogne.

One evening Peter and his sister decided to go for a walk as far as the village church, which was at the top of the cliffs.

When they arrived there, they sat down to rest on the wall of the cemetery. It was then nearly ten o'clock, and it was getting dark.†

" I hope we shall not see any ghosts," said Mary. At that same moment they heard a noise among the bushes behind the tombs.

"There is certainly something or somebody over there," said Peter, picking up a stone. He threw it will all his might‡ towards the bushes, and a grey shape came out of them.

Mary became quite pale, and they both stood motionless.

At each step the ghost was approaching them. "I am afraid. Let us run," cried Mary.

Suddenly the moon showed itself between the clouds,

---

* d'été.        † il commençait à faire nuit.        ‡ de toutes ses forces.

lighting up the ghost, which began to bray. It was only a donkey.

E. Recount in French, from memory, the story "Le Cimetière Hanté," or any other story of ghosts, or smuggling, or unexpected adventure.

# REVISION

## (Lessons XXI–XXV)

A. (a) *Conditional:* I should sell, he would see, they would come, we should be, she would have, they would go, you would be able, I should make, it would be necessary, they would run.

(b) *Pluperfect, Past Anterior, Future Perfect, Conditional Perfect:* I had seen, we had come, they had sat down, when he had written, as soon as we had arrived, when she had got up, hardly had I spoken, we shall have finished, he will have gone out, they will have gone to bed, he would have finished, I would have remained, they would have hidden themselves.

(c) *" Devoir ":* he must go, I was due to go, they had to go, I ought to have gone, she will have to go.

B. (a) *Prepositions before Infinitives; Direct Infinitive*

1. I told him to go.
2. We invited them to come.
3. She hopes to bathe.
4. They try to run.
5. You promised to sing.
6. She will begin to cry.
7. They forgot to write.
8. We shall go and sit down.
9. I am pleased to see you.
10. He wanted something to eat.

(b) *Prepositions before Nouns*

1. I buy eggs from a farmer.
2. He was drinking out of a glass.
3. They showed the traveller the way.
4. She thanks you for your letter.
5. We shall pay for the dinner.
6. I used to borrow books from my friends.
7. He looks out of the window.
8. She resembled her mother.
9. We use a knife.
10. They will listen to the song.

C. *Miscellaneous Prepositions, Pronouns, Adjectives and Adverbs*

    1. Have you a book about dogs?
    2. We shall go there for three days.
    3. He jumped over the wall.
    4. Here is an old lady with white hair.
    5. Each house has a garden; each one has a garage.
    6. Here are a few apples: some are bad.
    7. They had the same dresses.
    8. Even if he comes.
    9. He has such a large house.
    10. I have never seen such a tree.

D. Translate:

One day three men entered the station buffet, sat down and ordered[1] a bottle of wine. One (*L'*un) of them went out to find a porter and asked him to call them when their train arrived.[2]

They were evidently very merry, for when they had finished the first bottle they ordered another.

After half an hour the porter opened the door and told them the train had arrived.

They were now laughing heartily,[3] and in spite of the porter's warning (l'avertissement, f.) they did not disturb themselves.[4]

Suddenly they heard on the loudspeaker "The train is now leaving." The three friends ran out of the restaurant.

Two of them succeeded in opening the door of a carriage, and the third was going to follow them when he slipped and fell flat[6] on the platform.

The train disappeared, and the porter hurried to help the poor passenger.

"Have you hurt yourself?"[7] he asked him. To his astonishment the gentleman burst out laughing.[8]

"Why are you laughing then, sir?" the porter asked.

"It's because the two gentlemen who have gone off in the train came only to see me off,"[9] he replied, still laughing.

---

[1] Use "commander."
[2] Conditional here.
[3] "de bon cœur."
[4] Use "se déranger."
[5] Say "au haut-parleur
[5] '"Attention au départ.'"'"
[6] "à plat."
[7] Use "se faire mal."
[8] Use "éclater de rire."
[9] "Pour me souhaiter bon voyage."

## E. Composition

Recount the following story, using the Past Historic as narrative tense:

Un perroquet s'échappe de sa cage—se réfugie dans un bois—un paysan le voit—lève son fusil—l'oiseau parle—le paysan se sauve.

# THE SUBJUNCTIVE

## A. Purpose of the Subjunctive in French

All the tenses we have previously learnt belong to the Indicative Mood, i.e. they denote some positive and certain action (e.g. he lives).

The Subjunctive Mood denotes doubt and uncertainty in connection with an action (e.g. Long may he live!).

In English the Subjunctive is little used, but indicates a supposition or concession. It occurs chiefly after "if" in conditional clauses such as "If I were...," and is also indicated by "may," "might," "would," "should."

In French the Subjunctive is still fairly common (in the Present and Perfect tenses only), and there are special rules for its use, which do not correspond at all to the English rules for employing the Subjunctive. For example, "if" does not require the Subjunctive in French; "may" is translated in main clauses by the Future of "pouvoir" (e.g. he may possibly come—il pourra venir) and "might" by the conditional of "pouvoir" (e.g. he might come—il pourrait venir).

## B. Formation of the Subjunctive

### 1. *The Present Subjunctive*

*Endings* for all verbs, except "avoir" and "être," are:

**-e, -es, -e, -ions, -iez, -ent**

*Stems* for most verbs are obtained by dropping the **-ent** of the 3rd person plural of the Present Indicative.

e.g. donner (*to give*) finir (*to finish*) vendre (*to sell*)

| | | | |
|---|---|---|---|
| Pres. Ind. | ils donn-ent | ils finiss-ent | ils vend-ent |
| Pres. Subj. | je donn-e | finiss-e | vend-e |
| | tu donn-es | finiss-es | vend-es |
| | il donn-e | finiss-e | vend-e |
| | nous donn-ions | finiss-ions | vend-ions |

| | | |
|---|---|---|
| vous donn-**iez** | finiss-**iez** | vend-**iez** |
| ils donn-**ent** | finiss-**ent** | vend-**ent** |

Where the stem of the Imperfect Indicative differs the stem obtained from the 3rd plural Present Indicative, the stem of the Imperfect is used for the *1st and 2nd plural* of the Present Subjunctive.

e.g. boire (*to drink*)    Stem: "boiv-"

je boive
tu boives
il boive
nous **buv**ions } Stem of Imperfect:
vous **buv**iez  } "buv-"
ils boivent

Similarly: je doive—nous **dev**ions; je prenne—nous **pren**ions; je reçoive—nous **recev**ions, je tienne—nous **ten**ions; je vienne—nous **ven**ions.

*Exceptions.*   The following must be learnt by heart:

| *avoir* | *être* | *aller* | *faire* |
|---|---|---|---|
| aie | sois | aille | fasse |
| aies | sois | ailles | fasses |
| ait | soit | aille | fasse |
| ayons | soyons | allions | fassions |
| ayez | soyez | alliez | fassiez |
| aient | soient | aillent | fassent |

| *pouvoir* | *savoir* | *vouloir* |
|---|---|---|
| puisse | sache | veuille |
| puisses | saches | veuilles |
| puisse | sache | veuille |
| puissions | sachions | voulions |
| puissiez | sachiez | vouliez |
| puissent | sachent | veuillent |

2. *The Perfect Subjunctive* is formed by adding the Past Participle to the Present Subjunctive of "avoir" (or of "être" for Verbs of Motion, and Reflexive Verbs)—and is used, where necessary, in conversation, or in a letter.

e.g. j'aie donné
    je sois allé (Motion)
    je me sois levé (Reflexive)

3. *The Imperfect Subjunctive*

To form the Imperfect Subjunctive, drop the last letter of the 1st person singular of the Past Historic, and add the endings:

**-sse, -sses, -̂t, -ssions, -ssiez, -ssent**

e.g. *Past Historic:* je donnai   je finis   je fus
  *Stem:*     donna-           fini-       fu-

| | | |
|---|---|---|
| je donnasse | finisse | fusse |
| tu donnasses | finisses | fusses |
| il donnât | finît | fût |
| n. donnassions | finissions | fussions |
| v. donnassiez | finissiez | fussiez |
| ils donnassent | finissent | fussent |

There are no exceptions to this rule.

4. *The Pluperfect Subjunctive* is formed by adding the Past Participle to the Imperfect Subjunctive of "avoir" (or of "être" for Verbs of Motion, and Reflexive Verbs).

e.g. j'eusse donné
    je fusse allé (Motion)
    je me fusse levé (Reflexive)

*Note.*—Although "may" and "might" do not always indicate the Subjunctive in French, it is usual to employ these words to give an approximate idea of the English meaning of the French Subjunctive Tenses.

e.g. *Pres. Subj.*    je donne    I may give
   *Perf. Subj.*    j'aie donné    I may have given
   *Imperf. Subj.*   je donnasse   I might give
   *Pluperf. Subj.*   j'eusse donné   I might have given

## C. Sequence of Tenses

After { Present Ind.
       Future Ind.
       Perfect Ind. }  Use *Present* Subjunctive (or Perfect Subjunctive where there is verb + past participle).

After $\begin{cases} \text{Imperfect Ind.} \\ \text{Past Historic Ind.} \\ \text{Conditional Ind.} \\ \text{Pluperfect Ind.} \end{cases}$ Use *Imperfect* Subjunctive (or Pluperfect Subjunctive where there is verb + past participle).

Although the Subjunctive in French does not really correspond to our "may" and "might," an easy way of deciding which Subjunctive tense to use is to employ the *Present* Subjunctive in French where substituting "*may*" would be a correct sequence in English, and to use the *Imperfect* Subjunctive in French where substituting "*might*" would be a corrct sequence in English.

> e.g.   I wish that he *may* go.          (Pres. Subj.)
>           I wished that he *might* go.      (Imp. Subj.)

However, the Imperfect Subjunctive sounds so ridiculously pretentious, except to purists, that in modern colloquial French the Present (or Perfect) Subjunctive is used even when the Imperfect Subjunctive is the correct sequence.    This is not so, however, in literary French.

> e.g.  He wished us to go.
>          Il voulait que nous part**ions** (Pres. Subj.)
>          (*Not* "partissions.")

> *but*  He wished him to go.
>          Il voulait qu'il partît (Imp. Subj.).

The 3rd person singular is still acceptable in refined, consciously cultivated circles but is never used by "le français moyen" or "Monsieur Tout-le-monde" (i.e. the average Frenchman)

## D: Rules for Use of Subjunctive

The Subjunctive is used in French:

1. *In Main Clauses*

> *To express a Wish or Command*

> e.g. *Wish*

> > Vive la France!   Long live France!

In such expressions as "Vive les vacances!" the subjunctive has lost its grammatical correctness (it should be "vivent") to become a way of cheering – "Hooray for (the) holidays!"

> > *Command*

> > > Qu'il vienne!        Let him come!

Qu'ils viennent!    Let them come!

*Note.*—"Que" + Pres. Subj. is thus used to give indirect orders in the 3rd Sing. and 3rd Plur.

2. *In Subordinate Clauses*

(*a*) *After Verbs expressing Wish or Order*

e.g. Je veux qu'il le **fasse.**    I wish him to do it.
Je voulais qu'il le **fît.** ("qu'il le fasse" in conversation).    I wanted him to do it.

(*b*) *After Verbs of "saying" and "thinking" used negatively or interrogatively and after "douter"*

e.g. Je ne crois pas que cela **soit** vrai.
I do not think that is true.
Croyez-vous qu'il **soit** arrivé?
Do you think that he has come?
*but* Je crois qu'il est ici.
I think he is here.
(No Subjunctive.)

(*c*) *After Impersonal Verbs* (unless they express certainty or probability)

e.g. **Il faut** que j'**écrive.**
It is necessary that I should write.
**Il est possible** qu'il **arrive.**
It is possible that he may arrive.

*Similarly:* il vaut mieux que (it is better that); il se peut que (it can be that); il est bon que (it is good that); c'est dommage que (it is a pity that); il semble que (it seems that), etc.

*but* Il est **certain, probable** qu'il arrivera.
It is certain, probable, he will arrive.
(No Subjunctive required.)

(*d*) *After Verbs expressing Emotion* (i.e. joy, regret, doubt, fear, surprise)

e.g. Elle est **enchantée** que je **puisse** venir.
She is delighted that I can come.
Je suis **fâché** qu'il ne **puisse** venir.
I am sorry that he cannot come.
Je **doute** que cela **soit** vrai.

I doubt if that is true.

**Il craignait** qu'il n'**arrivât** pas ("qu'il n'àrrive pas" in conversation).

He feared he would not arrive.

**Je suis étonné** qu'il l'**ait** fait.

I am astonished that he has done it.

*but* "espérer" (*to hope*) does not take the Subjunctive unless negative or interrogative.

> e.g. **J'espère** qu'il **viendra.**
> I hope that he will come.

(*e*) *In Adjectival Clauses*

    i. *After a Superlative*
       and le premier (*the first*)
           le dernier (*the last*)
           le seul (*the only*)

> e.g. C'est la plus belle dame que je **connaisse.**
> She is the most beautiful woman that I know.

    ii. *After a Negative Statement*

> e.g. Il n'y a pas d'homme qui **soit** plus honnête.
> There is not a man who is more honest.

    iii. *In a "Qui" Clause denoting Purpose*

> e.g. Je cherche un homme qui **puisse** l'expliquer.
> I am looking for a man who can explain it.

(*f*) *After the following Conjunctions*
    *Time*
        avant que = before
        jusqu'à ce que = until
    *Concession*
        bien que    } although
        quoique   }
    *Condition*
        à moins que . . . ne = unless
        pourvu que      = provided that
        sans que        = without
    *Purpose or Reason*
        afin que   } in order that
        pour que  }

de peur que . . . ne $\Big\}$ lest
de crainte que . . . ne

*Note.*—To wait until = attendre que + Subjunctive.
"Not . . . until" does not require Subjunctive.

e.g. Nous ne partirons que lorsque (i.e. only when) nous
l'aurons reçu.

There are a few other less common conjunctions
requiring the subjunctive, and a complete list can be
found in a detailed grammar.

e.g. **Afin qu'il réussît** ("qu'il réussisse" in con-
versation) . . .
Before he finished . . .
**Quoiqu'elle soit** fatiguée . . .
Although she is tired . . .
**Avant qu'il finît** ("qu'il finisse" in conver-
sation) . . .
So that he might succeed . . .
**A moins qu'ils ne le sachent** . . .
Unless they know it . . .

The above are the main uses of the Subjunctive, all
involving some idea of *doubt* (emotions and superlatives are
"doubtful"!).

There are other uses, such as after "however," "whoever,"
and "whatever," but these can be studied in a complete
grammar.

## E. METHODS OF AVOIDING THE SUBJUNCTIVE

**The Subjunctive can be avoided:**

1. **By using** "avant de," "afin de," "sans" + Infinitive
instead of "avant que," "afin que," "sans que"—*if* the
subject of main and subordinate clause is the same.

**e.g.** Before *he* went out *he* shut the door.
Avant **de sortir,** il ferma la porte.

2. **By using** the verb "devoir" instead of the impersonal
verb "falloir."

**e.g.** It is necessary that he should wait.
Il doit attendre.

## VOCABULARY

| | | | |
|---|---|---|---|
| l'avare (m.) | miser | la boum | teenage party |
| le bal | dance, ball | la comédie | comedy |
| le drame | drama | la liste | list |
| le fil | thread | la machine à | sewing |
| le magnéto- | video recorder | coudre | machine |
| scope | | la pièce | play |
| le morceau | piece | la puce à | a flea in |
| le spectacle | play, show | l'oreille | her ear |
| | | la soie | silk |
| craindre | to fear | la télévision | television |
| réparer | to mend | | |
| regretter | to regret | libre | free |
| se tromper | to be wrong, | sérieux | serious |
| | to be mis- | afin de | in order to |
| | taken | avant que | before |
| | | bien que ⎫ | |
| ce n'est pas | it isn't worth | quoique ⎭ | although |
| la peine | while | pourvu que | provided that |
| ou pire | or worse | puisque | since |
| on joue | they are doing | quel dommage | what a pity |
| | (a play) | que | that |

## CONVERSATION

*Scène:* Le salon des Dubois à huit heures du soir.

M. Dubois: Pierre, j'ai une bonne nouvelle pour toi. Ton oncle Robert t'invite à l'accompagner demain au théâtre.

Pierre: J'ai la permission, maman?

Mme Dubois: Pourvu que tu finisses tes devoirs avant de partir, tu peux y aller. Et comme ce sera demain mercredi, tu auras le temps de les faire, puisque tu seras libre l'après-midi, n'est-ce pas?

Pierre: Ah oui, c'est vrai ça. Papa, veux-tu que je téléphone à l'oncle Robert pour lui dire que je peux y aller.

M. Dubois: Ce n'est pas la peine de téléphoner. Je le verrai demain au bureau.

Pierre (à sa sœur): Quel dommage que tu ne puisses pas venir avec nous, Marie.

MARIE: Il faut absolument que je répare ma robe, tu sais, si je veux aller danser, samedi prochain. Quelle pièce l'oncle Robert a-t-il choisie?

PIERRE: Je ne sais pas, moi. Crois-tu que ce soit une comédie? J'espère bien, car je déteste les pièces sérieuses. Mais je crains que mon cher oncle ne choisisse un drame, ou pire, une tragédie classique, Raine par exemple!

M. DUBOIS: Si je ne me trompe pas, ton oncle ira à la Gaîté, où on joue toujours des pièces gaies. Passe-moi le journal, Pierre. Je vais chercher la liste des spectacles. Oui, c'est ça. On joue "La Puce à l'Oreille," de Feydeau. Il paraît que c'est très drôle.

MME DUBOIS: Mais oui. Je l'ai déjà vue, cette pièce, avec ta tante Louise. C'est la comédie la plus amusante que j'aie vue cette année. Tu en as de la chance, Pierre.

M. DUBOIS: Bien que j'aime le théâtre, j'aime encore mieux le cinéma. Si on y allait demain, ma Bichette?

MME DUBOIS: Je veux bien, chéri. Marie, tu pourras réparer ta robe ce soir, et venir avec nous, tu ne crois pas?

MARIE: Alors, d'accord. J'essayerai, mais je doute que je puisse. Tu pourras peut-être me prêter ta machine à coudre terminer ce soir? Il me faut aussi du fil, et un petit morceau de soie.

## QUESTIONS

1. Qui a invité Pierre à l'accompagner au théâtre?
2. Qu'est-ce qu'il lui fallait faire avant de sortir?
3. Pourquoi Marie ne pouvait-elle pas l'accompagner?
4. Pourquoi voulait-elle réparer sa robe?
5. Pourquoi M. Dubois voulait-il voir le journal?
6. Lequel préférez-vous, le théâtre ou le cinéma?
7. Est-ce que vous préférez les comédies ou les drames?
8. Combien de fois par mois allez-vous au cinéma?
9. Est-ce que vous écoutez souvent la radio?
10. Avez-vous un appareil de télévision?
11. Aimeriez-vous avoir un magnetoscope?
12. Ma sœur adore les "boums", et vous?

## EXERCISES

A. Give the 1st Person Singular and 1st Person Plural of the
   Present Subjunctive of: aller, avoir, boire, dire, écrire,
   faire, finir, lire, mettre, prendre, pouvoir, savoir, venir,
   voir, vouloir, être, s'asseoir.

B. Give briefly the reason for the use of the Subjunctive in
   each of the following:
   1. C'est le meilleur livre que je connaisse.
   2. Il faut que nous partions demain.
   3. Qu'ils viennent tout de suite!
   4. Elle voulait qu'il lui écrivît.
   5. Quoiqu'il soit intelligent, il n'a pas réussi.
   6. Je ne crois pas qu'ils soient arrivés.
   7. Il regrette qu'elle l'ait perdu.
   8. Nous partirons avant qu'il arrive.
   9. Je cherche une rue qui conduise au marché.
   10. On lui donna de l'argent afin qu'il pût l'acheter.

C. Put the following Infinitives into the correct tense of the
   Subjunctive:
   1. Bien qu'il (être) fatigué, il sortira.
   2. Il vaut mieux que nous (écrire) demain.
   3. Je suis enchanté que vous (avoir) réussi.
   4. Ils craignaient qu'il n' (arriver) à temps.
   5. Elle partit sans qu'il la (voir).
   6. Je doute qu'ils (venir) ce soir.
   7. C'est le seul homme que nous (avoir) vu.
   8. Nous désirons que vous le (faire) maintenant.
   9. Ils le saisirent avant qu'il (pouvoir) s'échapper.
   10. Croyez-vous qu'il y (aller) aujourd'hui?

D. Translate:
   1. I am pleased that they can come.
   2. They accompanied him in order that he should find the
      house.
   3. We want you to write to us often.
   4. I shall wait until the rain stops.
   5. Although I have little time, I will do it.
   6. This is the finest picture that I have bought.

7. We don't think he will be able to come.
8. It seems that he is very ill.
9. He escaped without being seen.
10. Before you go away, give me your address.

E. Translate:

A week before Christmas Peter's uncle invited him to go to the theatre with him, and he told him to bring his friend Charles with him.

The next morning Peter went to see Charles, before setting off for school.

"Good morning, Peter," said Charles. "I am astonished you have arrived so early."

"Well, I have some good news," explained Peter. "My uncle wants you to come with us this evening to the theatre."

"I shan't be able to come this time," replied Charles. "My exam. takes place next week, and father says it is necessary that I should work every evening until it is finished."

"I am sorry you can't accompany us," said Peter. "They are doing (playing) 'L'Avare,' and it is the best play I have read. Do you think you can finish your work before 7.30?"

"No, I regret that will be impossible," explained Charles. "Unless I work hard I shan't succeed, so you must go without me. Thank him very much, please. I am sure he will understand."

F. Write in French an imaginary conversation among members of a family about the theatre or cinema.

# COMMERCIAL AND PERSONAL CORRESPONDENCE

**Commercial and Official:** *Openings*

| | |
|---|---|
| Dear Sir, | Monsieur, |
| Dear Sirs, | Messieurs, |
| Madam, | Madame, |

Write "Monsieur le Directeur, Monsieur le Secrétaire" in the address at the head of the letter.

*Endings*

These vary considerably in French, but the following can be learnt by heart:

|  |  |
|---|---|
| Yours faithfully, truly | Recevez, monsieur, l'assurance de mes sentiments distingués. Veuillez agréer, monsieur, mes sincères salutations. |

*Envelope (Address)*

Write "Monsieur," etc., in *full*.

A post code is required before the town name. It consists of

- (a) A two digit number which corresponds to the alphabetical position of the "département" (the county)
    - 75 is Seine (Paris' own "département")
    - 01 is Ain
- (b) A three digit number which indicates an area within a large town, or an "arrondissement" in Paris, or a small town or village within the "département"
    - e.g. 44 is Loire Atlantique
        - 44 000 Nantes is an address in the centre of the town
        - 44 200 Nantes is an address in the part of the town to the south of the Loire
        - 44 600 is Saint Nazaire
        - 44 500 is La Baule
        - 75 016 Paris is an address in the elegant, well-heeled sixteenth "arrondissement" between the Seine and the Bois de Boulogne
- 91 to 95 are heavily populated Paris suburbs.
- 97 indicates the four "département d'outre-mer"

(overseas countries)
>     97 1 is Guadeloupe
>     97 2 is Martinique
>     97 3 is Guyane
>     97 4 is Réunion

NOTES

You can immediately tell where a French car and its owner come from. The "département" number is on the number-plate.

>     e.g.  3490 FU 75
>           9243 BA 44

*Abbreviations*

| Company | Cie |
| c/o | chez |
| doz. | dz |
| Number | N° (numéro) |
| Personal | Personnelle |
| Please forward | { Faire suivre, S.V.P. (S'il vous plaît), Prière de faire suivre |
| Printed Paper Rate | Imprimés |
| Urgent | Urgent |

*Note.*—The French write the numbers 1, 7, 9 as follows:

*1  7  9*

**Personal Correspondence:** *Openings*

Avoid "Mon cher Monsieur Duval," "Mon cher Georges," except when writing to close friends, and write simply "Cher Monsieur Duval," "Cher Georges."

*Endings*

| | |
|---|---|
| Yours sincerely | { Bien sincèrement à vous, |
| | Cordialement à vous, |
| | Salutations amicales, |
| | Recevez l'assurance de mes meilleures amitiés, meilleurs sentiments, |

## USEFUL PHRASES

| In reply to yours of May 3rd, | En réponse à votre lettre du 3 mai, |
|---|---|
| Awaiting your letter / Awaiting your reply | { En attendant le plaisir de vous lire, / Dans l'attente de vous lire, |
| We have received your | Nous avons l'honneur de vous |

| letter of April 6th. | accuser réception de votre lettre du 6 avril. |
| | Nous sommes en possession de votre lettre . . . |
| We beg to inform you . . . | Nous avons l'honneur (le plaisir) de vous informer . . . |
| Awaiting your orders, instructions, | En attendant vos ordres, |
| Please find enclosed . . . | Vous voudriez bien trouver ci-inclus . . . Vous trouverez ci-inclus. |
| Attached herewith we send you . . . | Ci-joint ⎱ nous vous<br>Sous ce pli ⎰ transmettons . . . |
| Be good enough to send, to forward . . . | Veuillez envoyer (expédier) . . . |
| | Nous vous serons bien obligés de nous expédier . . . |
| | Nous vous prions de vouloir bien nous envoyer . . . |

## VOCABULARY

| | | | |
|---|---|---|---|
| l'article (m.) | article | la facture | bill, account |
| le catalogue | catalogue | la merchan-<br>dise | goods,<br>merchan-<br>dise |
| le chèque | cheque | | |
| le colis | parcel | la saison | season |
| l'échantillon (m.) | sample | la quinzaine de jours | fortnight |
| le prix | price | ci-inclus ⎱ | |
| le règlement | settlement | ci-joint ⎰ | enclosed |
| le tarif | price-list | clair | light |
| | | foncé | dark, deep |
| expédier | to forward | moyen | medium |
| faire savoir | to inform | | |
| régler | to settle, pay | contenant ⎱ ⎧ enclosing | |
| transmettre | to forward | renfermant ⎰ ⎨ containing | |
| tenir à savoir | to be anxious to know | le plus tôt possible | as soon as possible |
| veuillez | be good | par retour | |
| (Imperative of "vouloir") | enough to . . . | du cour-<br>rier | by return of post |

NOTES

(1) The French often call a week "huit jours" and a fortnight "quinze jours, une quinzaine," as they include the day they are counting to as well as the day they are counting from.

(2) "Clair, moyen, foncé" when added to an adjective of colour remain invariable, as does the colour, and do not agree with their noun.

> e.g. des vêtements bleu foncé
> some dark blue clothes

## EXERCISES

Translate:

**A.**
Leeds, le 20 janvier, 1985.

Messieurs Laval et Cie,
     Paris.
Messieurs,
    Je vous remercie de votre lettre du 15 janvier, contenant votre catalogue et vos nouveaux échantillons.
    Je vous serais obligé de m'expédier les articles suivants:
         N° 12:  Robe bleu clair: 350 F.
                  Costume gris foncé: 475 F.
    Vous trouverez ci-inclus un chèque de 825 francs pour règlement de votre facture du 30 décembre.
    Recevez, messieurs, l'assurance de mes sentiments distingués.
(Madame) J. Smith.

**B.**
Londres, le 1$^{er}$ juillet.

Monsieur le Directeur,
     Hôtel Splendide,
         Chose-sur-Mer.
Monsieur,
    Je désire passer une quinzaine de jours à Chose-sur-Mer au mois d'août.
    Un de mes amis m'a donné l'adresse de votre hôtel, qu'il m'a recommandé, et je tiens à savoir vos prix tout compris.
    Veuillez me faire savoir le plus tôt possible si vous avez une chambre avec douche pour une personnel, libre à partir du 8 août.
    Agréez, monsieur, mes salutations empressées.
(Monsieur) H. Jones.

C.                                            Kingston, le 15 mars.

Chère Madame,

Mon amie Mrs. Mary Brown, qui se rappelle à votre bon souvenir, m'a donné votre adresse, et je vous écris pour vous demander si vous connaissez une famille à Paris qui serait désireuse d'envoyer leur fils en Angleterre pendant les vacances d'été.

Mon fils Robert, qui a 17 ans, aimerait beaucoup faire un séjour à Paris afin de se perfectionner en français, et nous serions très contents de recevoir un jeune Français du même age.

Ses vacances commenceront le 1er août, et il rentrera au lycée le 15 septembre.

En attendant le plaisir de recevoir de vos nouvelles, recevez, chère Madame, l'assurance de ma sincère amitié.

(Madame) M. Black

D.                                            Rouen, 7th May, 1985.

Magasin Duval,
    Paris.

Dear Sirs,

We thank you for your letter of the 30th April, enclosing your price list.   We have also received by the same post a parcel of samples of goods for the new season.

We should be glad if you would forward us the following:
            No. 16: 10 @ 250 francs.
Please find enclosed our cheque for 2500 francs.

            Yours faithfully,

                                            Lebrun et Cie.

E.                                            Kingston, 1st June, 1985.

The Manager,
    Hôtel Splendide,
        Chose-sur-Mer.

Dear Sir,

My wife and I hope to spend a week at Chose-sur-Mer in July.

A friend of ours has recommended your hotel to us, and I should be glad to know your terms.

Please let me know by return of post, if possible, if you will have a double room with bath or shower vacant from July 1st.

            Yours faithfully,

                                            A. Smith.

# TABLE OF VERBS

# TABLE OF VERBS

Tense endings common to all Verbs:

| *Future* | *Imperfect and Conditional* |
|---|---|
| -ai | -ais |
| -as | -ais |
| -a | -ait |
| -ons | -ions |
| -ez | -iez |
| -ont | -aient |

*Note.*—The Conditional and the Imperfect Subjunctive, and all compound tenses are omitted in the following

| | Infinitive. | Present and Past Participle. | Present Indicative. | Past Historic. |
|---|---|---|---|---|
| REGULAR VERBS | **donner,** *to give* | donnant donné | donne, -es, -e donnons, -ez, -ent | donnai |
| | **finir,** *to finish* | finissant fini | finis, -is, -it finissons, -issez, -issent | finis |
| | **vendre,** *to sell* | vendant vendu | vends, vends, vend vendons, -ez, -ent | vendis |
| IRREGULAR VERBS | **aller,** *to go* | allant allé | vais, vas, va allons, allez, vont | allai |
| | **s'asseoir** *to sit down* | asseyant assis | assieds, -ieds, -ied asseyons, -ez, -ent | assis |
| | **avoir,** *to have* | ayant eu | ai, as, a avons, avez, ont | eus |
| | **battre,** *to beat* | battant battu | bats, bats, bat battons, battez, battent | battis |
| | **boire,** *to drink* | buvant bu | bois, bois, boit buvons, buvez, boivent | bus |
| | **conduire,** *to lead* | conduisant conduit | conduis, -duis, -duit conduisons, -sez, -sent | conduisis |
| | **connaître** *to know* | connaissant connu | connais, -ais, -aît connaissons, -aissez, -aissent | connus |

## *Past Historic* (3 *types*)

| -ai | -is | -us |
|-----|-----|-----|
| -as | -is | -us |
| -a | -it | -ut |
| -âmes | -îmes | -ûmes |
| -âtes | -îtes | -ûtes |
| -èrent | -irent | -urent |

table, as they are formed in accordance with rules previously given.

| Future and Imperfect Indicative. | Present Subjunctive. | Imperative. | Verbs similarly Conjugated. |
|---|---|---|---|
| donnerai<br>donnais | donne, -es, -e<br>donnions, -iez, -ent | donne<br>donnons, -ez | Verbs in "-er" |
| finirai<br>finissais | finisse, -es, -e<br>finissions, -issiez, -issent | finis<br>finissons, -issez | Verbs in "-ir" |
| vendrai<br>vendais | vende, -es, -e<br>vendions, -iez, -ènt | vends,<br>vendons, -ez | Verbs in "-re" |
| irai<br>allais | aille, ailles, aille<br>allions, alliez, aillent | va<br>allons, allez | |
| assiérai<br>asseyais | asseye, asseyes, asseye<br>asseyions, -eyiez, -eyent, | assieds-toi<br>asseyons-nous,<br>-ez-vous | |
| aurai<br>avais | aie, aies, ait<br>ayons, ayez, aient | aie<br>ayons, -ez | |
| battrai<br>battais | batte, battes, batte<br>battions, battiez, battent | bats<br>battons, -ez | combattre<br>abattre |
| boirai<br>buvais | boive, boives, boive<br>buvions, buviez, boivent | bois<br>buvons, buvez | |
| conduirai<br>conduisais | conduise, -ses, -se<br>conduisions, -iez, -sent | conduis<br>conduisons, -ez | Verbs in "-uire" |
| connaîtrai<br>connaissais | connaisse, -sses, -sse<br>connaissions, -iez, -ssent | connais<br>connaissons, -ez | Verbs in "-aître" |

| | Infinitive. | Present and Past Participle. | Present Indicative. | Past Historic. |
|---|---|---|---|---|
| **IRREGULAR VERBS** | **courir,** *to run* | courant couru | cours, cours, court courons, -ez, -ent | courus |
| | **craindre,** *to fear* | craignant craint | crains, crains, craint craignons, -gnez, -gnent | craignis |
| | **croire,** *to believe* | croyant cru | crois, crois, croit croyons, -ez, croient | crus |
| | **cueillir,** *to gather* | cueillant cueilli | cueille, -es, -e cueillons, -ez, -ent | cueillis |
| | **devoir,** *to owe* | devant dû | dois, dois, doit devons, devez, doivent | dus |
| | **dire,** *to say* | disant dit | dis, dis, dit disons, dites, disent | dis |
| | **écrire,** *to write* | écrivant écrit | écris, écris, écrit écrivons, -vez, -vent | écrivis |
| | **envoyer,** *to send* | envoyant envoyé | envoie, envoies, envoie envoyons, -voyez, -voient | envoyai |
| | **être** *to be* | étant été | suis, es, est sommes, êtes, sont | fus |
| | **faire,** *to make, do* | faisant fait | fais, fais, fait faisons, faites, font | fis |
| | **falloir,** *to be necessary* | *wanting* fallu | il faut | il fallut |
| | **fuir,** *to flee* | fuyant fui | fuis, fuis, fuit fuyons, fuyez, fuient | fuis |
| | **lire,** *to read* | lisant lu | lis, lis, lit lisons, lisez, lisent | lus |
| | **mettre,** *to put* | mettant mis | mets, mets, met mettons, -ez, -ent | mis |
| | **mourir,** *to die* | mourant mort | meurs, meurs, meurt mourons, mourez, meurent | mourus |

| Future and Imperfect Indicative. | Present Subjunctive. | Imperative. | Verbs similarly Conjugated. |
|---|---|---|---|
| courrai<br>courais | coure, coures, coure<br>courions, couriez, courent | cours<br>courons, -ez | accourir, etc. |
| craindrai<br>craignais | craigne, -es, -e<br>craignions, -gniez, -gnent | crains<br>craignons, -ez | Verbs in "-ndre" |
| croirai<br>croyais | croie, croies, croie<br>croyions, croyiez, croient | crois<br>croyons, -ez | |
| cueillerai<br>cueillais | cueille, cueilles, cueille<br>cueillions, -iez, -ent | cueille<br>cueillons, -ez | accueillir<br>recueillir |
| devrai<br>devais | doive, doives, doive<br>devions, deviez, doivent | dois<br>devons, devez | |
| dirai<br>disais | dise, dises, dise<br>disions, disiez, disent | dis<br>disons, dites | |
| écrirai<br>écrivais | écrive, écrives, écrive<br>écrivions, -viez, -vent | écris<br>écrivons, -ez | décrire |
| enverrai<br>envoyais | envoie, envoies, envoie<br>envoyions, -iez, -oient | envoie<br>envoyons, -ez | renvoyer |
| serai<br>étais | sois, sois, soit<br>soyons, soyez, soient | sois<br>soyons, -ez | |
| ferai<br>faisais | fasse, fasses, fasse<br>fassions, -iez, -ent | fais<br>faisons, faites | |
| il faudra<br>il fallait | qu'il faille | | |
| fuirai<br>fuyais | fuie, fuies, fuie<br>fuyions, -iez, -ient | fuis<br>fuyons, -ez | s'enfuir (reflex.) |
| lirai<br>lisais | lise, lises, lise<br>lisions, lisiez, lisent | lis<br>lisons, -ez | |
| mettrai<br>mettais | mette, mettes, mette<br>mettions, -iez, -ent | mets<br>mettons, -ez | admettre<br>permettre |
| mourrai<br>mourais | meure, meures, meure<br>mourions, iez, meurent | meurs<br>mourons, -ez | |

|  | Infinitive. | Present and Past Participle. | Present Indicative. | Past Historic. |
|---|---|---|---|---|
| IRREGULAR VERBS | **ouvrir,** *to open* | ouvrant ouvert | ouvre, ouvres, ouvre ouvrons, -ez, -ent | ouvris |
| | **partir,** *to set out, depart, to leave* | partant parti | pars, pars, part partons, -ez, -ent | partis |
| | **plaire,** *to please* | plaisant plu | plais, plais, plaît plaisons, -ez, -ent | plus |
| | **pleuvoir,** *to rain* | pleuvant plu | il pleut | il plut |
| | **pouvoir,** *to be able* | pouvant pu | peux *or* puis, peux, peut pouvons, pouvez, peuvent | pus |
| | **prendre,** *to take* | prenant pris | prends, prends, prend prenons, -ez, prennent | pris |
| | **recevoir,** *to receive* | recevant reçu | reçois, reçois, reçoit recevons, -ez, reçoivent | reçus |
| | **rire,** *to laugh* | riant ri | ris, ris, rit rions, riez, rient | ris |
| | **savoir,** *to know* (*fact*) | sachant su | sais, sais, sait savons, -ez, -ent | sus |
| | **sortir,** *to go out* (*see* partir) | | | |
| | **suivre,** *to follow* | suivant suivi | suis, suis, suit suivons, -ez, -ent | suivis |
| | **se taire,** *to keep silent, to shut up* | taisant tu | tais, tais, tait taisons, -ez, -ent | tus |
| | **tenir,** *to hold* (*see* venir) | | | |

| Future and Imperfect Indicative. | Present Subjunctive. | Imperative. | Verbs similarly Conjugated. |
|---|---|---|---|
| ouvrirai<br>ouvrais | ouvre, ouvres, ouvre<br>ouvrions, ouvriez, ouvrent | ouvre<br>ouvrons, -ez | couvrir<br>offrir<br>souffrir |
| partirai<br>partais | parte, -es, -e<br>partions, -iez, -ent | pars<br>partons, -ez | dormir<br>servir<br>sentir<br>sortir |
| plairai<br>plaisais | plaise, plaises, plaise<br>plaisions, -iez, -ent | plais<br>plaisons, -ez | déplaire |
| il pleuvra<br>il pleuvait | qu'il pleuve | | |
| pourrai<br>pouvais | puisse, puisses, puisse<br>puissions, -iez, puissent | *wanting* | |
| prendrai<br>prenais | prenne, prennes, prenne<br>prenions, -iez, prennent | prends<br>prenons, -ez | apprendre<br>comprendre |
| recevrai<br>recevais | reçoive, reçoives, reçoive<br>recevions, -iez, reçoivent | reçois<br>recevons, -ez | Verbs in "-cevoir" |
| rirai<br>riais | rie, ries, rie<br>riions, riiez, rient | ris<br>rions, riez | sourire |
| saurai<br>savais | sache, saches, sache<br>sachions, -iez, sachent | sache<br>sachons, -ez | |
| suivrai<br>suivais | suive, suives, suive<br>suivions, -iez, -ent | suis<br>suivons, -ez | poursuivre |
| tairai<br>taisais | taise, taises, taise<br>taisions, taisiez, taisent | tais-toi<br>taisons-nous<br>taisez-vous | |

|  | Infinitive. | Present and Past Participle. | Present Indicative. | Past Historic. |
|---|---|---|---|---|
| IRREGULAR VERBS | **valoir,** *to be worth* | valant valu | vaux, vaux, vaut valons, -ez, -ent | valus |
|  | **venir,** *to come* | venant venu | viens, viens, vient venons, -ez, viennent | vins, -s, -t vînmes vîntes vinrent |
|  | **voir,** *to see* | voyant vu | vois, vois, voit voyons, -ez, voient | vis |
|  | **vouloir,** *to wish* | voulant voulu | veux, veux, veut voulons, voulez, veulent | voulus |

*Note.*—The following peculiarities of verbs in "-er" must be noted:

(a) Verbs like "lever" and "mener" require "è" before mute endings in Present, and throughout Future and Conditional before mute "e," as also does "acheter."

(b) Verbs like "appeler" and "jeter" double the consonant in similar cases ("acheter" in (a) is an exception).

(c) "Espérer" and other verbs with acute accent in infinitive retain acute accent in 1st and 2nd person plural.

e.g.

| | | |
|---|---|---|
| je lève | j'appelle | j'espère |
| tu lèves | tu appelles | tu espères |
| il lève | il appelle | il espère |
| nous levons | nous appelons | nous espérons |
| vous levez | vous appelez | vous espérez |
| ils lèvent | ils appellent | ils espèrent |

| Future and Imperfect Indicative. | Present Subjunctive. | Imperative. | Verbs similarly Conjugated. |
|---|---|---|---|
| vaudrai<br>valais | vaille, vailles, vaille<br>valions, valiez, vaillent | vaux<br>valons, -ez | |
| viendrai<br>venais | vienne, viennes, vienne<br>venions, veniez, viennent | viens<br>venons, -ez | devenir<br>revenir<br>tenir |
| verrai<br>voyais | voie, voies, voie<br>voyions, voyiez, voient | vóis<br>voyons, -ez | entrevoir<br>revoir |
| voudrai<br>voulais | veuille, veuilles, veuille<br>voulions, vouliez, veuillent | veuille, -ez<br>(*be so good as*) | |

Fut.:    je lèverai    j'appellerai    j'espérerai
Condit:  je lèverais   j'appellerais   j'espérerais

(*d*) Verbs in "-oyer," "-uyer," "-ayer," (e.g. em-) ployer, ennuyer, payer) change "y" to "i" in similar cases, though this change is optional in the case of verbs in "ayer."

e.g. j'emploie    nous employons
     tu emploies   vous employez
     il emploie    ils emploient

Fut:          j'emploierai
Condit:      j'emploierais

(*e*) Verbs in "-cer" require "ç" and verbs in "-ger" require "ge" before "a" or "o."

e.g. nous commençons, je commençais, nous mangeons, je mangeais.

## IDIOMS AND PHRASES

*With "avoir"*

| avoir | chaud | to be hot |
|---|---|---|
| ,, | froid | ,, cold |
| ,, | faim | ,, hungry |
| ,, | soif | ,, thirsty |
| ,, | peur | ,, frightened |
| ,, | raison | ,, right |
| ,, | tort | ,, wrong |
| ,, | besoin (de) | ,, in need of |
| ,, | honte | ,, ashamed |
| ,, | envie (de) | ,, to want to, to feel like |
| ,, | mal | ,, to have a pain |
| ,, | l'air | to appear to be, to look |
| ,, | sommeil | to be sleepy |
| ,, | lieu | to take place |

*With "faire"*

| il fait beau (temps) | it is fine (weather) |
|---|---|
| ,, mauvais (temps) | ,, bad (weather) |
| ,, chaud | ,, hot |
| ,, froid | ,, cold |
| ,, jour | ,, daylight |
| ,, nuit (noir) | ,, night (dark) |
| ,, frais | ,, fresh |
| ,, bon | ,, nice |
| ,, du soleil | ,, sunny |
| ,, du vent | ,, windy |
| ,, du brouillard | ,, foggy |
| il se fait tard | ,, getting late |
| faire de son mieux | to do one's best |
| ,, des emplettes, des achats ⎱ | |
| ,, des commissions ⎰ | to do some shopping |
| ,, ses excuses | to apologise |
| ,, visite (à) | to pay a visit to |
| faire cadeau (de) | to make a present of |

| „  semblant (de) | to pretend to |
| „  mal | to hurt, harm |
| „  une promenade (un tour) | to go for a trip or ride |
| (1) à bicyclette, à cheval | by bike, on horseback, |
| (2) en auto, en bateau, en avion, en train | by car, by boat, by plane, by rail |
| (3) à pied | to go for a walk |

## Miscellaneous Verbs

| je me rappelle } je me souviens de | I remember |
| je viens de voir | I have just seen |
| je venais de voir | I had just seen |
| je me sers de | I make use of, use |
| je ressemble à quelqu'un | I resemble someone |
| j'ai beau crier | I shout in vain |
| je vous en veux | I bear you a grudge |
| jouer au tennis, etc. | to play tennis, etc. |
| jouer du piano, etc. | to play the piano, etc. |
| tomber à terre | to fall to the ground (from above) |
| tomber par terre | to fall to the ground (from standing position) |
| il faillit tomber | he nearly fell |
| il vaut mieux | it is better |
| il vaudrait mieux | it would be better |
| il pleut à verse | it is pouring (with rain) |
| comment allez-vous? | how are you? |
| comment ça va? | how are things? |

## With Nouns

| un coup d'œil | a glance |
| „  de pied | a kick |
| „  de poing | a punch (fist) |
| „  de fusil | a shot (gun) |
| „  de grâce | a final blow |
| en haillons, en lambeaux | in rags |
| tout le monde | everybody |
| le monde entier | the whole world |

à mon gré               to my liking
à mon insu            without my knowledge
à mon aise            at my ease, comfortably
à mon avis            in my opinion

*Adverbial Expressions*

(*a*) *Time*

| | |
|---|---|
| de temps en temps | from time to time |
| en même temps | at the same time |
| tout à l'heure | presently; *or* just now |
| en un clin d'œil | in a flash |
| tout à coup | suddenly |
| tout de suite ⎫<br>sur-le-champ ⎬ | immediately |
| deux fois par jour | twice a day |
| en retard | late (for a fixed time) |
| il est tard | it is late |
| sous peu | shortly |
| il y a trois jours, etc. | three days ago |
| au bout de trois jours | after three days |
| en train de | in the act of |
| sur le point de | just about to |
| aussi vite que possible ⎫<br>le plus vite possible ⎬ | as quickly as possible |
| de bonne heure | early |
| de bon (ou grand) matin | early in the morning |
| le lendemain matin | the next morning |
| encore une fois | once again |
| à temps | in time |

(*b*) *Manner*

| | |
|---|---|
| à toute vitesse | at full speed |
| tout à fait | completely |
| à tâtons | groping |
| à haute voix | in a loud voice |
| à voix basse | in a low voice |
| en colère | in anger |
| à genoux | on one's knees |
| bras dessus, bras dessous | arm-in-arm |
| à tue-tête | at the top of one's voice |

| | |
|---|---|
| sur la pointe des pieds | on tiptoe |
| sans mot dire | without saying a word |
| à la hâte | hastily |
| à la dérobée | secretly |
| par avion, par le métro | by air, by Underground |
| de toutes ses forces | with all his might |
| de cette façon | in this way |

(c) *Position*

| | |
|---|---|
| au loin | in the distance |
| à mi-chemin | half way |
| en haut | up above |
| en bas | down below |
| en route ⎫<br>chemin faisant ⎭ | on the way |
| au soleil | in the sun |
| à l'ombre | in the shade |
| à perte de vue | as far as the eye can see |
| en avant | forward ⎫ (motion)<br> |
| en arrière | backward ⎭ |
| à droite | to the right |
| à gauche | to the left |
| à l'étranger | abroad |
| en plein air | in the open air |
| en pleine campagne | in the open country |
| à l'abri de | in the shelter of |
| de tous côtés | on all sides |
| là-bas | down there, over there |
| ça et là | here and there |
| à la campagne | in the country |
| quelque part | somewhere |
| nulle part | nowhere |
| en face (de) | opposite |
| en tous sens | in every direction |
| ailleurs | elsewhere |
| debout | standing |

# EXCLAMATIONS

| | |
|---|---|
| à moi!<br>au secours! | help! |
| holà! ohé! | hallo! |
| chut! | hush! (caution) |
| taisez-vous<br>tais-toi! | oh! be quiet! shut up! |
| à la bonne heure!<br>bravo! | splendid! |
| pas du tout! | not at all! |
| quel dommage | what a pity! |
| prenez garde!<br>attention! | be careful! look out! |
| faites attention! | pay attention! |
| tiens!<br>tenez! | well! I say! look! |
| allez-y!<br>vas-y | go on! come on! |
| allons, allons | come now! come, come! |
| n'importe<br>ça ne fait rien<br>ça m'est égal | it doesn't matter! |
| bonne chance! | good luck! |
| bon voyage! | pleasant journey! |
| que faire? | what is to be done? |
| qu'avez-vous? | what is the matter with you? |
| qu'y a-t-il? | what is the matter? |
| à quoi bon? | what's the good? |
| c'est ça! | that's right! |
| tant mieux! | so much the better! |
| tant pis! | so much the worse! never mind! |
| dépêchez-vous! hâtez-vous! | hurry up! |
| s'il vous plaît! | please! |
| au revoir! | good-bye! (temporarily) |
| adieu! | good-bye! |
| mon Dieu!<br>sapristi! | heavens! dear me! etc. |
| salut! | hello! bye! |

## USEFUL WORD LISTS

### (1) *Les Parties du Corps* (Parts of the Body)

| Masc. | | Fem. | |
|---|---|---|---|
| le corps | body | la tête | head |
| les cheveux | hair | l'oreille | ear |
| le front | forehead | la bouche | mouth |
| l'œil (les yeux) | eye | la dent | tooth |
| | | la langue | tongue |
| le nez | nose | la moustache | moustache |
| le menton | chin | la barbe | beard |
| le cou | neck | la joue | cheek |
| le doigt | finger | la main | hand |
| le bras | arm | la peau | skin |
| le dos | back | l'épaule | shoulder |
| le pied | foot | la jambe | leg |
| le genou | knee | la figure | face |
| le visage | face | la gorge | throat |
| le cœur | heart | la poitrine | chest |
| l'os | bone | la taille | waist |
| le derrière | bottom | les hanches | hips |

### (2) *Les Vêtements* (Clothes)

| Masc. | | Fem. | |
|---|---|---|---|
| le chapeau | hat | la casquette | cap |
| le pardessus | overcoat | la robe | dress |
| le manteau | coat | la jupe | skirt |
| | | la blouse | blouse, smock |
| le costume | costume, suit | la botte | boot |
| le veston | jacket | la cravate | tie |
| | | la chaussure | shoe |
| le gilet | waistcoat | la chaussette | sock |
| le pantalon | trousers | la veste | jacket |
| le mouchoir | handkerchief | la chemise | shirt |
| le bas | stocking | la manche | sleeve |

| Masc. | | Fem. | |
|---|---|---|---|
| le collant | tights | le soutien-gorge | bra |
| le sac à main | handbag | la pantoufle | slipper |
| le soulier | shoe | la poche | pocket |
| le parapluie | umbrella | la bague | ring |
| l'imperméable | raincoat | la montre | watch |
| l'uniforme | uniform | la bourse | purse |
| le képi | military cap | les lunettes | spectacles |
| le béret | beret | la canne | walking-stick |
| le gant | glove | | |

## (3) La Famille (The Family)

| Masc. | | Fem. | |
|---|---|---|---|
| le père | father | la mère | mother |
| le frère | brother | la sœur | sister |
| le fils | son | la fille | daughter |
| l'oncle | uncle | la tante | aunt |
| l'enfant (m.) | child | l'enfant (f.) | child |
| le grand-père | grandfather | la grand'mère | grandmother |
| le neveu | nephew | la nièce | niece |
| le mari | husband | la femme | wife |
| le cousin | cousin | la cousine | cousin |
| le petit-fils | grandson | la petite-fille | granddaughter |
| le beau-père | father-in-law, stepfather | la belle-mère | mother-in-law, stepmother |
| le parrain | godfather | la marraine | godmother |
| | | la bonne | maid |
| le domestique | servant | la domestique | servant |
| le chef | cook | la cuisinière | cook |

## (4) Les Professions et les Métiers (Professions and Trades)

| Masc. | | Masc. | |
|---|---|---|---|
| le professeur | teacher | le soldat | soldier |
| le médecin | doctor | l'ingénieur | engineer (chartered, civil, etc.) |
| le boulanger | baker | | |
| le boucher | butcher | | |

| *Masc.* | | *Fem.* | |
|---|---|---|---|
| l'épicier | grocer | le pharmacien | chemist |
| le marchand | merchant, shopkeeper | le coiffeur | hairdresser |
| | | le bijoutier | jeweller |
| le fermier | farmer | le gendarme | policeman (country) |
| l'ouvrier | workman | | |
| l'acteur | actor | l'agent | policeman (town) |
| l'auteur | author | | |
| l'écrivain | writer | l'aubergiste | inn-keeper |
| le juge | judge | le banquier | banker |
| l'homme de loi | lawyer | le jardinier | gardener |
| le peintre | painter | le mendiant | beggar |
| le marin | sailor | le facteur | postman |
| le chauffeur | chauffeur | le porteur | porter |
| le tailleur | tailor | la cuisinière | cook |
| le concierge | caretaker | la modiste | modiste |
| le musicien | musician | l'actrice | actress |
| | | la dactylo | typist |
| le commis | clerk | la vendeuse | shop assistant |
| le pilote d'essai | test pilot | les affaires | business |
| le notaire | solicitor | la modiste | modiste |
| le commerce | business | la secrétaire | secretary |
| le secrétaire | secretary | | |
| le kinésithérapeute | physiotherapist | l'informatique | computer science |
| le gynécologue | gynaecologist | l'électronique | electronics |
| le pédiatre | paediatrician | | |

l'informaticien (f. informaticienne)  computer scientist, data processing expert

l'électronicien (f. électronicienne)  electronics scientist

(5) *La Maison* (The House)

| *Masc.* | | *Fem.* | |
|---|---|---|---|
| le vestibule, l'entrée | entrance-hall | la pièce | room |
| le couloir | corridor | la salle à manger | dining-room |
| le salon | drawing-room | | |

| *Masc.* | | *Fem.* | |
|---|---|---|---|
| le bureau | study | la chambre à coucher | bedroom |
| le mur | wall | | |
| le plafond | ceiling | la cuisine | kitchen |
| le plancher | floor | la salle de bain | bathroom |
| le rez-de-chaussée | ground-floor | la cheminée | chimney, fireplace, mantelpiece, hearth |
| le toit | roof | | |
| l'étage | storey | | |
| les meubles | furniture | la fenêtre | window |
| le piano | piano | la vitre | window-pane |
| le fauteuil | armchair | | |
| le rideau | curtain | la table | table |
| le tableau | picture | la chaise | chair |
| le tiroir | drawer | l'armoire | wardrobe |
| l'escalier | staircase | la bibliothè-que | library, bookcase |
| le volet | shutter | | |
| le lit | bed | la pendule | clock (small) |
| le tapis | carpet | la sonnette | bell (door) |
| le canapé | sofa | la nappe | tablecloth |
| le garage | garage | la radio | wireless |
| le jardin | garden | la clef, la clé | key |
| le jardin potager | kitchen-garden | la photo | photograph |
| | | la cave | cellar |
| l'appartement | flat | la mansarde | attic |
| le balcon | balcony | la poutre | beam |
| l'ascenseur | lift | la brique | brick |
| le fourneau | stove | la tuile | tile |
| le placard | cupboard | la pelouse | lawn |
| le poste de télévision | TV set | la moquette | fitted carpet |
| | | la télé | telly |
| le poste de radio | radio set | la cuisinière, la gasinière | cooker |
| le magnéto-scope | video recorder | | |
| le frigo, le refrigérateur | fridge | | |

(6) *Le Restaurant*

| Masc. | | Fem. | |
|---|---|---|---|
| le repas | meal | la nappe | tablecloth |
| | | la serviette | table-napkin |
| le $\begin{cases} \text{petit} \\ \text{déjeuner} \end{cases}$ | breakfast | l'assiette | plate |
| | | la tasse | cup |
| le déjeuner | lunch | la fourchette | fork |
| le thé | tea | la cuillère (-er) | spoon |
| le goûter | afternoon tea | la bouteille | bottle |
| le dîner | dinner | la carafe | decanter, jug |
| le souper | supper | la viande | meat |
| le couteau | knife | la pomme de | potato |
| le verre | glass | terre | |
| le plat | dish | la carotte | carrot |
| le potage | soup | la pomme | apple |
| le pain | bread | la poire | pear |
| le beurre | butter | la cerise | cherry |
| le lait | milk | la prune | plum |
| le fromage | cheese | la fraise | strawberry |
| le sucre | sugar | l'orange | orange |
| le poisson | fish | la pêche | peach |
| le légume | vegetable | la glace | ice |
| le chou | cabbage | la crème | cream |
| les petits pois | peas | la confiture | jam |
| le dessert | dessert | la brioche | bun |
| l'œuf | egg | la boisson | drink |
| le bœuf | beef | la bière | beer |
| le mouton | mutton | l'eau | water |
| le jambon | ham | l'addition | bill |
| l'agneau (m.) | lamb | la carte | menu |
| le veau | veal | l'omelette | omelet |
| le porc | pork | la saucisse | sausage |
| le vin | wine | la côtelette | cutlet, chop |
| le cidre | cider | la pâtisserie | pastry |
| le café | coffee | la salade | salad |
| le chocolat | chocolate | la tomate | tomato |
| le gâteau | cake | la limonade | lemonade |
| le biscuit | biscuit, | la tartine | slice of bread |
| le gâteau | sec. | | and butter |
| | | | or jam |

| Masc. | | Fem. |
|---|---|---|
| le fruit | fruit | |
| le raisin | grape | |

### (7) La Ville (The Town)

| Masc. | | Fem. | |
|---|---|---|---|
| le faubourg | suburb | la gare | station |
| le quartier | district, a quarter | la rue | street |
| | | l'église | church |
| le magasin | shop | la place | square |
| l'autobus | bus | la poste | post office |
| le tramway | tram | la boîte aux lettres | letter-box |
| le trottoir | pavement | | |
| le métro | Underground | la banque | bank |
| l'hôtel | hotel | l'auto(mobile) | car |
| (de ville) | (town-hall) | la bicyclette | bicycle |
| le musée | museum | (le vélo) | |
| le café | bar, pub | la moto | motorbike |
| le restaurant | restaurant | la voiture | vehicle, car, carriage |
| le kiosque | kiosk | | |
| le refuge | street-refuge | l'usine | factory |
| le réverbère | lamp-post | la boutique | small shop |
| le taxi | taxi | la bibliothèque | library |
| le cinéma | cinema | la boucherie | butcher's shop |
| le théâtre | theatre | la boulangerie | baker's shop |
| l'hôpital | hospital | le ou la | greengrocer |
| le bureau | office | marchand(e) | |
| (de poste) | post office | de primeur | |
| l'agent | policeman | l'épicerie | grocer's shop |
| le facteur | postman | la pâtisserie | cakeshop |
| le tailleur | tailor | la librairie | bookshop |
| la passant | passer-by | la pharmacie | chemist's shop |
| le marché | market | la chaussée | roadway |
| l'arrêt | (bus) stop | la circulation | traffic |
| le camion | lorry | l'horloge | clock (large) |
| le pont | bridge | la devanture | shop-front |
| le bâtiment | building | l'étalage | (shop) display |
| le parc | park | l'école | school |
| le maire | mayor | la foule | crowd |
| l'appartement | flat | l'affiche | poster |

|  | Masc. |  | Fem. |
|---|---|---|---|
| le lycée | college | la coiffeuse | hair-dresser |
| le marchand | shopkeeper | la vendeuse | shop assistant |
| le concierge | the caretaker | la roue | wheel |
| l'atelier | workshop |  |  |

(8) *La S.N.C.F* (Société Nationale des Chemins de Fer Français—French Railway)

|  | Masc. |  | Fem. |
|---|---|---|---|
| le train | train | la gare | station |
| le rapide | express | l'entrée | way in |
| le quai | platform | la sortie | way out |
| le guichet | booking-office | la ligne | line (railway) |
| l'employé | clerk |  | system) |
| le billet | ticket | la voie | line (track) |
| le contrôleur | ticket-inspector | la locomotive | engine |
|  |  | la malle | trunk |
| le compostage des billets | the stamping of tickets | la valise | suitcase |
|  |  | la voyageuse | passenger |
| le chef de gare | stationmaster | la consigne | luggage office |
| le chef de train | guard | la douane | customs |
| le voyageur | passenger | la voiture | carriage |
| le buffet | buffet | la banquette | door (of a |
| le kiosque | kiosk | la portière | carriage) |
| le wagon-lit, le wagon-couchettes | sleeping-car | la glace | window (of a carriage) |
| le compartiment | compartment | la salle d'attente | waiting room |
| les bagages | luggage | la place | seat (place) |
| le filet, | rack (net) | l'étiquette | label |
| le porte-bagages, le charist à bagages | luggage trolley |  |  |
| le fourgon | luggage van |  |  |
| le mécanicien | engine-driver |  |  |
| le siège | seat |  |  |
| le signal | signal |  |  |
| le T.G.V. à grande vitesse) | advanced passenger train |  |  |

## (9) *La Campagne* (The Country)

| | *Masc.* | | *Fem.* |
|---|---|---|---|
| le bois | wood | la route | road |
| le champ | field | la colline | hill |
| le lac | lake | la montagne | mountain |
| l'étang | pond | la vallée | valley |
| le chemin | road, way | la haie | hedge |
| le sentier | path | la ferme | farm |
| l'arbre | tree | la grange | barn |
| le pont | bridge | la cour | yard |
| le moulin | mill | la chaumière | cottage |
| le village | village | la barrière | gate (farm) |
| le verger | orchard | l'herbe | grass |
| le ruisseau | brook | la feuille | leaf |
| le tracteur | tractor | la fleur | flower |
| le buisson | bush | la forêt | forest |
| l'oiseau | bird | la moisson | harvest |
| le coq | cock | la paille | straw |
| le canard | duck | l'échelle | ladder |
| le bœuf | ox | la pompe | pump |
| le mouton | sheep | la meule | rick |
| le cochon, | pig | la bêche | spade |
| le porc | | la brouette | barrow |
| le cheval | horse | l'écurie | stable |
| l'âne (m.) | donkey | l'étable | cow-shed |
| le lapin | rabbit | la charrette | cart |
| le chasseur | hunter, | la charrue | plough |
| | sportsman | la paysanne | country |
| le fermier | farmer | | woman |
| le paysan | countryman | la fermierè | farmer's wife, |
| le château | castle | | farm worker |
| le fossé | ditch | | (fem.) |
| le puits | well | la vache | cow |
| le blé | corn, wheat | la chèvre | goat |
| le maïs | sweetcorn, | l'abeille | bee |
| | maize | la mouche | fly |
| le tournesol | sun-flower | la poule | hen |
| le silo à grain | grain silo | l'oie | goose |
| l'engrais | fertilizer | la terre | earth, ground |
| le fumier | manure | la pierre | stone |

|         | *Masc.*    |              | *Fem.*       |
|---------|------------|--------------|--------------|
| le pommier | apple-tree | la boue      | mud          |
| le peuplier | poplar    | la poussière | dust         |
| le ciel | sky        | la pluie     | rain         |
| le soleil | sun       | la neige     | snow         |
| le nuage | cloud      | la passerelle | small bridge |
| le chêne | oak        |              |              |
| le sapin | fir        |              |              |
| le saule | willow     |              |              |
| le pré  | meadow     |              |              |

(10) *La Mer* (The Sea)

|            | *Masc.*             |               | *Fem.*           |
|------------|---------------------|---------------|------------------|
| le port    | port                | la plage      | beach            |
| le quai    | quay                | la jetée      | pier, jetty      |
| le bateau  | boat                | l'île         | island           |
| le navire  | ship                | la falaise    | cliff            |
| le paquebot | liner              | la côte       | coast            |
| le vaisseau | vessel             | la roche      | rock             |
| le canot   | rowing-boat         | la marée      | tide             |
| le phare   | lighthouse          | la barque     | fishing-boat     |
| le mât     | mast                | la cabine     | cabin            |
| le pont    | deck                | la voile      | sail, sailing    |
| le passager | passenger          | la cheminée   | funnel           |
| le marin   | sailor (any rank)   | la corde      | rope             |
| le matelot | sailor (able seaman) | la passerelle | gangway to shore, or captain's bridge |
| le sable   | sand                | l'ancre       | anchor           |
| le caillou | pebble, stone       | la marine     | navy             |
| le coquillage | shell            | la flotte     | fleet            |
| le rocher  | rock                | la vague      | wave             |
| le filet   | net                 | la tempête    | storm (gale)     |
| le pêcheur | fisherman           | la brume      | mist             |
| le poisson | fish                | la rame       | oar              |
| l'orage    | storm (rain)        | la baie       | bay              |
| le brouillard | fog              | la grève      | shore, shingle   |
| le vent    | wind                | l'étoile      | star             |
| le baigneur | bather             |               |                  |
| le naufrage | wreck              |               |                  |

| *Masc.* | | *Fem.* | |
|---|---|---|---|
| le pavillon | flag | la météo | weather fore-cast |
| le véliplan-chiste | windsurfer | la planche à voile | board sailing |
| le ski-nautique | water ski-ing | la plongée sous-marine | sub aqua diving |

## LES PAYS ET LES HABITANTS
### (Countries and Inhabitants)

| Le Pays | | L'Habitant | L'Adjectif | La Langue |
|---|---|---|---|---|
| l'Angleterre | England | l'Anglais | anglais | l'anglais |
| l'Écosse | Scotland | l'Écossais | écossais | |
| le Pays de Galles | Wales | le Gallois | gallois | le gallois |
| l'Irlande | Ireland | l'Irlandais | irlandais | |
| la France | France | le Français | français | le français |
| l'Allemagne | Germany | l'Allemand | allemand | l'allemand |
| l'Espagne | Spain | l'Espagnol | espagnol | l'espagnol |
| l'Italie | Italy | l'Italien (-nne) | italien | l'italien |
| la Suisse | Switzerland | le Suisse (-esse) | suisse | |
| la Belgique | Belgium | le Belge | belge | |
| la Hollande | Holland | le Hollandais | hollandais | le hollandais |
| la Russie | Russia | le Russe | russe | le russe |
| le Portugal | Portugal | le Portugais | portugais | le portugais |
| le Danemark | Denmark | le Danois | danois | le danois |
| la Suède | Sweden | le Suédois | suédois | le suédois |
| la Norvège | Norway | le Norvégien | norvégien | le norvégien |
| l'Autriche | Austria | l'Autrichien (-nne) | autrichien | |
| la Hongrie | Hungary | le Hongrois | hongrois | le hongrois |
| la Grèce | Greece | le Grec (-cque) | grec | le grec |
| les États-Unis | The United States | l'Américain | américain | |
| le Canada | Canada | le Canadien (-nne) | canadien | |
| le Japon | Japan | le Japonais | japonais | le japonais |
| la Chine | China | le Chinois | chinois | le chinois |
| les Indes ⎱ l'Inde ⎰ | India | l'Indien (-nne) | indien | |
| l'Afrique | Africa | l'Africain | africain | |
| l'Europe | Europe | l'Européen (-nne) | européen | |
| l'Asie | Asia | l'Asiatique | asiatique | |
| l'Australie | Australia | l'Australien (-nne) | australien | |
| l'Amérique | America | l'Américain | américain | |

*Note.*—All continents and countries ending in mute "**e**" in the above list are feminine.

**KEY TO EXERCISES**

## LESSON 1

**A.** La pendule, le fauteuil, la famille, l'enfant, le père, les fenêtres, le livre, la cheminée, les murs, le tableau.

**B.** Une pipe, un salon, un canapé, des chats, une mère, une fenêtre, des murs, un journal, un enfant, des tables.

**C.** 1. sommes; 2. sont; 3. suis; 4. êtes; 5. est; 6. a; 7. avez; 8. ont; 9. J'ai; 10. avons.

**D.** 1. Le salon a deux fenêtres et une porte. 2. La pendule est sur la cheminée. 3. Monsieur Dubois est assis dans un fauteuil devant le feu. 4. Madame Dubois est la mère: elle a un livre. 5. Pierre est le fils; Marie est la fille.

**E.** 1. Nous sommes dans la maison. 2. Les enfants sont devant la fenêtre. 3. Vous êtes derrière la table. 4. Marie est la fille. 5. Elle a un journal. 6. Les livres sont sur la cheminée sous le tableau. 7. Nous avons deux fenêtres et deux portes dans le salon. 8. Je suis derrière le fauteuil devant la lampe. 9. Le père a une pipe, et il a aussi un livre. 10. Monsieur et Madame Dubois ont une famille, un fils et une fille. 11. Le poste de télévision est dans un coin.

**F.** La Famille
La famille Legrand est dans le salon. Monsieur Legrand, le père, est assis sur le canapé devant la télévision. Madame Legrand, la mère, est devant la fenêtre avec Marie, la fille. Elles ont un livre. Le fils, Pierre, est assis sur le tapis devant le feu, avec le chat.

## LESSON 2

**A.** du café, des tasses, de la viande, de l'eau, du vin, des verres, du pain, des légumes, du sucre, du fromage, du beurre, de la couleur, des plats, du lait, des assiettes.

**B.** (*a*) petite; rouges; noir; petites; grande; jolis; pure; rouge; verts; blanche.

    (*b*) la lampe est grande, les tapis sont jolis, le livre est noir, les filles sont petites, la pendule est blanche.

**C.** du café, des tasses, de l'eau, de la viande, il y a trois chaises, ils ont quatre assiettes, la tasse est petite, les fleurs sont jolies, les chaises sont grandes, l'eau est pure, le lait et le sucre sont blancs, est-ce qu'il y a du pain? est-ce qu'il y a des fleurs? de quelle couleur est le vin? comment est la salle à manger?

**D.** La salle à manger est petite. Il y a quatre chaises et une table dans la salle à manger. Sur la table il y a une nappe. Elle est verte. Il y a aussi des assiettes, des couteaux, des cuillers et des fourchettes.

Est-ce qu' il y a une tasse sur la table? Oui, il y a trois tasses et un verre.
Les tasses sont petites.

Qu'est-ce qu' il y a dans les tasses? Il y a du café dans les tasses. Qu'est-
ce qu' il y a dans le verre? Il y a du vin. Le café est noir et le lait est blanc. Il
y a aussi de la viande sur un plat, et il y a des légumes sur une assiette.

Est-ce qu' il y a des fleurs? Oui, il y a des fleurs dans un vase. Comment
est le vase? Il est joli; il est vert et brun. De quelle couleur sont les fleurs?
Elles sont rouges et blanches.

E.   La table est grande. Elle est jolie. Sur la table il y a une nappe. Elle est
     rouge. Sur la nappe il y a des assiettes et des tasses. Elles sont blanches. Il
     y a aussi un vase. Il est blanc. Dans le vase il y a des fleurs rouges.

## LESSON 3

A.   1. porte;  2. arrivons;  3. achètent;  4. regardez;  5. va;  6. J'entre;
     7. demande;  8. vont;  9. rentrons;  10. quittez.

B.   du marchand, des médecins, de l'amie, de la femme, du restaurant, des
     pommes, de la maison, du coin, de l'autobus, de la rue.

C.   à la ville, à l'amie, au marchand, au cinéma, aux médecins, à la place, à
     l'auto, au coin, aux magasins, au marché.

D.   1. joli; dans les;  2. composte;  3. donne; apporte;  4. regardent;
     elles;  5. du; vont.

E.   de bonne heure, au coin de la rue, aux magasins, près de la boutique/près
     du magasin, les vitrines sont gaies, la femme du marchand, le prix des
     légumes, à cinq heures, la voiture de l'ami, le chapeau de Madame
     Dubois, à la place du marché, le fils du médecin, nous allons au cinéma,
     quel beau chapeau!, d'abord, six francs le kilo, je monte dans l'autobus,
     est-e qu' ils déjeunent au restaurant? où est-ce qu' il va?

F.   Madame Dubois arrive de bonne heure à la ville. Elle va dans les
     magasins avec une amie qui est la femme du médecin. Elles achètent deux
     robes qui sont très jolies. Puis elles vont ensemble au marché où elles
     admirent les légumes et les belles fleurs. Elles regardent aussi les fruits. Le
     fils du marchand apporte un panier et il donne des pommes à l'amie de
     Madame Dubois.

     Elles déjeunent dans un restaurant près du marché. A deux heures
     Madame Dubois va au cinéma, mais la femme du médecin monte dans
     l'autobus au coin de la rue.

G.   Le Marché
     Madame Martin va au marché de bonne heure. Elle monte dans le bus
     au coin de la rue avec un grand panier. Elle admire les jolies fleurs et elle
     regarde les beaux fruits. Elle achète des légumes et aussi des fruits. Elle
     demande au marchand le prix des pommes. "Combien le kilo?" "Neuf
     francs, madame." Elle achète deux kilos de pommes et elle donne de

l'argent à la femme du marchand. Puis elle rentre à la maison où elle déjeune.

La Ville

Marie va en ville avec son amie Françoise. Elles regardent les vitrines des magasins. Elles admirent les robes. Puis elles entrent dans une boutique près de la place du marché et elles achètent deux robes. Marie achète une robe verte et Françoise une robe blanche et rouge. Quand elles quittent la boutique, elles rencontrent Pierre, le frère de Marie, qui est avec son ami Nicolas. Ils entrent dans un restaurant qui est près de la boutique. Ils déjeunent ensemble. Quand ils quittent le restaurant ils vont au cinéma. Puis ils rentrent à la maison ensemble dans la voiture de Nicolas.

## LESSON 4

**A.** 1. dites; 2. disent; 3. lit; 4. lisons; 5. lisent; 6. pars; 7. partez; 8. prennent; 9. prenons; 10. êtes.

**B.** (a) 1. Monsieur Dubois, porte-t-il un chapeau?/Est-ce que Monsieur Dubois porte un chapeau? 2. Est-il en retard?/Est-ce qu'il est en retard? 3. A-t-il un parapluie?/Est-ce qu'il a un parapluie? 4. Monsieur Dubois et son ami déjeunent-ils?/Est-ce que Monsieur Dubois et son ami déjeunent? 5. Y a-t-il beaucoup de lettres?/Est-ce qu'il y a beaucoup de lettres? 6. Est-ce que je dicte la réponse? 7. Les enfants vont-ils au cinéma?/Est-ce que les enfants vont au cinéma? 8. Suis-je fatigué?/Est-ce que je suis fatigué? 9. Le monsieur prend-il un billet?/Est-ce que le monsieur prend un billet? 10. Achète-t-elle un journal?/Est-ce qu'elle achète un journal?

(b) 1. Monsieur Dubois ne porte pas de chapeau. 2. Il n'est pas en retard. 3. Il n'a pas de parapluie. 4. Monsieur Dubois et son ami ne déjeunent pas. 5. Il n'y a pas beaucoup de lettres. 6. Je ne dicte pas de réponse. 7. Les enfants ne vont pas au cinéma. 8. Je ne suis pas fatigué. 9. Le monsieur ne prend pas de billet. 10. Elle n'achète pas de journal.

**C.** 1. son; 2. nos; 3. leurs; 4. son; 5. mon; 6. votre; 7. ta; 8. notre; 9. son; 10. leur.

**D.** des billets, de la viande, de l'eau, du pain, beaucoup de café, je n'ai pas de vin, des légumes, peu de lettres, elle n'a pas de timbres, trop d'eau.

**E.** combien de clients?, peu de trains, un peu d'eau, assez de travail, trop de pommes, un verre de lait, plusieurs livres, la plupart des lettres, nous n'avons pas de timbres, n'avez-vous pas de billets?

**F.** Monsieur et Madame Dubois et leurs enfants prennent le petit déjeuner à huit heures. Monsieur Dubois n'a pas trop de temps. Il part pour la gare, où il achète son journal.

Quand il arrive à Paris il rencontre son ami Monsieur Lebrun et ils vont ensemble à leur bureau. Monsieur Dubois demande à sa dactylo: "Y a-t-il beaucoup de lettres aujourd'hui?" Elle dit: "Non, il y a peu de courrier, monsieur." Elle est assise devant sa machine à écrire, et beaucoup de papier, de stylos et de crayons. Monsieur Dubois dicte des lettres jusqu'à midi. Puis il va déjeuner.

Après le repas il cause avec ses clients, et à quatre heures il téléphone à sa femme: "Nous allons au cinéma après dîner, d'accord?" Il y a peu de clients, et je n'ai pas trop de travail. Je rentre par le train de six heures."

## LESSON 5

**A.** 1. finissons; 2. finit; 3. finis; 4. jetez; 5. obéit; 6. jette; 7. punissez; 8. saisissons; 9. sortent; 10. joue.

**B.** large, située, chère, bonne, belle, heureuse, douce, active, longue, blanche, cruelle, vieille, parisienne, rouge, sèche, nouvelle, fraîche, muette, grosse, épaisse.

**C.** blanche, bel, bonnes, épaisse, fraîche, longues, fière, vieille, vertes, délicieuse.

**D.** (a) l'herbe fraîche; 2. la belle auto; 3. le nouvel ami; 4. la mère fatiguée; 5. la vieille maison; 6. une bonne chambre confortable; 7. la première maison verte; 8. des fleurs blanches et rouges; 9. les hautes cheminées noires; 10. de jolis petits jardins.

(b) 1. Chaque maison est basse. 2. Nous avons des fleurs blanches et rouges. 3. Un bel escalier monte au premier étage. 4. Les cheminées sont larges et hautes. 5. Plusieurs amis sont pauvres.

**E.** de bons amis, un vieil animal, nous punissons quelquefois, à la campagne, on jette une balle, des lits confortables, près du joli jardin, au milieu de la pelouse, au premier étage, du mauvais vin.

**F.** Notre jolie maison est située au milieu de la campagne, à neuf kilomètres de Rouen. Elle a deux étages, et quatre cheminées, et elle est entourée d'une haie épaisse.

Au rez-de-chaussée, on trouve un petit vestibule, un salon, une salle à manger et une grande cuisine où ma mère prépare les repas.

On monte au premier étage par un long escalier. Il y a trois chambres confortables et une salle de bain blanche. Chaque chambre a de beaux meubles et des volets verts.

Devant la maison il y a un joli jardin avec une large pelouse et des plates-bandes. Les fleurs sont très belles et mon père est fier de sa pelouse verte. Au fond de notre jardin notre chien Bijou joue avec sa vieille balle dans l'herbe épaisse. Nous saisissons et nous jetons la balle, et il apporte la petite balle rouge entre ses dents.

**G.　Ma Maison**

Ma maison est jolie et gaie. Sous la maison il y a un grand garage. On monte au premier étage par un large escalier et on entre par un vestibule. Il y a une grande salle de séjour avec une grande porte-fenêtre (French window) qui donne sur le jardin, et à côté il y a une belle cuisine blanche et rouge. Au fond du vestibule il y a quatre portes, la porte de la salle de bain et les portes des trois chambres. Ma maison est blanche et toutes ses fenêtres ont des volets verts.

Mon Jardin

Mon jardin est petit. Il est situé en ville à un kilomètre du Vieux-Port. Il est entouré de hautes maisons. Il n'a pas de haie et il n'a pas de pelouse, mais dans mon jardin on trouve beaucoup de belles fleurs blanches et rouges.

Mon Chien

Mon chien est vieux et il ne joue pas beaucoup. Il aime sortir dans le jardin. Il est gentil avec les enfants et on ne le punit pas quand il n'obéït pas.

## RÉVISION

### (Lessons 1–5)

**A.**　ils sont, êtes-vous? (est-ce que vous êtes?), ont-ils? (est-ce qu'ils ont?) il y a, y a-t-il? (est-ce qu'il y a?), il n'y a pas, elle n'est pas, nous ne sommes pas, a-t-il? (est-ce qu'il a?), ils donnent, est-ce que je donne?, nous ne parlons pas, parle-t-elle? (est-ce qu'elle parle?), j'achète, il ne finit pas, nous finissons, choisit-il? (est-ce qu'il choisit?), ils vont, va-t-elle? (est-ce qu'elle va?), ils lisent, elle ne lit pas, vous dites, prend-il? (est-ce qu'il prend?), nous prenons, je ne sors pas, sortent-ils? (est-ce qu'ils sortent?), ils jettent, nous jetons, vous achetez.

**B.**　de l'eau, du pain, de la viande, des tasses, le journal de l'homme, la porte de la maison, le livre du fils, les fenêtres des pièces, l'ami(e) de Marie, au marché, à l'homme, aux jardins, près du mur, beaucoup de chiens, trop d'assiettes, un verre de vin, sa mère, son chat, nos ami(e)s, leur voiture.

**C.**　1. Le petit livre vert est sur la cheminée du salon.　2. Sur la table de la salle à manger, il y a des assiettes et des verres.　3. J'achète de belles pommes rouges au marché.　4. La mère de Marie porte une jolie robe blanche.　5. Nous finissons nos leçons et nous allons au cinéma.　6. Leurs amis ont beaucoup de crayons, mais peu de stylos.　7. Sa voiture n'est pas rouge; elle est noire et verte.　8. Son père va au bureau et lit ses lettres.　9. Vendez-vous du vin? Non, nous n'avons pas de vin.　10. Le fils du marchand donne un panier au vieil homme.

**D.**　(a) Madame Leroux va en ville avec ses enfants Véronique et Julien. Ils quittent la maison de bonne heure. Ils montent dans l'autobus, Place de la République. Ils arrivent en ville Avenue Cambronne. Il y a un marché. Les enfants admirent les belles fleurs et les fruits exotiques. Madame Leroux demande le prix des dates fraîches. Mais c'est trop cher. Puis ils vont dans les grands magasins. Ils achètent des shorts, des tee-shirts et des sandales pour toute la famille. Ils rentrent à la maison pour déjeuner.

(b) Notre maison est très vieille. Elle n'a pas d'étage. On entre directement dans la cuisine. Il y a une toute petite fenêtre à côté de la porte. La porte reste (remains) toujours ouverte pour avoir de la lumière (light). De chaque côté de la cuisine il y a une chambre avec un grand lit haut avec des rideaux (curtains). Les fenêtres sont petites et les portes sont basses (low).

**E.** 1. Dans le salon il y a un canapé, deux fauteuils, une table, un tapis et des tableaux. 2. La famille Dubois est dans le salon. 3. Sur la table de la salle à manger il y a une nappe et des serviettes, des couteaux, des fourchettes, des verres et des assiettes. 4. Madame Dubois achète des pommes au marché. 5. Elle rencontre son amie, la femme du médecin. 6. Monsieur Dubois part pour la gare à huit heures et demie (8.30). 7. Il a deux enfants. 8. J'achète des timbres à la poste. 9. Les fleurs sont blanches et rouges. 10. Le jardin de Monsieur Dubois est joli. Il est entouré d'une haie épaisse. Il y a de belles fleurs.

## LESSON 6

**A.** 1. vendent; 2. réponds; 3. boit; 4. buvons; 5. fait; 6. attend; 7. vendons; 8. boivent; 9. faites; 10. faisons.

**B.** mesdames, ces messieurs, les nouveaux journaux, ils portent leurs chapeaux gris, nous avons de vieux bateaux, vous êtes nos fils, nous regardons les beaux cieux, ils font ces trous, elles ont des cailloux blancs.

**C.** ce bateau, cette rivière, cet homme, ces pêcheurs, ces femmes, cet ami, ce lac, ces bancs, cette femme, ce garçon.

**D.** ce bateau, cette rivière, tous ces gâteaux, cet oiseau, ce canard-ci et ce canard-là, nous allons tous, il fait très chaud, à notre retour, il fait une promenade, au bord du lac.

**E.** Madame Dubois fait une promenade avec ses enfants dans le parc. Il fait beau, et ils louent un bateau pour faire un tour sur le lac. A leur retour ils vont à un kiosque où l'on vend toutes sortes de choses, et, assis sur l'herbe, ils boivent de la limonade. Madame Dubois achète aussi des petits pains et des gâteaux.

"Voilà un joli canard vert," crie Marie, et elle jette des morceaux de pain à l'oiseau.

"Ce cygne-ci est noir," dit sa mère, "mais ce cygne-là est blanc."

Pendant qu'ils regardent de vieux messieurs qui pêchent au bord de l'eau, Bijou fait des trous dans les plates-bandes.

A ce moment le gardien arrive. Il est très fâché et il crie: "Que fait ce chien? Regardez toutes ces fleurs." Bijou n'aime pas cet homme; il part à toute vitesse pendant que Madame Dubois parle au gardien.

**F.**  Une Promenade

Comme il fait beau Marie-Hélène et son frère Christophe partent faire une promenade avec leurs amis d'école Sébastien et Isabelle. Ils arrivent au bord de la rivière et ils louent un bateau.

A un moment la rivière traverse un grand parc avec un beau château au milieu d'une grande pelouse. Il est entouré de haies et de plates-bandes avec des fleurs de toutes sortes. Il y a aussi un petit lac devant le château avec des cygnes et des canards.

Il fait très chaud et comme l'eau est claire, les enfants jouent dans l'eau avec leur balle. Mais le gardien du château arrive et il est très fâché.

Comme il est midi, tout le monde retourne au bateau et rentre à la maison pour déjeuner.

### LESSON 7

**A.**  1. venons;  2. viennent;  3. viens;  4. Regarde;  5. Finis;  6. voit;  7. voyez;  8. voient;  9. Parle;  10. Vendez.

**B.**  1. Je les regarde.  2. Il lui envoie.  3. Je l'invite.  4. Nous en avons beaucoup.  5. Ils y vont.  6. Vous la donnez.  7. Regardez-le.  8. Parlez-leur.  9. Ne la demandez pas.  10. Il les lui donne.

**C.**  regarde, regardons, regardez; finis, finissons, finissez; fais, faisons, faites; dis, disons, dites; sois, soyons, soyez

**D.**  (a) Je le donne, nous les avons, il me vend, ils lui parlent, elle y va, vous en avez (or tu en as), je les finis, nous les donnons, le voici, vous voilà, lui parlez-vous? (or lui parles-tu?), ils ne les vendent pas, il me voit, elle nous parle, j'en ai beaucoup.

(b) Je vous le donne, il me les vend, nous leur en parlons, je la leur montre, ils m'en donnent, me le donnez-vous? (or me le donnes-tu?), nous ne leur en donnons pas, nous les vendez-vous? (or nous les vends-tu?), je veux vous voir (or je veux te voir), nous allons les trouver.

(c) Donne-le or donnez-le, vendez-nous or vends-nous, finissons-les, donnons-lui, vas-y or allez-y, vends-le-moi or vendez-le-moi, donne m'en or donnez m'en, ne le prends pas or ne les prenez pas, ne leur en donnons pas, ne me le dis pas or ne me le dites pas.

**E.**  PETER: Entre, Jean-Marc! Je viens de trouver mon album de timbres et j'y colle des timbres.

JEAN-MARC: Ah, je collectionne des timbres aussi. Montre-le-moi, s'il te plaît.

PETER: Le voici. Regarde ces timbres du Maroc. Ma tante m'en envoie souvent. Si tu en veux, Jean-Marc, j'en ai beaucoup. Voyons. En voici trois. Les veux-tu? Prends-les alors.

JEAN-MARC: Merci beaucoup. Je vais les mettre dans cette enveloppe jusqu'à ce soir, quand j'ai l'intention de les coller dans mon album.

PETER: Ne les oublie pas. Qu'est-ce que tu fais cet après-midi? Mes parents vont à Chartres en voiture. Nous y allons souvent. La cathédrale est belle. Il faut la voir. Rentre chez toi vite et dis à ta mère que tu vas nous accompagner.

JEAN-MARC: Tu es très sympa. Je lui demande toujours la permission d'abord.

PETER: Sois ici à deux heures alors.

F.  FRANÇOISE: Ah, te voilà, Jean-Marie! Je suis en train de coller quelques photos dans mon album. Je vais te le montrer. Regarde.

JEAN-MARIE: Elles sont superbes tes photos. Tu es une artiste! Moi aussi je colle mes photos de vacances dans un album. J'en ai beaucoup de Bretagne parce que j'y vais tous les ans chez mon oncle Marcel et ma tante Yvonne. Ils viennent de m'acheter une bicyclette pour mon anniversaire. Tu as bien une bicyclette ici chez toi?

FRANÇOISE: Oui, j'en ai une vieille.

JEAN-MARIE: Alors, que penses-tu d'une promenade? Il fait beau aujourd'hui.

FRANÇOISE: Je veux bien mais il faut d'abord demander la permission à mes parents. Où as-tu l'intention d'aller?

JEAN-MARIE: Il y a une très belle église romane à St Cado et la route est très pittoresque pour y aller. Qu'en penses-tu?

FRANÇOISE: D'accord . . . mais d'abord je vais en parler à ma mère. Attends une minute.

JEAN-MARIE: D'accord.

## LESSON 8

A.  1. ouvre;    2. mettons;    3. ouvrez;    4. mettent;    5. s'habille; 6. nous couchons;  7. se lèvent;  8. vous lavez;  9. nous parlons; 10. me réveille

B.  ils se voient, ils se parlent, il ne se lève pas, vous réveillez-vous? (or te réveilles-tu?), levons-nous, lavez-vous (or lave-toi), réveillez-vous (or réveille-toi), habillons-nous, ne vous levez pas (or ne te lèves pas), n'allez pas au lit (or ne va pas au lit)

C.  vraiment, bien, facilement, doucement, peu, évidemment, profondément, mal, rarement, premièrement

D.  vite, en bas, soudain, tôt (or de bonne heure), tout de suite, bientôt, nous allons souvent, il travaille dur, nous avançons vite (or rapidement), vous travaillez peu

**E.** Les enfants font leurs devoirs. Il y a une pendule sur la cheminée. Madame Dubois la regarde, puis elle leur dit: "Allez au lit maintenant. Il est tard, et je suis très fatiguée. Papa travaille dur dans son bureau."

Madame Dubois et les enfants vont au lit et bientôt ils s'endorment. Soudain Madame Dubois se réveille. Elle entend un bruit en bas dans le jardin. Elle cherche sa robe de chambre, la met et s'approche de la fenêtre. Elle l'ouvre doucement et écoute. Elle l'entend encore.

A ce moment Monsieur Dubois l'entend aussi. Il sort dans le jardin.

Sa femme se dit: "Le voilà encore. C'est certainement un cambrioleur qui est en bas." Elle ramasse vite un soulier et le jette par la fenêtre. Le soulier frappe M. Dubois sur la tête.

Il crie, "N'aie pas peur. C'est ton mari."

Puis Monsieur Dubois voit le soulier de sa femme. Il le ramasse et le lui rend.

**F.** Cette aventure se passe un soir tard chez les Dubois. Tout le monde dort. Mais un bruit en bas réveille Pierre. Il réveille sa sœur et ils descendent voir. Avec le balai de leur mère ils s'avancent silencieusement vers la salle à manger d'où sort toujours un bruit mystérieux. Ils voient un homme devant le buffet. L'homme se retourne. C'est leur père qui cherche un décapsulateur parce qu'il a soif. Ils boivent de la limonade ensemble et puis ils vont se coucher.

## LESSON 9

**A.** elle se réveille, nous allons au lit, ils se lavent, il s'assied (or il s'asseoit), vous asseyez-vous?, nous ne nous reposons pas, il se lève, est-ce qu'ils se baignent?, ils s'asseyent (or ils s'asseoient), est-ce qu'elle va au lit?

**B.** quinze, quarante, cinquante et un, dix-neuf, treize, soixante, trente-six, quatorze, vingt et un, seize, la première semaine, le cinquième jour, la neuvième année, la douzième heure, la vingtéunième minute.

**C.** minuit, midi et demi, neuf heures dix, huit heures quinze, trois heures trente, quatre heures quarante cinq (or quatre heures trois-quarts), onze heures cinquante (or midi moins dix), six heures cinquante cinq (or sept heures moins cinq), deux heures de l'après-midi (or quatorze heures), une demi-heure, un quart d'heure, vers une heure, à dix heures précises, le train de dix-sept heures quarante, à sept heures du soir.

**D.** en hiver, au printemps, l'été dernier, août, en avril, le premier juin, le vingt février, mercredi, samedi, tous les mardis, jeudi prochain, le soir, l'année dernière, quel âge avez-vous?, j'ai vingt-cinq ans.

**E.** J'ai seize ans et j'habite dans un petit village à la campagne à trente kilomètres de Paris.

Je me réveille d'habitude à sept heures moins le quart et je prends le petit déjeuner avec mes parents à sept heures et demie.

Je pars pour l'école à huit heures moins dix et je vais souvent dans la voiture de mon père. Je suis élève de seconde et nous commençons nos leçons à huit heures et quart le matin, et nous travaillons jusqu'à midi.

Après déjeuner nous travaillons jusqu'à seize heures vingt. Le soir j'ai toujours beaucoup de devoirs; le jeudi soir je vais souvent à la Maison des Jeunes avec mes ami(e)s, mais mon père va au café du village jouer aux cartes ou au billard.

Le dimanche je joue au tennis l'après-midi, s'il fait beau, ou je lis un roman s'il fait mauvais temps. Après dîner j'écoute ma radio-cassette ou je regarde la télé(vision).

En août nous allons en vacances (or nous prenons nos vacances). Nous allons tous au bord de la mer, et mes parents choisissent toujours Chose-sur-Mer.

Tous les matins je me baigne mais quelquefois l'après-midi nous allons faire une promenade en voiture à la campagne.

Je m'amuse beaucoup au bord de la mer; je retourne à l'école le 5 septembre.

**F.** J'ai quarante-cinq ans et j'habite un grand appartement à cinq kilomètres du centre de Marseille. Je suis médecin et je travaille tous les matins à l'hôpital. Mon mari travaille dans un bureau à l'Electricité de France. J'ai deux filles qui sont au lycée. L'aînée a dix-sept ans et est en classe terminale. L'an prochain elle ira en faculté. La deuxième est en quatrième. Elle ne se fatigue pas beaucoup. Elle va faire de la planche à voile (boardsailing) quand sa soeur fait ses devoirs après l'école, quand il fait beau. Mon mari et moi nous aimons camper et nous allons tous faire du camping en Corse (Corsica) au mois d'août tous les ans.

## LESSON 10

**A.** il me parle, j'en ai, il me les vend, nous vous les montrons, ils y vont, il me le donne, je lui en donne, prends-le (or prenez-le), allons-y, apporte-les-moi (or apportez-les-moi), vendons-lui-en! ne le vends pas (or ne le vendez pas), n'y va pas (or n'y allez pas), dis-le-moi (or dites-le moi), ne me le dis pas (or ne me le dites pas).

**B.** en Angleterre, un Chinois, des Français, elle est anglaise, au Japon, de France, à Paris, à Londres, du Japon, en Angleterre, de Rouen, je parle français, une rue chinoise, réponds (or répondez) en anglais, j'aime l'anglais, il s'appelle Charles, je suis soldat, tu as (or vous avez) les cheveux bruns, nous avons froid, ils ont soif.

**C.** Un jeune Français qui voyage en Angleterre va un jour dans un petit restaurant à Londres.

Il a faim, et il veut commander du boeuf avec des pommes de terre et des champignons.

Il ne parle pas anglais, alors il dessine sur une feuille de papier, un boeuf, des pommes de terre et un champignon.

Puis il appelle le garçon et les lui montre. Le garçon a l'air de comprendre; il s'en va et bientôt il lui apporte du bœuf et des pommes de terre, mais il n'y a pas de champignons.

Le Français n'est pas content. Il lui montre le champignon sur la feuille de papier et dit en français "Apportez-moi des champignons aussi, s'il vous plaît."

Le garçon sort et après quelques minutes il lui apporte un parapluie. "Voici, monsieur" dit-il. Le Français se dit: "Ces Anglais sont vraiment drôles." Mais le garçon se dit: "Pourquoi n'est-il pas content? Il dessine un parapluie sur une feuille de papier et je lui en apporte un.—Ah! mais c'est peut-être un champignon, son parapluie!"

A ce moment-là le Français se lève, paie l'addition et sort dans la rue, et le garçon rit de son erreur.

**D.**  Un homme d'affaires anglais se perd dans les rues de Pékin. Au bout d'un moment, comme il est fatigué et qu'il a faim, il entre dans un restaurant chinois et demande à manger, mais il ne parle pas chinois et le garçon ne comprend pas l'anglais. Alors il dessine un canard sur une feuille de papier et fait des signes pour dire qu'il veut manger du canard. Le garçon a l'air de comprendre et bientôt il lui apporte un pâté qui est très bon. Quand le garçon apporte l'addition l'Anglais dit "couac couac" pour demander si c'est bien du canard, mais le garçon hoche la tête négativement et dit "ouah, ouah". L'Anglais a tout de suite mal à l'estomac, paie et sort à toute vitesse. Il rencontre un compatriote un peu plus loin et lui explique sa mésaventure. L'autre Anglais connaît un restaurant anglais et ils y vont ensemble. L'homme d'affaires commande un bifteck-frites et de la bière, et très vite il oublie le pâté de chien.

## REVISION
### (Lessons 6–10)

**A.**  ils vendent, est-ce que je vends? nous buvons, ils boivent, tu fais (or vous faites), est-ce qu'ils font? (or font-ils?), il ouvre, je ne mets pas, nous mangeons, nous commençons, je me lève, te lèves-tu? (or vous levez-vous?), ils vont au lit, il ne s'habille pas, nous nous retournons, se lave-t-il? (or est-ce qu'il se lave?), elle s'assied (or elle s'asseoit), ils s'asseyent (or ils s'asseoient), ils viennent, est-ce qu'il voit? finissons, vends (or vendez), ayons, sois (or soyez) sage, dis (or dites) -moi.

**B.**  je le vends, nous en avons, ils y vont, elle leur parle, nous lui en donnons, ils nous le disent, il me les vend, finissons-les, vends (or vendez) -le, donne (or donnez) -les-nous, donne-m'en, lève-toi (or levez vous), asseyons-nous, lave-toi, ne le fais (or ne le faites pas) pas, ne leur parlons pas, ne te lève pas (or ne vous levez pas), fais (or faites) -le, en mangeons-nous? les vois-tu? (or les voyez-vous?)

**C.**  (a) seize, trente-neuf, cinquante et un, le quinzième, le premier, le vingtéunième, à midi et demi, six heures dix, neuf heures moins le quart, huit heures moins cinq.

(b) en hiver, au printemps, en mai, le premier avril, le quatorze juillet, le mardi, tous les dimanches, l'après-midi, à trois heures du matin, bonjour.

(c) en Espagne, en Angleterre, au Japon, à Douvres, à Londres, une Française, des Allemands, il parle italien, réponds (or répondez) en français, un chien anglais.

**D.** ces messieurs, ces femmes, cet homme, j'ai soif, nous avons chaud, elle a faim, il fait beau, il fait très froid, il est docteur, elle a les yeux bleus.

**E.** 1. Ces timbres-ci sont bleus, ces timbres-là sont gris. 2. Ces vieux châteaux français sont vraiment très beaux. 3. Monsieur Smith va souvent en France en été. 4. Ma sœur, qui a seize ans, arrive de Nice, mardi. 5. Parle-t-elle anglais? Non, elle ne parle pas bien.

**F.** Mes Habitudes

En vacances, je me lève tard vers huit heures et demie. Je vais chercher du pain frais et des croissants à la boulangerie et j'achète le journal en passant. Puis je rentre à la maison et je fais le café. Je lis le journal en mangeant mon petit déjeuner. Plus tard je vais au marché et je rentre préparer le déjeuner. L'après-midi je lis un peu et puis je pars faire une promenade. Souvent je vais me baigner à la plage. Quand je reviens à la maison j'ai faim et je dîne. Après dîner je lis où j'écris et je fais un petit tour avant d'aller me coucher.

Ma Journée

Je me lève toujours de bonne heure vers six heures, et je vais faire une promenade avec mon chien avant le petit déjeuner. Je pars pour le travail en voiture à sept heures et demie. Quand je rentre à la maison le soir, je prends un bain et puis je vais faire un peu de travail au jardin. Après dîner je regarde la télévision ou je choisis une cassette vidéo et je regarde souvent un vieux film anglais.

**G.** 1. Je m'appelle Henri. 2. J'ai trente-deux ans. 3. J'habite à Bordeaux. 4. C'est le 11 novembre. 5. Il fait gris et doux. 6. Il est dix-neuf heures dix. 7. Je passe les vacances d'été en Bretagne, généralement. 8. Non, je ne joue pas du piano mais je joue du violon. 9. Je joue au tennis. 10. Oui, j'aime beaucoup le français.

## LESSON 11

**A.** soixante et un, soixante-treize, quatre-vingts, quatre-vingt-un, quatre-vingt-quatorze, quatre-vingt-dix-sept, cent, cent un, trois cents, quatre cent vingt-cinq, mille, mille un, cinq mille, quatre mille quatre cent trente-six, le soixante-dixième, le quatre-vingtéunième, le deux cent cinquième, le millième, en l'an dix-neuf cent cinquante, en l'an dix-sept cent quatre-vingt-neuf.

**B.** une douzaine de magasins, une vingtaine de touristes, une centaine de livres, soixante-quinze environ, des milliers de livres, cette rue a trois cents mètres de long, une montagne de deux milles mètres de haut (or d'altitude), cette pièce fait cinq mètres de long sur quatre mètres de large, trois et demi, la moitié du pays, deux fois douze font vingt-quatre, à cinq francs la douzaine, les trois premiers rois, Napoléon premier.

**C.** un plus grand pays, le pays le plus grand, une meilleure ville, de plus beaux magasins, les rues les plus belles, les meilleurs quartiers de Paris, une province plus importante, des champs plus verts, le département le plus riche de France, une province moins importante, la région la moins riche, aussi grand que l'Angleterre, la France n'est pas aussi grande que la Russie, les plus petits ponts, les pires idées.

**D.** Je connais la France, il sait le français, connaissez-vous Pierre?, nous savons qu'il est riche, ils connaissent la rue, je sais où il habite, il connaît Paris, elle sait nager, nous les connaissons, ils le savent.

**E.** Pour connaître les Anglais il faut connaître leur langue et leur pays.
L'Angleterre est beaucoup moins étendue que la France. Elle couvre 130.000 kilomètres carrés, et elle a 55 millions d'habitants. Londres, sa plus grande ville, a plus de huit millions d'habitants.
L'Angleterre est avant tout un pays industriel et certains de ses produits sont encore les meilleurs du monde.
Elle est divisée en quarante comtés, et chaque comté a son caractère et sa capitale.
Dans le centre et dans le nord on trouve les régions industrielles les plus importantes avec une vingtaine de très grandes villes.
Dans l'ouest se trouvent les comtés du Devonshire, avec ses fermes et ses vergers, et de la Cornouailles avec ses pêcheurs. Leurs côtes sont les plus belles de l'Angleterre et des milliers de touristes y vont en été.
Dans l'est, une province plate, on trouve les meilleures régions agricoles.
La Tamise, le fleuve le plus important, long de 350 kilomètres, divise Londres en deux parties. La plupart des principaux bâtiments à Londres se trouvent sur la rive gauche. Ne manquez pas de visiter Hampton Court, le palais d'Henri VIII, construit en 1520.

**F.** Ce qui me frappe (strikes) toujours quand j'arrive en France, c'est l'impression d'espace. Les routes sont larges et droites, et les voitures peu nombreuses. La campagne paraît vaste et presqu'inhabitée (uninhabited), les villages sont éloignés les uns des autres (far from each other). C'est indiscutable, la France n'est pas surpeuplée comme l'Angleterre!
Et puis j'arrive au bord de la mer au mois d'août et cette impression est immédiatement détruite (destroyed). Les plages, les terrains de camping sont surpeuplés, à cause d'un phénomène typiquement français: la France entière (the whole of France) prend ses vacances au mois d'août. Et parmi les français qui partent en vacances la grande majorité préfère le

bord de la mer, en France. Les usines, les magasins sont fermés, les grandes villes sont désertes (deserted). C'est le moment de visiter Paris!

## LESSON 12

**A.** 1. qui; 2. qui; 3. que; 4. qui; 5. qu'; 6. qui; 7. qui; 8. que; 9. qu'; 10. qui.

**B.** 1. à qui; 2. avec laquelle; 3. où (or dans laquelle); 4. dont; 5. dont; 6. où; 7. avec qui; 8. ce qui; 9. ce que; 10. ce qu'.

**C.** 1. La dame dont nous çonnaissons le fils. 2. Les hommes parmi lesquels il travaille. 3. La route que prend la voiture. 4. Le jour où il arrive. 5. Il se frappe la tête, après quoi il tombe. 6. La place que je choisis est confortable. 7. Le chat auquel je parle est intelligent. 8. Ce qu' il dit est intéressant. 9. Je pense qu'il est à Paris. 10. Un soir que je ne travaille pas.

**D.** La banlieue où j'habite est très agréable.

Notre maison est située dans une rue bordée d'arbres qui sont très beaux en été.

Ma chambre, devant laquelle il y a un balcon, donne sur notre jardin dont mon père est très fier.

Près de notre rue il y a un parc, au milieu duquel il y a un bassin ornemental.

Mon oncle Robert, dont je parle souvent et que j'aime beaucoup, arrive à Londres ce soir. D'habitude il m'apporte des timbres et j'espère qu'il ne les oublie pas cette fois-ci.

Les timbres qu'il me donne sont quelquefois rares.

**E.** Quand un voyageur monte dans le train de Boulogne à la Gare du Nord, il demande à un employé de dire au chef de train qu'il descend à la gare de Choix et que, parce qu'il est très fatigué, il a peur de s'endormir et de ne pas se réveiller à temps. L'employé fait la commission (passes the message) au chef de train qui promet (promises) de réveiller le voyageur à Choix. Le chef de train écrit le numéro du wagon pour ne pas faire d'erreur. Malheureusement, il perd le bout de papier. En arrivant à la gare de Choix, il cherche le voyageur endormi et quand il voit un monsieur qui dort à poings fermés il l'appelle, le secoue et comme il ne bouge pas, il l'entraîne de force sur le quai. Le voyageur n'est pas du tout content et lui crie des injures, et le chef de train se demande bien pourquoi. Mais quand le train arrive à Boulogne, tout le monde descend, sauf un monsieur qui dort toujours paisiblement.

Un Voyage En Train.

Jean-Jacques va passer des vacances en Angleterre chez des amis de son professeur d'anglais. Juste avant le départ du train pour Calais son professeur arrive à la gare, lui souhaite bon voyage et lui demande

d'emporter un petit paquet pour ses amis anglais. Jean-Jacques accepte
avec plaisir et met le paquet dans son sac.

Pendant le voyage il fait très chaud et quand Jean-Jacques se trouve
dans le train de Londres, il manque d'air parce que les fenêtres des trains
anglais ne s'ouvrent pas très grand. Il remarque que les autres voyageurs
autour de lui ont l'air malade, et un par un ils s'en vont.

Quand le train s'arrête à Ashford des voyageurs s'asseoient près de
Jean-Jacques mais après quelques minutes ils font une horrible grimace
(make a face) et s'en vont aussi. A ce moment-là Jean-Jacques ouvre son
sac pour prendre un plan de Londres. Alors une terrible odeur de
fromage sort de son sac. Tous les autres voyageurs font des grimaces.
C'est le paquet de son professeur d'anglais! Tant pis, Jean-Jacques prend
le paquet et le jette par la fenêtre.

Un peu après, le train s'arrête à Maidstone et des voyageurs très
aimables s'asseoient près de Jean-Jacques et lui demandent où il va
passer ses vacances.

## LESSON 13

A. 1. quel; 2. lequel; 3. laquelle; 4. quelles; 5. quel; 6. lequel;
7. quelle; 8. lequel; 9. lequel; 10. quelles.

B. 1. celui-ci; 2. celui; 3. ceci; 4. ça; 5. celles-ci, celles-là; 6. ça;
7. celle; 8. celle; 9. celui-ci, celui-là; 10. c' or ceci or cela.

C. 1. c'; 2. elle; 3. c'; 4. ce; 5. il; 6. c'; 7. elle; 8. c'; 9. c';
10. ce.

D. plus souvent, le plus poliment, il lit mieux, elle parle le moins, un meilleur
fruit, aussi vite que possible, de plus en plus cher, plus de 3000 francs, au
cinquième étage, je vais très bien, ils veulent, voulez-vous? ils peuvent,
est-ce que je peux? nous pouvons partir.

E. (M. Dubois et sa femme entrent dans un bureau de tabac)
M. Dubois: Bonjour, monsieur. Avez-vous des blondes?
Le Buraliste: Oui, monsieur, nous en avons. Elles viennent d'arriver.
Lesquelles préférez-vous?
M. Dubois: Donnez-moi un paquet de Silver Tip, s'il vous plaît, et une
boîte d'allumettes. Je trouve que (or à mon avis) les allumettes suèdoises
sont mieux que les françaises.
Le Buraliste: Mais nous n'en avons pas, monsieur. Ça fait neuf francs
soixante-dix.
M. Dubois: Merci. Voici un billet de dix francs. (Le buraliste lui donne
trente centimes.)
(M. et Mme D. sortent. Ils s'arrêtent devant un grand magasin.)
Madame D.: Je veux (polite form: je voudrais) voir quelques robes. Allons
au rayon de confection. Nous pouvons prendre l'ascenseur jusqu'au
quatrième.
(Ils montent au rayon de confection pour femmes.)

LA VENDEUSE: Bonjour, madame. Bonjour, monsieur. Qu'est-ce que je peux vous montrer?

MADAME D.: Je veux (voudrais) voir quelques robes du soir, s'il vous plaît.

LA VENDEUSE: Certainement, madame. Voici les plus belles robes de soirée du magasin. Est-ce que celle-ci vous plaît?

MADAME D.: Non, je préfère celle-là, la blanche. Je la trouve plus gaie que la noire.

M. DUBOIS: Mais elle est aussi plus chère, n'est-ce pas?

LA VENDEUSE: Oui, c'est vrai. Elle coûte 1500 francs.

MADAME D.: Oui, la robe noire coûte moins cher mais elle est aussi moins élégante. Laquelle préfères-tu, mon chéri?

M. DUBOIS: Tu me ruines. Sortons (d'ici) aussi vite que possible.


**F.  Au Restaurant**

LE GARÇON: Bonjour, messieurs-dames. Voici le menu. Nous recommendons le plat du jour (today's special), le poulet chasseur.

CHRISTIAN: Qu'est-ce que tu veux pour commencer, Annick? Un potage, ou des crudités (raw vegetables)?

ANNICK: Pour commencer des carottes râpées (grated) au citron.

CHRISTIAN: Et pour moi une tranche de pâté de campagne.

LE GARÇON: Très bien. Carottes râpées pour madame et pâté de campagne pour monsieur. Et ensuite?

ANNICK: Qu'est-ce que c'est le poulet chasseur?

LE GARÇON: C'est du poulet, cuit avec des échalottes (shallots) et des champignons dans du vin blanc, auquel on ajoute (one adds) de la crème fraîche.

ANNICK: Mmm, mmm. Ça me va très bien. Un poulet chasseur pour moi.

CHRISTIAN: Et pour moi un bifteck-frites avec une salade verte.

LE GRAÇON: Comment voulez-vous votre bifteck, monsieur? Saignant (underdone)? A point (medium)? Ou bien cuit (well done)?

CHRISTIAN: Bien cuit.

LE GARÇON: Et pour boire?

ANNICK: De l'eau minérale . . .

CHRISTIAN: . . . et une carafe de vin rouge.

LE GARÇON: Merci messieurs-dames.


## LESSON 14

A.  ils donneront, je vendrai, finira-t-il? elle ira, tu seras, nous verrons, je ferai, ils viendront, elle pourra, vous voudrez, nous recevrons, ils auront, j'achèterai, il jettera, vous paierez

B.  lui et moi, avec eux (elles), devant elle, chez nous, c'est lui, ce sont eux (elles), il est plus grand que toi (or vous), après moi, chez elle, viens (or venez) avec elles (eux)

C.  j'écris, nous écrivons, ils reçoivent, reçoit-il? je sais l'anglais, ils connaissent la rue, je fais une promenade à bicyclette, il voyage en bateau, nous faisons une promenade à cheval, ils voyagent par avion

**D.**                              Kingston, le 13 mars 1984

Cher Pierre,

Je viens de recevoir ta lettre du 5 mars et je suis très content de savoir que je te verrai enfin le mois prochain.

Je serai à la Gare Victoria à 16.30 samedi et je t'attendrai à la sortie du quai. Si tu ne me vois pas tout de suite ne prends pas de taxi mais attends devant la boîte aux lettres à droite. Tu sais que toutes les boîtes aux lettres en Angleterre sont rouges.

Mon oncle Charles, qui connaît bien ton père pourra peut-être venir avec moi. Il parle le français mieux que moi.

Pendant la première semaine nous visiterons le Parlement, l'Abbaye de Westminster, la cathédrale St. Paul et beaucoup d'autres endroits intéressants à Londres.

Après cela, s'il fait beau, nous irons à Windsor et tu verras le château et le collège d'Eton. Mon oncle y va souvent en voiture et il nous emmènera. Il connaît bien Oxford.

J'aurai beaucoup de nouveaux timbres à te montrer quand tu arriveras. Mon frère Robert, qui a trois ans de plus que moi, a aussi une belle collection. Lui et moi avons l'intention d'aller camper en Ecosse à la fin de juillet. Il te prêtera sa bicyclette, et nous pourrons aller faire des promenades à la campagne.

Maintenant j'ai beaucoup de devoirs à faire.

Amicalement,

John.

**E.**                              Rennes, le 9 juin 1984

Chère Madame Desmoulins,

J'ai enfin l'occasion d'accepter votre aimable invitation d'aller passer quelques jours chez vous en Dordogne.

En effet, mon fils qui, vous vous en souvenez peut-être, est Ingénieur des Ponts et Chaussées*, doit aller passer plusieurs jours à Périgueux à la fin du mois à propos d'un projet de construction de route et de pont dans la région de Peyrac. Il m'a téléphoné hier soir pour m'annoncer son voyage et j'ai tout de suite pensé à vous, chère amie. Il est d'accord pour m'emmener en voiture et me déposer chez vous à Neuvie si cette date vous convient. Je rentrerai à Rennes avec lui trois ou quatre jours plus tard si vous n'y voyez pas d'inconvénient.

Cela fait bien vingt ou vingt-cinq ans depuis notre dernière rencontre—à Marseille, n'est-ce pas?

Je suis tout heureuse à la pensée de vous revoir bientôt, très chère amie.

Je vous embrasse affectueusement,

Yvonne Deugaul.

*Civil Engineer

## LESSON 15

**A.** nous avons vendu, il a fini, nous avons parlé, j'ai pris, ils ont vu, elle a fait, vous avez eu, j'ai été, tu as reçu, nous avons écrit

**B.** 1. mis   2. trouvés   3. écrite   4. finis   5. vendus   6. achetées
7. vues   8. choisi   9. suivis   10. parlé.

**C.** en plein air, de temps en temps, le lendemain, la semaine prochaine, jeudi dernier, bordé d'arbres, par le métro, de vieux soldats, il vient d'arriver, je suis à Londres depuis une semaine

**D.** la maison dont j'ai parlé, nous l'avons reconnue, les châteaux que j'ai vus, le crayon avec lequel j'ai écrit, il lui a écrit, la lettre que j'ai écrite, l'ami dont j'ai rencontré la fille, il leur a vendu, je les ai choisis, ils en ont acheté

**E.**                                          Chantenay, le 12 avril 1984
Mon cher Pierre,
    Maman te remercie beaucoup pour ta lettre du 9 avril. Les cartes postales que tu lui as envoyées sont très intéressantes.
    Elle est très occupée aujourd'hui parce que les Lenoir viennent passer la soirée avec nous.
    Il n'y a pas beaucoup de nouvelles depuis ton départ. Médor a été très vilain. Mardi dernier il est allé faire une promenade avec Maman et quand elle a rencontré Madame Lebrun il a attrapé un morceau de viande dans son panier et il l'a emporté dans un jardin où il l'a mangé. Tu peux imaginer la tête de Madame Lebrun!
    Hier Papa m'a emmenée à Paris et j'ai passé la journée avec mon amie Louise. Ses parents viennent d'acheter un appartement splendide près de la Tour Eiffel. Nous avons regardé un vieux film anglais sur sa vidéo. C'est l'histoire d'un chien qui s'appelle Lassie.
    Papa dit que demain nous irons à Fontainebleau en voiture, s'il fait beau. Nous ferons un pique-nique dans les bois, et nous visiterons le château, et les jardins qui sont si beaux au printemps, comme dit Maman.
    Papa dit qu'il espère que tu n'as pas oublié de lui rapporter des blondes, et Maman veut savoir si tu as appris beaucoup d'anglais. Si tu me dis l'heure de ton arrivée je viendrai à la Gare du Nord. N'oublie pas de nous envoyer une carte postale avant samedi.
                        Salut Pierre et à bientôt.
                                Ta sœur,
                                Marie

**F.** Ma chère Marianne,
    J'espère que tu vas bien et que tu passes d'excellentes vacances chez tes amis à Rome. Je te remercie beaucoup pour ta jolie carte du Colisée. Parles-tu l'italien couramment (fluently) maintenant? Je suis impatiente de t'entendre parler . . .
    Moi, comme tu sais, je passe mes vacances en Bretagne comme

d'habitude. Cette année il fait très chaud tous les jours, comme en Italie!

Hier je suis allée visiter Guérande, une petite ville médiévale dont les remparts sont intacts. Christophe, que tu connais, m'a emmenée en voiture avec Nicolas. Nous avons d'abord fait une promenade tout autour des remparts, puis nous sommes entrés dans la vieille ville par la porte (gate) St. Michel qui est magnifique. Nous avons visité le musée folklorique et puis toutes sortes de petites boutiques d'artisans (craftsmen) et d'artistes. Ensuite nous avons visité l'église qui est extrêmement intéressante. Nous avons décidé de rester dîner à Guérande afin d'écouter un grand concert de musique baroque donné dans l'église ce soir-là. Nous avons trouvé une petite crêperie (pancake restaurant) pas chère et nous avons mangé des galettes de blé noir (buckwheat pancakes) et bu du cidre nouveau.

Je te quitte, sinon (otherwise) ma lettre ne partira pas ce soir. En vitesse (hurriedly),

Grosses bises (love and kisses)

Josiane

## REVISION

### (Lessons 11–15)

**A.** (a) nous écrivons, écrit-elle?, ils peuvent, est-ce-que je peux?, tu peux, nous recevons, il ne reçoit pas, ils veulent (ils désirent), veux-tu? (est-ce que tu veux?), nous désirons (nous voulons), il connaît la rue, ils savent où il est, connaissez-vous Rouen? je sais l'allemand, nous savons nager.

(b) je serai, ils auront, il ira, nous courrons, je viendrai, tu verras (vous verrez), ils pourront, nous voudrons (nous désirerons), il fera, vous recevrez (tu recevras).

(c) j'ai eu, ils ont été, elle a fait, nous avons bu, elle a mis, j'ai voulu (désiré), vous avez écrit, il a reçu, nous avons pris, ils ont lu.

**B.** (a) soixante et un, soixante-dix-sept, quatre-vingts, quatre-vingt-onze, deux cents, deux cent quarante, trois mille, en mille neuf cent cinquante-deux, Louis premier, Louis quatorze, vingt voitures environ, des milliers de livres, la moitié du pain, une heure et demie, deux fois sept font quatorze.

(b) une pièce plus grande, une maison mieux que . . . , un livre plus intéressant, les plus jolies robes, le chien le plus intelligent, il marche le plus vite, elle chante mieux, j'écris moins souvent, nous sommes aussi riches qu'eux, il ne travaille pas si dur que toi (vous).

**C.** 1. Cette robe-ci est verte et cette robe-là est bleue. Laquelle préfères-tu? 2. Quelles jolies fleurs! J'aime celles-ci mieux que celles que tu as choisies. 3. C'est elle qui a écrit ces lettres. Elles sont très intéressantes. 4. Viens avec moi, et je vais te montrer (je te montrerai) la maison que j'ai achetée. 5. C'est un beau gâteau, n'est-ce pas? Voici un couteau avec lequel tu peux le couper. 6. Je connais Pierre depuis plusieurs années. Il est plus intelligent que toi. 7. L'hôtel dont j'ai parlé est excellent. C'est le meilleur hôtel de Londres. 8. Lui et moi, nous voulons savoir ce que vous venez de voir. 9. La banlieue dans laquelle j'habite est très agréable. C'est vrai. 10. Je les ai vus, mais je ne leur ai pas parlé.

**D.** L'Angleterre

Pour les Français, l'Angleterre c'est toute l'île qui se trouve de l'autre côté de la Manche, et tous les gens qui parlent anglais sont des Anglais. Comme en France il y a des Bretons, des Alsaciens, des Provençaux, alors en Angleterre, il y a des Gallois et des Ecossais! Ils ne savent pas, la plupart du temps, que les Gallois ne sont pas des Anglais et les Ecossais non plus. Ils ne comprennent pas pourquoi l'Angleterre a plusieurs noms, la Grande Bretagne, le Royaume-Uni, les Iles Britanniques. Pour eux la France c'est la France, c'est tout. Qu' ils sont compliqués ces Anglais! Et l'Angleterre, c'est un vrai mystère.

Londres

Londres pour les Français c'est les œufs au bacon le matin au petit déjeuner, et du thé à toute heure du jour. C'est les autobus rouges à impériale qui égayent (brighten up) les rues sous le ciel gris. C'est aussi la Rue d'Oxford, surtout pour les femmes et les jeunes filles, qui y courent toutes, dès leur arrivée, acheter des pulls et des cardigans en laine d'agneau (lamb's wool). Tout le monde veut voir le Palais de Buckingham parce qu' il y a là une vraie reine et des princes et des princesses, alors qu'en France il n'y en a que dans les contes de fées (fairy tales).

## LESSON 16

**A.** 1. Nous sommes partis de bonne heure. 2. Elle a reçu un coup de téléphone. 3. Ils se sont assis au bord de la route. 4. Vous avez acheté un journal. 5. Elle s'est un peu reposée. 6. Nous sommes arrivés à Caen. 7. Marcel a gagné l'étape. 8. Les coureurs sont venus bientôt. 9. Je les ai vus de près. 10. Ils ont filé très vite.

**B.** Le docteur Lenoir, la vieille Marie, le lieutenant Duval, le petit Pierre, elle a les yeux gris, les bicyclettes coûtent cher, j'aime les chevaux, les hommes aiment le tabac, le français est facile, le pain n'est pas cher, elle s'est coupé le doigt, elle s'est blessée.

**C.** LOUISE: Qu'est-ce que tu as fait hier, Marie?

MARIE: Pierre et moi nous sommes allés au bord de la mer. Le capitaine Leblanc nous a invités à l'accompagner à Sablon en voiture.

LOUISE: Je connais bien Sablon. J'y suis allée plusieurs fois l'été dernier.

MARIE: Nous nous sommes bien amusés. Nous sommes partis de bonne heure, et nous avons fait le voyage à toute vitesse. Nous y sommes arrivés avant midi. D'abord nous sommes descendus à la plage, où nous nous sommes baignés. Puis nous avons déjeuné dans un petit restaurant près du port, où nous avons vu plusieurs bateaux de pêche. L'après-midi, je me suis assise sur les rochers avec Madame Leblanc et le petit Yannick a joué sur le sable, mais Pierre est allé faire une promenade à pied sur les falaises avec le capitaine, qui lui a raconté beaucoup de ses aventures. Nous sommes restés là-bas jusqu'à cinq heures et demie et nous sommes rentrés chez nous très tard. Je me suis endormie plusieurs fois dans la voiture, mais Pierre m'a réveillée.

**D.** Hier il a fait une journée d'hiver splendide. Le matin il a gelé dur et il a fait froid, mais à midi le soleil a fait monter la température. Alors, j'ai sorti mon vélo, j'ai mis un gros anorak, un bonnet de laine (woolly hat), et des gants et des chaussettes bien chauds, et je suis partie faire une promenade. Je suis d'abord allée à la poste puis j'ai acheté une carte de St. Valentin et un petit pot de fleurs pour mon vieux voisin qui est malade. Ensuite je suis sortie de la ville et j'ai suivi la route qui longe la mer. J'ai vu beaucoup de promeneurs et même un véliplanchiste (windsurfer). Brrr . . . Puis j'ai fait demi-tour (turned back) et je suis rentrée tranquillement à la maison préparer le goûter (afternoon tea) pour toute la famille.

## LESSON 17

**A.** J'ai sonné, elle s'est levée, nous avons reçu, ils sont restés, elle a coupé, nous croyons, ils croient, nous devons, ils doivent, je dois partir.

**B.** 1. qui; 2. qui; 3. qu'est-ce qu'; 4. qui; 5. quoi; 6. qu'est-ce que; 7. qu'est-ce que; 8. qui; 9. que; 10. qui.

**C.** 1. A qui parlez-vous? 2. De quoi parlez-vous? 3. Qu'est-ce qui est dans la boîte? 4. Qu'est-ce qu'ils ont? 5. Qu'est-ce qu'il y a? 6. qui avez-vous vu? 7. Qui est sorti? 8. A qui est ce parapluie? 9. Qu'est-ce que c'est que ce livre? 10. Quel est le mot francais pour "fountain-pen"?

**D.** 1. la vôtre; 2. la nôtre; 3. les leurs; 4. la mienne; 5. le vôtre et les siens.

**E.** 1. Votre maison et la sienne. 2. Ce livre est à nous. 3. Mes chiens et le leur. 4. A qui est ce stylo? C'est le sien. 5. Voici des crayons. Ils sont à moi. 6. Ma montre est mieux que la tienne. 7. C'est un de mes amis. 8. Nos maisons et les leurs. 9. Ces cadeaux sont à vous. 10. Sa voiture est plus grande que la sienne.

**F.** (Pierre et son ami Charles sont dans une salle de classe à l'école)
PIERRE: La leçon va bientôt commencer et j'ai perdu mon dictionnaire anglais. Tu veux bien me prêter le tien, Charles?
CHARLES: Malheureusement j'ai laissé le mien chez moi. Je suis allé au cinéma avec mes parents hier soir, et je suis allé me coucher à onze heures. Je me suis réveillé très tard, et j'ai oublié tous mes livres.

PIERRE: Ah, il y a un dictionnaire qui est tombé par terre près de ton bureau. (Il se lève et le ramasse.) A qui est-il? Mais, c'est celui de Marcel, et il n'est pas encore arrivé aujourd'hui. Quelle chance!

ROBERT: Ce n'est pas à toi, Pierre. Marcel me l'a prêté. Donne-le-moi, s'il te plaît.

(Le professeur entre)

LE PROFESSEUR: Asseyez-vous tous. Ouvrez vos livres. Qu'est-ce que vous avez écrit pour aujourd'hui? Robert, à qui parles-tu? Qu'est-ce qu'il y a?

ROBERT: Pierre a pris le dictionnaire de Marcel, monsieur.

LE PROFESSEUR: Montre-le-moi. Qu'est-ce que c'est que ce nom? Ah oui, c'est le nom de Marcel. Pierre, pourquoi l'as-tu pris?

PIERRE: J'ai perdu le mien, monsieur, et j'ai emprunté le sien pour cette leçon.

LE PROFESSEUR: Très bien. Commençons la leçon. Qui peut me dire à quelle page nous devons commencer?

G. RÉJANE: Bonjour Marianne. Joyeux anniversaire. Tiens, je t'ai apporté un petit cadeau. J'espère que tu ne l'as pas déjà.

MARIANNE: Bonjour Réjane. Merci. C'est gentil d'avoir pensé à moi. Qu'est-ce que c'est? Oh, c'est une cassette de Sacha Bellâtre. Oh, je suis très contente. J'adore ses chansons.

RÉJANE: Et puis il est si beau garçon! Qu'est-ce que tes parents t'ont offert pour ton anniversaire?

MARIANNE: Ils m'ont offert une robe pour aller danser et un nouveau vélo. Je pourrai porter ma robe au mariage de Françoise, et je pourrai aller faire des excursions avec mon frère et ses copains cet été quand nous serons en Bretagne.

RÉJANE: Et ton frère, qu'est-ce qu'il t'a donné?

MARIANNE: Il a été généreux! Il m'a donné une cassette de Pete Akkin et une grosse boîte de chocolats. Regarde . . . Tu veux en goûter un?

RÉJANE: Oh non merci. J'ai grossi de deux kilos et hier je n'ai pas pu fermer mon nouveau pantalon à la mode.

MARIANNE: Alors viens faire du vélo avec moi. Ça te fera perdre des kilos!

## LESSON 18

A. je finissais, ils mangeaient, elle lisait, vous faisiez, il écrivait, je commençais, ils prenaient, elle buvait, vous disiez, je connaissais.

B. finissant, étant, en lisant, sachant, écrivant, en disant, après avoir vu, avant d'arriver, ayant arrivé, assis, couché, sans regarder, je l'entends chanter, une histoire amusante, il a rencontré des hommes qui couraient.

C. nous rions, est-ce qu'il rit?, il conduit une voiture, nous l'y conduisons, je porte mes lettres à la poste.

D. Quand j'étais à l'école notre professeur de français était très distrait. Il s'appelait Lerouge, et c'était un petit homme maigre qui avait un soixantaine d'années. Il avait les cheveux blancs et de très grandes lunettes.

Il se mettait très en colère lorsque nous bavardions pendant ses leçons, et quelquefois il jetait un livre à (la tête d') un élève qui ne travaillait pas.

Un jour le directeur l'a invité à passer la soirée chez lui, pour jouer aux cartes.

En arrivant, le vieux Lerouge, qui ne jouait pas bien, s'est assis dans un coin du salon en espérant regarder les autres jouer. Cependant son hôte l'a vu et lui a demandé d'aller chercher des cartes dans une autre pièce.

Après une demi-heure, comme il ne revenait pas, le directeur est allé voir où il était. Il l'a trouvé endormi dans une des chambres.

Le pauvre Lerouge était si distrait qu'il avait oublié les cartes, et pensait qu'il était chez lui.

E.　Ma tante Marthe a toujours été une personne très impulsive et autoritaire (bossy). Quand nous étions petits, mon cousin Jean-Luc et moi, nous avons un jour essayé de fumer la pipe de son père.

Le soir même, Jean-Luc était malade. Il avait mal à la tête et avait mal au coeur (felt sick). Sa mère voulait appeler une ambulance pour l'emmener à l'hôpital, aussi a-t-il vite avoué (owned up) que c'était parce qu'il avait fumé la pipe qu'il était malade. Ma tante Marthe s'est alors tournée vers son mari qui fumait paisiblement en lisant son journal, et elle lui a arraché la pipe de la bouche et l'a jetée par la fenêtre en criant: "Henri, je t'ai dit et répété que fumer la pipe c'est mauvais pour la santé. A partir (from) d'aujourd'hui je ne veux plus la voir dans la maison."

Et c'est depuis ce jour-là que mon pauvre oncle Henri ne fume sa pipe que lorsqu'il sort avec son chien.

## LESSON 19

A.　1. Ils allèrent;　2. Elle vendit;　3. Ils firent;　4. Il mit;　5. Il mangea;　6. Ils écrivirent;　7. Je lus;　8. Elles finirent;　9. Nous nous assîmes;　10. Elle courut;　11. Je commençai;　12. Elle vit;　13. Je tins;　14. Il mourut;　15. Nous fûmes.

B.　partit, courut, acheta, attendit, attendait, lut, pleuvait, arriva, avait, suis allé, ai laissé, expliqua

C.　Quand le train arriva, M. Dubois choisit un wagon-fumeurs, trouva une place confortable, s'assit, alluma une cigarette, mit ses lunettes, et commença à lire un roman. Les employés crièrent, le train démarra et roula à toute vitesse vers Paris.

D.　Un vagabond arriva un jour dans une petite ville. Il pleuvait, et il avait froid et faim. Il portait des chaussures trouées et naturellement il n'avait pas d'argent.

Il s'arrêta devant un magasin de chaussures sur la place du marché. En regardant les chaussures il eut une idée. Il entra dans le magasin et dit au marchand: "Je voudrais acheter une paire de chaussures. Je peux les payer. Une brave femme m'a donné de l'argent ce matin, et j'ai aussi gagné cinq cents francs."

Le marchand lui apporta des chaussures, et il mit une belle paire de chaussures neuves. Puis il fit quelques pas pour les essayer. "Ces chaussures me vont bien," dit-il, et il marcha lentement vers la porte.

Soudain il s'enfuit aussi vite que possible. Le pauvre marchand le suivit en criant "Au voleur!", mais le vagabond arriva bientôt au coin de la rue et disparut.

**E.** Monsieur Charles-Edouard Hix, le banquier, avait une énorme Mercédès dont il était très fier. Un jour, alors qu' il prenait un peu de repos sur la côte avec sa femme, il arrêta sa limousine sur la route de la corniche pour admirer le paysage.

Le petit Gino qui vendait du mimosa aux touristes juga vite la situation. Il alla offrir son mimosa à Madame Hix avec son plus charmant sourire. Il l'invita à sortir de sa voiture pour mieux voir les mimosas en fleurs en bas de la route. Madame Hix trouva le site et l'enfant enchanteurs.

Gino suggéra au banquier de descendre le petit chemin avec sa femme pour mieux respirer le parfum des fleurs. Il jura de surveiller (swore that he would watch over) la voiture pendant leur absence. Une fois le couple parmi les arbres Gino siffla doucement, et un grand corse maigre à l'air mauvais accourut (ran up to him). Tous les deux sautèrent dans la Mercédès. Elle démarra (started) en douceur, sans faire du bruit.

"Ahah! Quand ils crieront au voleur, on sera loin!" dit Gino avec un sourire angélique.


LESSON 20

**A.** 1. Il n'a pas d'argent.  2. Je ne l'ai jamais vu à Paris.  3. Nous n'avons que 20,000 francs aujourd'hui.  4. Elle n'achète ni fleurs ni légumes.  5. Ils n'ont trouvé aucune lettre.  6. Il ne leur parle guère.  7. Je n'ai rencontré personne.  8. Je ne l'aime point.  9. Nous n'avons rien trouvé.  10. Ne l'entendez-vous plus?

**B.** 1. Je ne vais jamais.  2. Il ne lit plus.  3. Nous n'avons que 10 francs.  4. Ils ne font rien.  5. Personne ne vient ici.  6. Je ne le connais guère.  7. Il n'a pas de livres.  8. Rien n'est perdu.  9. Je n'ai jamais vu.  10. Il n'a rencontré personne.  11. C'est mieux (or Mieux vaut) ne pas parler.  12. Ils n'ont ni stylo ni crayon.  13. Je n'ai jamais perdu.  14. Il ne peut pas sortir.  15. Que voyez-vous? Rien.  16. Qui l'a vendu? Personne.  17. Qui veut partir? Pas lui.  18. Ni moi non plus.  19. Viens avec nous, pas avec lui.  20. Non loin de la ville il y avait un château.  21. Il ne vient à Paris que le lundi.  22. Ça ne fait rien.  23. Pas un n'était ici.  24. Je n'achète jamais rien.  25. Pas du tout.

**C.** Un jeune paysan, qui habitait un village isolé où il y avait très peu de voitures, vint à Paris passer quelques semaines avec son oncle, qui avait un petit café.

Quand il arriva à la gare il ne trouva ni son oncle ni sa tante sur le quai. Il chercha partout, mais en vain. Personne ne l'attendait. Il n'avait jamais visité Paris et ayant peur de se perdre dans la grande ville, il prit un taxi et donna l'adresse de son oncle au chauffeur.

Le taxi roulait si vite que le paysan avait peur, et le chauffeur n'évita un autobus qu'en montant sur le trottoir.

Le paysan, très étonné, cria au chauffeur: "Faites attention! C'est la première fois que je voyage en taxi." "Monsieur," répliqua le chauffeur en souriant, "c'est la première fois que j'en conduis un."

**D. Le Chien Intelligent**

Un jour, un paysan prit le train pour aller à la ville voisine. Il choisit un compartiment-fumeurs afin de pouvoir fumer sa pipe pendant le voyage. Il s'assit en face d'une vieille dame, qui avait l'air de mauvaise humeur, et de son petit chien qui aboyait sans cesse.

La dame ne voulait pas qu'il fume et le lui dit. Comme le paysan continuait de fumer, la vieille dame devint toute rouge de colère et au bout d'un moment elle arracha la pipe de la bouche du paysan et la jeta par la fenêtre. Le petit chien aboyait toujours. Alors, pour se venger, le paysan l'attrapa et le jeta à son tour par la fenêtre en lui criant: "Toi, va chercher ma pipe." La vieille dame poussa un cri d'horreur, et allait donner un coup de parapluie au paysan quand elle s'évanouit.

Le paysan descendit à la gare suivante et à son grand étonnement le chien attendait sur le quai, la pipe entre les dents.


## REVISION

### (Lessons 16–20)

**A.** (a) il conduit, nous conduisons, je ris, ils rient, croyez-vous? elle ne croit pas, ils croient, je dois, nous devons, ils doivent.

(b) elle est arrivée, ils sont venus, nous nous sommes levés, elle s'est assise, ils se sont parlé

(c) j'écrivais, il mangeait, vous lisiez, nous faisions, elle commençait

(d) finissant, écrivant, lisant, faisant

(e) ils allèrent, il vendit, elle vint, j'écrivis, nous lûmes, il mit, ils firent, je pris, elle vit, ils reçurent


**B.** 1. Qui est arrivé. Qu'a-t-il apporté? 2. Qui avez-vous vu? A qui parliez-vous? 3. Qu'est-ce que c'est que ça? De quoi parlez-vous? 4. A qui sont ces livres? Ils sont à moi. 5. Voici notre voiture. La vôtre est plus grande.


**C.** 1. Il ne nous donne jamais rien. 2. Personne ne pourra les trouver. 3. Je lui ai dit de ne pas y aller. 4. Elle ne porte ni gants ni chapeau. 5. Nous n'avons sonné qu'une fois. Il n'y avait pas de réponse.

**D.** 1. "Nous nous sommes levés à sept heures et demie," dit-il, "et nous y sommes arrivés avant neuf heures." 2. "En arrivant au café nous avons rencontré nos amis, qui nous attendaient," expliqua-t-elle. 3. Il écrivit quelques lettres, puis il alla se coucher, parce qu' il était fatigué. 4. Ils allaient au bord de la mer tous les étés, et ils se baignaient souvent. 5. Ce soir-là, assis sur la barrière, le vieux Pierre regardait les voitures passer.

**E.** Composition

A la foire agricole du département, Jules Graucut, le marchand de vins de Trifouilly-les-Oies gagna un voyage organisé de trois jours à Paris.

Le séjour comportait une visite au musée du Louvre et une soirée à l'Opéra.

Jules trouva que le musée du Louvre était très fatiguant et que La Joconde (Mona Lisa) n'était pas aussi belle fille que Brigitte Bardot. Mais il était très content d'aller à l'Opéra. Ce soir-là on donnait *Rigoletto*.

Il s'installa à son aise, après avoir enlevé son veston (jacket) et dénoué sa cravate (undone his tie), et attendit.

Jules devint complètement immergé dans l'action, et lorsque Rigoletto, un tout petit italien, dut faire des efforts énormes pour traîner le sac dans lequel se trouvait 'sa fille', une prima donna allemande pesant au moins quatre-vingts kilos, Jules, plein de sympathie ne put s'empêcher de crier à tue-tête (as loud as he could) "Fais deux tours, mon vieux. C'est trop lourd pour toi tout seul."

Tout la salle éclata de rire (burst out laughing) et se mit à applaudir. Jules fut un peu surpris mais très heureux de son succès à l'Opéra.

## LESSON 21

**A.** j'irais, nous irions; j'aurais, nous aurions; je courrais, nous courrions; je serais, nous serions; je ferais, nous ferions; je mourrais, nous mourrions; je pourrais, nous pourrions; je viendrais, nous viendrions; je verrais, nous verrions; je voudrais, nous voudrions.

**B.** 1. J'aimerais aller avec lui. 2. Il a dit qu'il irait. 3. Il a dit qu'il irait quand ils arriveraient. 4. Il y allait souvent l'année dernière. 5. Elle était en colère, et ne voulait pas aller. 6. Voudriez-vous fermer la porte, s'il vous plaît? 7. Je me demandais si vous viendriez. 8. S'il venait je serais content(e). 9. S'il vient demain, je le verrai. 10. Je ne sais pas s'il viendra.

**C.** M. DUBOIS: Qu'est-ce que vous voulez faire cet après-midi, les enfants?
MARIE: Nous aimerions aller en voiture à Villeneuve pour voir les coureurs du Tour de France. C'est la première étape aujourd'hui. Maurice a dit qu'ils passeraient par Villeneuve. Ce serait intéressant de les voir.

M. Dubois: O.K., mais demandez à votre mère si elle aimerait venir avec nous.

Pierre: Maman a dit ce matin qu'elle viendrait s'il faisait beau.

M. Dubois: Alors ça va. La météo dit qu'il ferait beau.

Pierre: Maurice a dit que si nous arrivions là-bas avant deux heures, nous pourrions voir tous les coureurs passer et ça serait très bien. Je verrais mon ami René. Je suis sûr qu'il serait content si j'étais là pour l'encourager.

**D.** Plus tard j'aimerais être archéologue. Depuis mon enfance j'ai toujours aimé gratter et creuser la terre à la recherche (in search) de fossiles ou de coquillages (shells). J'aimerais découvrir (discover) des objets qui ont servi (have been used) à (by) des gens ordinaires comme vous et moi, qui ont vécu des centaines d'années, quelquefois des milliers d'années, avant nous. J'aimerais savoir comment ils vivaient dans leur maisons, comment ils élevaient (brought up) leurs enfants, comment leurs femmes faisaient la cuisine. Ce ne sont pas les sites de grandes batailles qui m'intéressent, mais la vie quotidienne et domestique. Et puis quand on est archéologue on peut travailler au grand air pendant tous les mois d'été et moi je n'aime pas du tout vivre enfermé entre quatre murs à longueur d'années (year after year).

## LESSON 22

**A.** 1. à; 2. de; 3. de; 4. à; 5. à; 6. de; 7. de; 8. de; 9. à; 10. d'

**B.** 1. Nous allons trouver nos amis. 2. Il finit par le vendre. 3. Donnez-moi quelque chose à boire. 4. Elle s'assit pour lire un livre. 5. Je l'entends chanter. 6. Ils étaient contents de nous voir. 7. Nous sommes prêts à commencer. 8. Elle envoie chercher le docteur. 9. Je lui ai fait porter le fusil. 10. Il n'a pas le temps d'écrire.

**C.** Quand Monsieur Dubonnet était prêt à partir sa femme lui dit: "Je serais très contente d'avoir quelques lapins, parce que j'ai invité plusieurs amis à dîner ce soir et je veux leur donner un bon repas."

Son mari promit d'en rapporter un ou deux et il essaya toute la journée de tuer quelque chose, mais il ne réussit pas à trouver quoi que ce soit.

Il dit à son ami Duval, en revenant de leur expédition de chasse, que sa femme serait très fâchée.

"Pourquoi n'achètes-tu pas quelques lapins à la ferme là-bas?" dit Duval.

"C'est une bonne idée," répliqua Dubonnet. "J'aimerais bien rapporter quelque chose. Je vais aller frapper à la porte pour demander au fermier de m'en vendre un."

Il alla frapper à la porte mais personne ne répondit. Il se demandait s'il devrait frapper une autre fois quand un chien à l'air féroce apparut et commença à aboyer, alors ils s'enfuirent à toute vitesse.

Quand Dubonnet rentra enfin chez lui, sa femme lui dit d'aller acheter quelque chose à manger chez le boucher.

**D.** Madame Pinsec détestait voir son mari partir tous les dimanches matins à la chasse au lapin dans les bois du voisinage (neighbourhood). Elle adorait les lapins vivants et ne pouvait pas regarder un lapin mort sans s'évanouir.

Un jour, elle a acheté un gros lapin en plastique. Le dimanche suivant quand son mari partit à la chasse, elle attacha le lapin à une ficelle (string) derrière un arbre et elle alla se cacher un peu plus loin avec l'autre bout de la ficelle. Quand elle tirait sur la ficelle le lapin montrait ses oreilles derrière l'arbre.

Un peu plus tard son mari sur le chemin de retour passa devant l'arbre et, voyant les oreilles du lapin, il tira. Mais un instant après les oreilles reparurent. Il tira de nouveau, et ainsi de suite pendant une demi-heure. Il était si furieux, frustré et épuisé qu'il jura de ne plus jamais retourner à la chasse.

## LESSON 23

**A.** il avait donné, il aura donné, il aurait donné; ils étaient arrivés, ils seront arrivés, ils seraient arrivés; elle sera sortie, vous auriez lu, j'étais allé me coucher, ils se seront levés.

**B.** 1. Il était souvent venu à Londres et je l'avais admiré. 2. Dès que la voiture se fut arrêtée, il sortit. 3. Elle avait appris le français pendant deux ans. 4. Quand ils furent arrivés, il ferma la porte. 5. Ils venaient de sortir quand Pierre apparut. 6. A peine avais-je parlé lorsque Marie entra. 7. Nous l'aurons bientôt oublié. 8. Il vous téléphonera quand il aura fini son travail. 9. Si j'avais su, je vous aurais écrit. 10. Elle a dit qu'elle viendrait dès qu'elle serait habillée.

**C.** elle est aimée (on l'aime), il a été saisi (on l'a saisi), je serai attrapé, il a été tué, on nous a dit, ici on parle anglais, on vend du thé, elle s'appelle Marie, il était aimé de ses soldats, je fus attaqué par un lion; nous devons partir, je devrai partir, vous auriez dû partir, vous devriez partir, il a dû courir.

**D.** Un anglais, qui malheureusement avait épousé une femme qui avait très mauvais caractère, acheta une ferme en Afrique.

La ferme était très isolée et il y avait beaucoup de lions dans cette région, aussi portait-il toujours un fusil lorsqu'il travaillait dans les champs.

Un jour le fermier venait de partir aux champs quand un ami, qui était venu pour le trouver, fut très étonné de voir un énorme lion entrer dans la maison du fermier dont la porte était ouverte.

Cet ami, remarquant le fermier au loin, le suivit immédiatement et lui raconta ce qu'il avait vu. "Vous devriez faire demi-tour tout de suite," cria-t-il, "si vous voulez sauver votre femme." Le fermier cependant ne semblait pas s'alarmer. "Je retournerai chez moi quand j'aurai fini mon travail. C'est le lion qui va perdre la vie," répliqua-t-il en souriant. "S'il entre dans la cuisine, où ma femme prépare le déjeuner, elle le tuera certainement. Le pauvre animal aurait dû choisir une autre maison."

**E.** Voici une histoire d'animal que j'ai entendue à la radio. C'est une histoire belge, c'est-à-dire l'équivalent pour les français d'une histoire irlandaise pour les anglais.

Il y avait cet homme d'affaires belge qui allait passer des vacances-safari au Kénya. Il adorait chasser le gros gibier (big game) parce qu'il était gros lui-même et que pour lui "gros, c'est beau".

Alors voilà notre belge à la chasse au lion. Il s'éloigne tout seul, le fusil à la main, sans peur. Mais tout d'un coup il se trouve nez à nez avec un énorme lion à l'air terrible. Il ne peut pas tirer, il est trop près. Alors il regarde le lion dans le blanc des yeux fixement sans baisser les yeux. Peu à peu le lion commence à fermer les siens très lentement: il est hypnotisé par la force de caractère du belge. Alors quand le lion a complètement fermé les yeux, l'homme fait demi-tour et prend la fuite à toute vitesse avant que le lion rouvre (opens again) les yeux.

Paraît-il (they say) que c'est un truc (trick) très connu en Belgique et qu'il réussit à tous les coups (works every time).

## LESSON 24

**A.** 1. chez; 2. du; 3. dans; 4. au; 5. du; 6. à; 7. à; 8. au; 9. à; 10. à; 11. de; 12. au; 13. aux; 14. à; 15. à.

**B.** 1. Nous écouterons la musique. 2. Elle regardait par la fenêtre. 3. Le voyageur demanda un billet. 4. L'élève lit dans un livre. 5. Mon oncle a payé le dîner. 6. Vous devez attendre un bus. 7. Mes sœurs rient de moi. 8. Le voleur l'a dérobé (or 'volé') au marchand. 9. Je buvais dans une tasse. 10. Le professeur enseigne l'anglais à Marcel.

**C.** Un soir, au siècle dernier, quelques jours avant Noël, un voyageur entra dans une auberge. Dehors le sol était couvert de neige.

Le nouveau venu chercha une place près du feu, mais personne ne bougea pour lui faire place.

Quand l'aubergiste lui demanda ce qu'il voulait le voyageur lui répondit à haute voix: "Apportez-moi une bouteille de vin, s'il vous plaît. et portez une douzaine d'huîtres à l'écurie pour mon cheval."

L'aubergiste le regarda avec étonnement et hésita un moment.

"Dépêchez-vous, il a très faim, et il les attend," lui dit le voyageur.

Tous les paysans se levèrent immédiatement et suivirent l'aubergiste pour voir cet animal remarquable.

Alors, l'étranger s'approcha du feu et après avoir choisi la meilleure place, il s'assit pour se chauffer.

Au bout de quelques minutes tout le monde revint, et l'aubergiste dit: "Monsieur, votre cheval ne veut pas manger les huîtres."

"Quel dommage," répliqua le voyageur en riant. "Comme je les ai payées, je vais les manger moi-même, alors."

**D.** L'autre jour un ami africain m'a parlé des hippopotames de son pays. Les dames hippos, m' a-t-il dit, vivent ensemble avec leurs petits sur une île de sable au milieu du Niger. Les enfants grandissent ensemble et au cours des jeux des amitiés se nouent entre garçons et filles hippos. A un certain âge les garçons sont mis à la porte (thrown out) par leurs mères et ils vont rejoindre les pères dans le fleuve.

Quand, devenu adulte, Monsieur Hippo désire prendre femme, il sort du fleuve, grimpe sur l'île et immédiatement, pour ne pas effrayer ces dames, il se couche sur le sable en signe de soumission. Alors il commence à regarder dans les yeux celle qu'il a choisi et il lui fait des clins d'oeil pendant une heure ou deux. Puis il retourne se reposer dans le fleuve.

Le soir venu, il ressort de l'eau et va s'installer sur son territoire qu'il a bien délimité et là il attend sa belle qui vient l'y retrouver.

Faire la cour à la mode hippo, c'est peut-être moins spectaculaire que la danse des gazelles, mais que voulez-vous, quand on pèse quarante tonnes il n'y a pas trente-six façons d'être romantique sans perdre sa dignité!

## LESSON 25

**A.** environ 32, vers 9 heures, devant le château, avant minuit, en voiture, dans sa voiture, à la campagne, dans une heure, aux yeux bleus, au-dessus du mur, les mains dans les poches, j'irai pour 3 jours, je suis ici depuis 3 jours, il attendit pendant une heure, on l'a fait en une heure, lundi, un beau jour, en avril, en été, le soir

**B.** la même maison, ils ont même crié, il a fait la même chose, tous les hommes, elle est toute pâle, quelques stylos, il y en a quelques-unes ici, chaque chaise, chacune d'elles, un tel animal, un animal si grand, tous les deux, quelqu'un en même temps, trois fois

**C.** en 1815, sous le règne de Louis XVI, une bouteille de vin, couvert de fumée, une douzaine d'hommes, à quelques kilomètres, il grimpe dans un arbre, tout droit, de la tête aux pieds, de temps en temps

**D.** Il y a quelques années M. Dubois et sa famille passèrent leurs vacances d'été à Fleury, un petit port près de Boulogne.

Un soir, Pierre et sa sœur décidèrent d'aller faire une promenade jusqu'à l'église du village, qui se trouvait au sommet des falaises.

Quand ils y arrivèrent, ils s'assirent pour se reposer sur le mur du cimetière. Il était presque dix heures et il commençait à faire nuit.

"J'espère qu'on ne va pas voir de fantômes," dit Marie. Au même moment, ils entendirent un bruit dans les buissons derrière les tombes.

"Il y a certainement quelque chose ou quelqu'un par là," dit Pierre, en ramassant un caillou. Il le jeta de toutes ses forces vers les buissons et une forme grise en sortit. Marie devint tout pâle et ils restèrent tous les deux immobiles.

A chaque pas le fantôme s'approchait d'eux. "J'ai peur. Courons," cria Marie.

Soudain la lune se montra entre les nuages, éclairant le fantôme qui se mit à braire. Ce n'était qu'un âne.

E. Avant d'arriver à mon village, près de la route s'élève une magnifique petite chapelle, isolée sur la lande (moor). A la nuit tombée un soir de tempête, l'endroit est solitaire et prend un air tragique.

Un vieux maçon (mason) m'a raconté comment son grand-père a vu de vrais fantômes dans la petite chapelle.

On savait bien dans le pays que la nuit, parfois, on voyait de la lumière dans la chapelle et on entendait chanter. On y avait même vu des gens qui priaient, et un curé (priest) qui disait la messe (mass), mais ce n'étaient pas le curé ni les gens du village.

Un soir de grande tempête, le grand-père du maçon revenait au village si trempé (drenched), si fatigué, qu'il entra dans la chapelle pour s'abriter (to take shelter). A sa grande surprise toutes les bougies (candles) étaient allumées et le curé disait la messe, mais il n'y avait personne pour la répondre. Alors le grand-père du maçon, qui était un jeune homme à l'époque, répondit la messe, en tremblant de peur car le curé et tous les assistants n'avaient pas de visage. C'étaient des âmes damnées (damned souls)! Elles avaient été condamnées à venir à cette messe jusqu'à ce qu'un vivant (living person) vienne (came) y répondre. Depuis ce soir-là personne n'a plus jamais vu de lumière ni a entendu des chants venir de la chapelle les soirs de tempête.

## REVISION

### (Lessons 21–25)

A. (a) Je vendrais, il verrait, ils viendraient, nous serions, elle aurait, ils iraient, vous pourriez, je ferais, il faudrait, ils courraient.

(b) J'avais vu, nous étions venus, ils s'étaient assis, quand il eut écrit, dès que nous fûmes arrivés, quand elle se fut levée, à peine avais-je parlé, nous aurons fini, il sera sorti, ils seront allés se coucher, il aurait fini, je serais resté, ils se seraient cachés.

(c) Il doit aller, je devais aller, ils devaient aller, j'aurais dû aller, elle devra aller.

B. (a) 1. Je lui ai dit d'aller. 2. Nous les avons invités à venir. 3. Elle espère se baigner. 4. Ils essayent de courir. 5. Vous avez promis de chanter. 6. Elle commencera (se mettra) à pleurer. 7. Ils ont oublié d'écrire. 8. Nous irons nous asseoir. 9. Je suis content(e) de vous voir. 10. Il voulait quelque chose à manger.

(b) 1. J'achète des œufs au fermier. 2. Il buvait dans un verre. 3. Ils montrèrent le chemin au voyageur. 4. Elle vous remercie de votre lettre. 5. Nous paierons pour le dîner. 6. J'empruntais des livres à mes amis. 7. Il regarde par la fenêtre. 8. Elle ressemblait à sa mère. 9. Nous utilisons un couteau. 10. Ils écouterons la chanson.

**C.** 1. Avez-vous un livre sur les chiens? 2. Nous irons là-bas pour trois jours. 3. Il a sauté par-dessus le mur. 4. Voici une vieille dame aux cheveux blancs. 5. Chaque maison a son jardin; chacune a un garage. 6. Voici quelques pommes: quelques-unes sont mauvaises. 7. Elles avaient les mêmes robes. 8. Même s'il vient. 9. Il a une si grande maison. 10. Je n'ai jamais vu un tel arbre.

**D.** Un jour, trois hommes entrèrent dans le buffet de la gare, s'assirent et commandèrent une bouteille de vin. L'un d'eux sortit pour chercher un employé et lui demanda de les appeler quand leur train arriverait.

Ils étaient de façon évidente très gais et quand ils eurent fini la première bouteille ils en commandèrent une autre.

Au bout d'une demi-heure l'employé ouvrit la porte et leur dit que leur train était arrivé.

Ils riaient maintenant de bon coeur et malgré l'avertissement de l'employé ils ne se dérangèrent pas.

Soudain ils entendirent au haut-parleur "Attention au départ". Les trois amis sortirent du restaurant en courant.

Deux d'entre eux arrivèrent à ouvrir la porte d'un wagon, et le troisième allait les suivre quand il glissa et tomba à plat ventre sur le quai.

Le train disparut, et l'employé se dépêcha à aider le pauvre voyageur.

"Vous vous êtes fait mal?" lui demanda-t-il. A sa grande surprise le monsieur éclata de rire.

"Pourquoi riez-vous, monsieur?" demanda l'employé.

"C'est parce que les deux messieurs qui sont partis dans le train ne sont venus que pour me souhaiter bon voyage," répliqua-t-il, en riant encore.

**E.** Un vieux capitaine excentrique rapporta un jour d'un de ses lointains voyages un perroquet extraordinaire. Il le dressa si bien que l'oiseau apprit à s'exprimer en longues phrases suivant la situation. Un petit discours aimable pour accueillir un ami du capitaine, un autre avec une voix terrible pour effrayer les gamins du voisinage, etc. . .

Un jour le capitaine, qui vieillissait, oublia de refermer la cage du perroquet. Celui-ci remarqua la chose immédiatement. Il attendit que le capitaine quittât la pièce, puis il poussa la porte de la cage et sortit. A petits coups d'aile il se dirigea vers la fenêtre ouverte. Une fois là il prit son envol et d'un trait se dirigea vers les bois de l'autre côté de la rivière.

Ivre de liberté, il sautait bruyamment de branche en branche, si bien qu'il attira l'attention d'un paysan qui revenait de la chasse.

Le paysan pensa qu'un perroquet empaillé (stuffed) serait un bel ornement dans sa maison et que sa femme serait enchantée de recevoir un tel cadeau. Il leva alors son fusil, épaula . . . mais au moment de tirer, le perroquet tonna (thundered) d'une voix majestueuse et tragique: "Mon fils, je suis l'âme de ta grand-mère. Quand ton heure sera venue, tu deviendras ce que je suis, ainsi que . . ."

Le paysan terrifié n'attendit pas d'entendre la suite. Il se sauva à toutes jambes et ne s'arrêta de courir qu'une fois rentré chez lui, après avoir fermé ses portes à double tour, et s'être versé un grand verre d'armagnac.

# VOCABULARY

*Note.*—For Days, Months, and Seasons, see Lesson IX.
For Countries, Inhabitants, etc., see Lesson X.

## FRENCH–ENGLISH

### A

**à,** to, at
**aboyer,** to bark
**acheter,** to buy
**adieu,** good-bye, farewell; **faire ses adieux,** to say good-bye
**adorer,** to adore, worship
s' **adresser à,** to address oneself to, speak to
une **affaire,** affair, deal, matter, **les affaires,** business
**afin de,** in order to
**affreux,** awful, frightful
un **âge,** age
**âgé,** aged, old
s' **agenouiller,** to kneel (down)
**agiter,** to move quickly, agitate; to wave; **s'agiter,** to be troubled
**agréable,** pleasant, agreeable
**agricole,** agricultural
**aider,** to help
**aigu,** pointed, sharp; shrill
une **aile,** wing
**aimer,** to like, love
**aîné,** elder, eldest
**ainsi,** thus, so; **ainsi que,** even as
un **air,** air, look; **en plein air,** in the open (air); **avoir l'air (de),** to seem (to)
**ajouter,** to add
**aller,** to go; **s'en aller,** to go away
**allons!** come now! come on!
**allumer,** to light
**alors,** then
**amener,** to bring
un **ami,** friend
**amuser,** to amuse; **s'amuser,** to enjoy oneself

un **an,** year
**ancien,** old, former
un **âne,** donkey, ass
**anglais,** English
l' **Angleterre** (*f.*), England
une **année,** year
**annoncer,** to announce
**apercevoir,** to perceive, catch sight of
**apparaître,** to appear
un **appartement,** flat, suite
**appartenir,** to belong
**appeler,** to call; **s'appeler,** to be called (named)
**apporter,** to bring
**apprendre,** to learn; to hear
s' **approcher (de),** to approach, go up to
**après,** after
un **après-midi,** afternoon
un **arbre,** tree
l' **argent** (*m.*), silver; money
une **armoire,** wardrobe
**arracher,** to snatch, pull up, tear out
**arrêter,** to stop, arrest; **s'arrêter,** to stop
en **arrière,** back(wards)
une **arrivée,** arrival
**arriver,** to arrive, come (along); to happen
**articuler,** to articulate, pronounce
s' **asseoir,** to sit down
**assez,** enough, sufficiently; fairly, rather
**assis,** seated, sitting
**assister (à),** to be present (at), to witness
**atteindre,** to attain, reach
**attendre,** to await, wait for, expect
une **attente,** wait

faire **attention,** to be careful, to pay attention

**attentivement,** attentively, closely

**attraper,** to catch

**attristé,** saddened

une **auberge,** inn

**aucun** ( +**ne**), no, none

**au-dessus (de),** above

**aujourd'hui,** today

**aussi,** also, too

**aussitôt,** at once, immediately

**autant,** as much

**autour de,** round

**autre,** other

s' **avancer,** to advance, go (come) forward

**avant,** before; **en avant,** forward, in front; **avant que** ( +*subj.*), before

**avec,** with

une **aventure,** adventure

**avoir,** to have

## B

se **baigner,** to bathe, dip

le **balai,** broom, long-handled brush

le **banc,** bench, seat

la **barque,** (sailing-) boat

**bas** (*adj.*), low; (*adv.*) quietly

**battre,** to beat; **se battre,** to fight

**beau** (*f.* **belle**), beautiful, fine, handsome

**beaucoup,** (very) much, a great deal

la **besogne,** task, job

le **besoin,** need; **avoir besoin,** to need

la **bête,** creature, animal, beast

**bête,** stupid, dull-witted

le **beurre,** butter

**bien,** well, very, certainly, duly; **eh bien!** well!

**bientôt,** soon, presently

le **billet,** ticket

**blanc** (*f.* **blanche**), white

le **blé,** corn

**blesser,** to injure, wound

**bleu,** blue

le **boeuf,** ox, beef

**boire,** to drink

le **bois,** wood

la **boîte,** box

**bon** (*f.* **bonne**), good, kind, right

le **bond,** bound

**bondir,** to leap

la **bonne,** maid

le **bord,** side, edge, brim, shore

**border,** to border, line

la **bouche,** mouth, lips

le **boulevard,** boulevard

la **bourse,** purse

le **bout,** end

la **bouteille,** bottle

la **boutique,** shop

le **bras,** arm

la **Bretagne,** Brittany

**briller,** to shine, show bright

se **briser,** to break

le **brouillard,** fog, mist

**brouillé,** uncertain, not clear

le **bruit,** noise

**brûler,** to burn

la **brume,** mist

**brusquement,** quickly, sharply

le **buffet,** sideboard

le **buisson,** bush

le **bureau,** office, study

## C

**ça,** that

le **cabinet,** study, consulting-room

**cacher,** to hide

le **cadeau,** present

le **café,** coffee

la **campagne,** country (-side)

le **canapé,** sofa, settee

le **canard,** duck

la **canne,** walking-stick

**car,** for, because

la **carte,** map, card

la **casquette,** (*cloth*) cap

**casser,** to break (down)

à **cause de,** because of

**causer,** to talk, chat

**celle,** she; that; the one

**celui,** he; that; the one; **celui-ci,** this one, the latter

**cependant,** yet, however

**cesser,** to cease, stop

**ceux,** these, those; **ceux-ci,** these, the latter

**chacun,** each one, each person
la **chaise,** chair
la **chambre, (à coucher),** bedroom
le **champ,** field
la **chanson,** song
**chanter,** to sing, carol; to chirp
le **chapeau,** hat
**chaque,** each
**charmant,** charming, delightful
**chasser,** to hunt, shoot; to drive away
le **chasseur,** hunter
le **château,** castle
**chaud,** warm
le **chef,** chief, head, leader
le **chemin,** road, way, lane; le **chemin de fer,** railway
la **cheminée,** chimney, fireplace, hearth
le **chêne,** oak
**cher** ( *f.* **chère**), dear
**chercher,** to seek, look for, get; **aller chercher,** to fetch
le **cheval,** horse
**chez,** at the house of; **chez moi,** at my house, at home
le **chien,** dog
**choisir,** to choose
la **chose,** thing
le **chou,** cabbage, darling, pet
le **ciel** ( *plur.* **les cieux**), sky, heaven
la **circulation,** traffic
les **ciseaux** (*m.*), scissors
**clair,** clear, light
la **classe,** class
le **clocher,** steeple, church tower
le **coin,** corner
la **colère,** anger, rage
la **colline,** hill
**combien,** how much (many)? how
**comme,** as, like
**comment?** how?
le **compagnon,** companion
**comprendre,** to understand
le **comté,** county
le **concierge,** caretaker
**conduire,** to conduct, lead, drive, take, guide

le **congé,** holiday
**connaître,** to know
**conserver,** keep
**content,** pleased, glad, satisfied
**contre,** against; by
le **contrebandier,** smuggler
la **corde,** rope
le **corps,** body
le **côté,** side; **à côté de,** beside, next to, close to, by; **de tous côtés,** in all directions
**coucher,** to lie, to sleep; **se coucher,** to go to bed
**couler,** to flow
la **couleur,** colour
le **coup,** stroke, blow; shot; **tout à coup,** suddenly
**couper,** to cut
la **cour,** court; yard
**courbé,** bent
**courir,** to run, hasten
**court,** short
le **couteau,** knife
**coûter,** to cost
la **cravate,** tie
**creuser,** to dig
le **cri,** cry, shout
**crier,** to call (out), cry, shout, yell, scream
**croire,** to think, believe; **croire à,** to believe in
la **cuisine,** kitchen
**cultiver,** to cultivate, grow
le **cygne,** swan

### D

**d'abord,** first (of all)
la **dame,** lady
**dans,** in, into
**debout,** upright, standing, stand up!
**découvrir,** to discover, uncover
**défendre,** to defend; to forbid
**dehors,** outside
**déjà,** already
**déjeuner,** to lunch, have lunch; le **déjeuner,** lunch; le **petit déjeuner,** breakfast
**demain,** tomorrow
**demander,** to ask (for); **se demander,** to wonder

**demeurer,** to remain; to live
**demi,** half
la **dent,** tooth
le **départ,** departure
**depuis,** since
**déranger,** to trouble, disturb; to shift
**dernier,** last
**derrière,** behind
**descendre,** to get down, get out
**devant,** in front of
**devenir,** to become
**devoir,** to owe; to have to, must
le **devoir,** duty; **les devoirs,** (*school*) homework
**dicter,** to dictate
**Dieu,** God; **mon Dieu!** gracious me!
**difficile,** difficult
**dîner,** to dine; **le dîner,** dinner
**dire,** to say, tell
le **directeur,** manager; (*school*) headmaster; **P.D.G (Président Directeur Général)** managing director
se **diriger vers,** to make for, go towards
**disparaître,** to disappear
le **doigt,** finger; claw
le **domestique,** servant
**donc,** therefore, so, then
**donner,** to give
**dont,** whose, of which
**dormir,** to sleep
le **dos,** back
le **douanier,** customs officer
**doucement,** gently, softly
**doux** (*f.* **douce**), sweet. gentle, soft, quiet
**droit,** right
**dur,** hard
**durer,** to last

### E

l' **eau** (*f.*), water
(s') **échapper,** to escape
**éclairer,** to light (up), illuminate
**éclater,** to burst
une **école,** school
**écouter,** to listen (to)
s' **écrier,** to exclaim, call out

**écrire,** to write
une **écurie,** stable
s' **effondrer,** to collapse, to give way
une **église,** church
s' **élancer,** to rush, dash
s' **élever,** to rise (buildings, etc.)
**embrasser,** to embrace, kiss
**emmener,** to take (away), lead (away)
**empêcher,** to stop, prevent
un **emploi,** job; use
un **employé,** clerk, member of staff
**emporter,** to carry (take) away; to carry along
**en,** in
**encore,** yet, again, still, further
s' **endormir,** to go to sleep
un **endroit,** place, spot
un(e) **enfant,** child
**enfin,** finally, at last
**énorme,** huge
**enseigner,** to teach
**ensemble,** together
**ensuite,** then, afterwards
**entendre,** to hear
**entourer,** to surround
**entre,** between
**entrer,** to enter, come in, go in
**environ,** about
**envoyer,** to send
**épais** (*f.* **épaisse**), thick
une **épaule,** shoulder
un **épicier,** grocer
une **époque,** time
**épuisé,** exhausted, tired out
un **équilibre,** balance
un **escalier,** staircase, stairs
une **espèce,** kind, sort
**espérer,** to hope
**essayer,** to try (to = de)
une **étable,** (cow-) shed
un **étage,** floor, storey
l' **été** (*m.*), summer
l' **étonnement** (*m.*), astonishment, surprise
**étonner,** to surprise, astonish; **s'étonner,** to be surprised (astonished)
**étrange,** strange
un **étranger,** stranger, foreigner

être, to be
étroit, narrow
étudier, to study
examiner, to examine, inspect
excepté; à l'exception de, excepting, with the exception of
expliquer, to explain
extérieur, external, outside

## F

en face, opposite, facing, right in front
fâché, annoyed
facile, easy
le facteur, postman
la faim, hunger
faire, to make, do
la falaise, cliff
falloir, to be necessary
farouche, wild, untamed
fatigué, tired, weary
le fauteuil, arm-chair
faux, false
la femme, woman, wife; la femme de chambre, maid
la fenêtre, window
le fer, iron; steel
la ferme, farm
fermer, to close, shut
la fermière, farmer's wife
la fête, celebration, festivity, birthday; un jour de fête, holiday
le feu, fire
la feuille, leaf
fidèle, faithful
fier, proud
la figure, face
filer, to travel (cars, etc.)
la fille, girl, daughter
la fillette, little girl
le fils, son
la fin, end
finir, to finish
la fleur, flower; en fleurs, in bloom, in blossom
le fleuve, (great) river
la foire, fair
la fois, time; une fois, once
le fond, bottom, far end

formidable, frightful, formidable; (colloquial) wonderful
fort (adj.) strong; (adv.) very loud
la foule, crowd
frais (f. fraîche), fresh, cool
frapper, to hit, knock, strike
le frère, brother
froid, cold; le froid, cold
la fumée, smoke
fumer, to smoke
le fusil, rifle, gun

## G

gagner, to earn
gai, gay
le gant, glove
le garçon, boy; waiter
garder, to keep, preserve
la gare, station
gauche, left
le gendarme, policeman
généralement, generally, usually
les gens, people
la glace, ice; (carriage) window
glisser, to slide, slip
la grange, barn
la grappe, bunch, cluster
gravir, to climb (hill, etc.)
grimper, to climb (trees, etc.)
gros (f. grosse), big, stout
guetter, to watch for, look out for

## H

(Words beginning with h aspiré are marked with an asterisk.)
s' habiller, to dress
habiter, to live (in)
une habitude, habit; comme d'habitude, as usual
la *haie, hedge
le *hangar, shed
le *hasard, chance
en *hâte, in haste, hurriedly
*haut, high, tall; en haut, above, at the top
l' herbe (f.), grass
une heure, hour, time; de bonne heure, early

heureusement, fortunately
hier, yesterday
une histoire, story
l' hiver (m.), winter
un homme, man
une horloge, clock

**I**

ici, here
une idée, idea
une injure, insult
inquiet, anxious
s' inquiéter, to worry
s' installer, to settle oneself, settle down
un instant, instant, moment
intéressant, interesting
un invité, guest
isolé, lonely

**J**

jamais (+ ne), never
la jambe, leg
le jardin, garden
jaune, yellow
jeter, to throw
le jeu, game
jeune, young
joli, pretty
jouer, to play
le jour, day, daylight
le journal, newspaper; diary
la journée, day
la jupe, skirt
jurer, to swear
jusqu'à, as far as, up to, until
justement, precisely

**L**

là, there, here
laisser, to leave, let
le lait, milk
le lapin, rabbit
large, wide, broad
la leçon, lesson
léger, light, slight
le légume, vegetable
le lendemain, the next day
lentement, slowly
lequel (laquelle), which
lever, to raise; se lever, to get up
libre, free

le lieu, place; avoir lieu, to take place; au lieu de, instead of
le lit, bed
le livre, book
loin, distant, far; au loin, in the distance
long (f. longue), long; le long de, along
longtemps, long, a long time
lorsque, when
lourd, heavy
la lumière, light
la lune, moon
le lycée, grammar-school

**M**

le magasin, shop
la main, hand
maintenant, now
le maire, mayor
mais, but
la maison, house
mal, badly, ill
malade, ill
malgré, in spite of
malheureusement, unfortunately
malheureux, unhappy, unfortunate
maman, mother, 'mummy'
manger, to eat
manquer, to lack; to miss; to fail
le marchand, merchant, dealer, shopkeeper
le marché, market; la place du marché, market-place
marcher, to walk
le mari, husband
le marin, sailor (profession)
le matelot, sailor (rank)
le matin, morning
la matinée, morning (whole)
mauvais, bad, wretched, nasty
meilleur, better, best
même, same, self, very, even
mener, to take, lead
la mer, sea
la mésaventure, misadventure
mettre, to put, to take (time); se mettre à, to start to
les meubles (m.), furniture

**midi**, midday, noon
le **mien (la mienne,** *etc.*), mine
**mieux**, better; **aimer mieux**, to prefer
le **milieu**, middle
**mille**, (a) thousand
**misérable**, miserable, wretched
la **mode**, fashion
**moindre**, smallest, slightest
**moins**, less, least; not so; **au moins**, at least
le **mois**, month
la **moitié**, half
le **moment**, moment; **au moment où**, at the moment when, just as
le **monde**, world; **tout le monde**, everybody
le **monsieur**, (the) gentleman
la **montagne**, mountain, hill
**monter**, to rise, mount, go up, get in
la **montre**, watch
**montrer**, to show
le **morceau**, piece, bit, fragment
**mort**, dead
le **mot**, word
le **mouchoir**, handkerchief
le **moulin**, mill
**mourir**, to die
le **mouton**, sheep
le **moyen**, means, way
le **mur**, wall
le **musée**, museum

## N

**nager**, to swim
le **navire**, ship
**ne ... plus**, no longer; **ne ... que**, only
**neiger**, to snow
**neuf**, new
le **nez**, nose
**Noël**, Christmas
**noir**, black
le **nom**, name
**nouveau** (*f.* **nouvelle**), new; **de nouveau**, again, afresh
la **nouvelle**, piece of news
le **nuage**, cloud
la **nuit**, night, dark, darkness
le **numéro**, number

## O

**obéir**, to obey
une **occasion**, opportunity, chance
**occupé**, occupied, busy
un **œil** (*plur.* **les yeux**), eye; **un coup d'œil**, glance
un **œuf**, egg
**offrir**, to offer
un **oiseau**, bird
l' **ombre** (*f.*), shade, shadow
l' **or** (*m.*), gold
**oser**, to dare
**ôter**, to take off, take from
**oublier**, to forget
**ouvert**, open
**ouvrir**, to open

## P

le **pain**, bread, loaf
le **palais**, palace
le **panier**, basket
le **papier**, paper
le **paquet**, parcel, packet
**par**, by, through; out of
**paraître**, to appear, seem, look
le **pardessus**, overcoat
**pareil** (*f.* **pareille**), such, similar, like
**parler**, to talk, speak
**parmi**, among
la **parole**, word
la **part**, share; **de la part de**, on the part of, from
**partir**, to start (off), set out; **à partir de**, starting from
**partout**, everywhere
le **pas**, step, footstep, pace
le **passant**, passer-by
**passer**, to pass; to go by; to spend (*time*); **se passer**, to happen, take place
la **patte**, foot
**pauvre**, poor
**payer**, to pay (for)
le **pays**, country
le **paysan**, peasant
la **peau**, skin, hide
le **pêcheur**, fisherman
la **peine**, difficulty; **à peine**, hardly, scarcely
**se pencher**, to lean forward, bend forward

**pendant**, during; **pendant que**, while
**pendu**, hanging
**penser**, to think
le **père**, father
**permettre**, to permit, allow
le **perroquet**, parrot
la **personne**, person; **personne + ne**, nobody
**petit**, small
**peu**, little, few
la **peur**, fear; **avoir peur**, to be afraid
**peut-être**, perhaps
la **pièce**, room; **la pièce de monnaie**, coin
le **pied**, foot
la **pierre**, stone
le **pistolet**, pistol
la **place**, place; square; room
la **plage**, beach
**plaire**, to please
le **plat**, dish
**plat**, flat
**plein**, full
**pleurer**, to cry, weep
**pleuvoir**, to rain
**plier**, to bend
la **pluie**, rain
la **plume**, pen (nib)
la **plupart**, most
**plus**, more
**plusieurs**, several
le **pneu**, tyre
la **poche**, pocket
la **pointe**, point
le **poisson**, fish
la **pomme**, apple; **la pomme de terre**, potato
le **pommier**, apple-tree
le **pont**, bridge; (of a ship) deck
le **port**, port, harbour
la **porte**, door, gate
la **porte-fenêtre**, French window
**porter**, to carry, bear, wear
la **portière**, door (of a conveyance)
**poser**, to put, place, stand; to ask (a question)
**possible**, possible
le **poulet**, chicken
**pour**, for; in order to
**pourquoi?** why?

**pousser**, to push (forward); to utter
la **poussière**, dust
**pouvoir**, to be able
**précipiter**, to throw; **se précipiter**, to rush
**premier** (f. **première**), first
**prendre**, to take
se **préparer à**, to prepare for, get ready for
**près (de)**, near (to, by); **de près**, at close quarters; **à peu près**, almost, nearly
**présenter**, to introduce; **se présenter**, to present oneself
**presque**, almost, nearly
**pressé**, pressed, in a hurry
**prêt**, ready
**prêter**, to lend
**prier**, to pray (to), beg
le **prix**, price
**prochain**, next
la **promenade**, walk
se **promener**, to walk, go about
**propre**, own, clean
le **propriétaire**, owner
**puis**, then, next
**puisque**, since
**punir**, to punish

## Q

le **quai**, quay, (railway) platform
**quand**, when
**quant à**, as for
le **quart**, quarter
**quelque** (adj.), some
**quelquefois**, sometimes
**quelqu'un**, somebody
**quitter**, to leave
**quoi**, what
**quoique**, although

## R

**raconter**, to relate, tell
la **raison**, reason; **avoir raison**, to be right
**ramasser**, to pick up
se **rappeler**, to remember
**rapporter**, to bring (take) back

**rare,** rare
**recevoir,** to receive
se **réchauffer,** to warm oneself, get warm
**reconnaître,** to recognize
**reculer,** to recoil, retreat
le **regard,** glance
**regarder,** to look at, watch; to concern
le **règne,** reign
**regretter,** to regret, be sorry
**remarquer,** to notice
**remercier,** to thank
**remplacer,** to replace, substitute
**remplir,** to fill
**rencontrer,** to meet, encounter
**rendre,** to render; **rendre visite (à),** to call upon
**rentrer,** to come (go) in; to go (come) home
**renverser,** to overturn, upset
le **repas,** meal
**répliquer,** to reply
**répondre,** to answer, reply
se **reposer,** to rest
**rester,** to stay, remain
en **retard,** late
le **retour,** return
**retourner,** to return, go back; se **retourner,** to turn (look) round
**réussir,** to succeed
se **réveiller,** to waken, wake up
**revenir,** to come back, return
au **revoir,** good-bye
le **rez-de-chaussée,** ground floor
**riant,** laughing
le **rideau,** curtain
**rien ( + ne),** nothing
**rire,** to laugh
la **rive,** bank
la **rivière,** river
la **robe,** dress
le **rocher,** rock
le **roi,** king
le **roman,** novel
**rôti,** roast
la **roue,** wheel
**rouler,** to roll, go along, travel
la **route,** (main) road, highway

la **rue,** street, road
le **ruisseau,** brook

## S

le **sable,** sand; gravel
le **sac,** bag
**saisir,** to seize, grip
la **saison,** season
**sale,** dirty, filthy
la **salle,** (living) room; **la salle à manger,** dining-room; **la salle de bain,** bathroom
le **salon,** drawing-room
le **sang,** blood
**sans,** without
la **santé,** health
le **sapin,** fir (-tree)
le **saut,** jump, leap
**sauter,** to jump
**sauvage,** wild
**sauver,** to save; se **sauver,** to run away, decamp
**savoir,** to know (how)
**sec ( f. sèche),** dry
le **sécateur,** pruning-shears
**secouer,** to shake
au **secours!** help!
le **séjour,** stay; living
la **semaine,** week
**sembler,** to seem
le **sentier,** path, pathway
**sentir,** to feel; to smell (of)
**serrer,** to grip, clasp; se **serrer la main,** to shake hands
**servir,** to serve; **servir de,** to serve as; se **servir de,** to use, make use of
**seulement,** only
**si,** if; yes; so (*adv.*)
**siffler,** to whistle
le **sifflet,** whistle; **un coup de sifflet,** a whistle blast
le **signe,** sign; **faire signe,** to beckon
le **singe,** monkey
la **sœur,** sister
la **soif,** thirst
le **soir,** evening
la **soirée,** evening
le **soldat,** soldier
le **soleil,** sun
**sombre,** dark (-coloured)
le **sommeil,** sleep

le **sommet**, top
le **son**, sound, notes, ringing
  **sonner**, to ring (the bell), ring
  for
la **sorte**, kind, sort
  **sortir**, to go (come) out; take
  out
le **sou**, halfpenny, copper
  **souffler**, to blow
  **souffrir**, to suffer
  **soulever**, to raise, lift
le **soulier**, shoe
  **sourire**, to smile; le **sourire**,
  smile
  **sous**, under, beneath
  **soutenir**, to hold up, support
le **souvenir**, memory, recol-
  lection
  **souvent**, often
  **suivant**, next, following
  **suivre**, to follow
le **sujet**, subject; **au sujet de**,
  about
  **sur**, on
  **surtout**, especially

## T

le **tabac**, tobacco; le **bureau de**
  **tabac**, tobacconist's
la **table**, table
le **tableau**, picture
se **taire**, to be silent, keep quiet
  **tant**, so much (many)
la **tante**, aunt
le **tapis**, carpet
  **tard**, late
le **tas**, heap
  **tel** (_f._ **telle**), such; such and
  such
  **tellement**, so, to such a degree
la **tempête**, storm
le **temps**, time; weather; **en**
  **même temps**, at the same
  time; **de temps en temps**,
  from time to time
  **tenir**, to hold
  **terminer**, to finish, end
le **terrain**, ground
la **terre**, earth; ground; **par**
  **terre**, on the ground; **à**
  **terre**, to the ground
la **tête**, head; **lever la tête**, to
  look up

  **tiens!** here! look! I say!
  **timide**, shy
  **tirer**, to pull, draw, take out;
  to shoot, fire
le **toit**, roof
  **tomber**, to fall; **laisser**
  **tomber**, to drop
avoir **tort**, to be wrong
  **tôt**, early, soon
  **toujours**, always, still; all the
  same; **comme toujours**, as
  usual
la **tour**, tower
le **tour**, turn, tour; **faire le tour**,
  to go round
  **tourner**, to turn
  **tout**, all; any
  **tout de suite**, at once
  **tranquille**, quiet
  **trapu**, thick-set
le **travail** (_pl._ **travaux**), work
  **travailler**, to work
à **travers**, through, across
la **traversée**, crossing, voyage
  **traverser**, to cross, pass
  through
  **très**, very
  **triste**, sad
se **tromper**, to be mistaken,
  make a mistake
  **trop**, too much (many)
le **trou**, hole
  **troué**, in holes
  **trouver**, to find; se **trouver**, to
  be (found)
  **tuer**, to kill

## U

  **usé**, worn, threadbare
une **usine**, factory

## V

la **vache**, cow
le **vagabond**, tramp
la **vague**, wave
  **vendre**, to sell
  **venir**, to come; **venir de**
  **(faire)**, to have just (done)
le **vent**, wind
le **verre**, glass
  **vers**, towards
à **verse**, in torrents
  **verser**, to pour

vert, green
le **vestibule**, (entrance) hall
le **vêtement**, garment; les **vêtements**, clothes
la **viande**, meat
**vide**, empty
la **vie**, life; **gagner sa vie**, to earn one's living
**vieille** (*f. of* **vieux**), old
**vieux**, old
la **vigne**, vine, small vineyard
le **vigneron**, vine-grower
le **vignoble**, vineyard
le **vin**, wine
la **ville**, town
le **visage**, face
la **visite**, visit; **faire, rendre visite à,** to call upon, pay a visit to
**visiter**, to visit; to inspect
**vite**, quickly
la **vitesse**, speed
la **vitrine**, shop-window
**voici**, here is
**voilà**, there (here) is (are); **me voilà!** here I am!

la **voile**, sail
**voilé**, veiled
**voir**, to see
le **voisin** (*f.* la **voisine**), neighbour
**voisin**, neighbouring
le **voisinage**, neighbourhood
la **voiture**, carriage, vehicle, car
la **voix**, voice
**voler**, (1) to fly; (2) to steal
le **volet**, shutter
le **voleur**, thief, robber
**vouloir**, to wish, want; **vouloir dire**, to mean
le **voyage**, journey, travel
**voyager**, to travel
le **voyageur** (*f.* la **voyageuse**), traveller
**vrai**, true, right
**vraiment**, really, indeed

## Y

les **yeux** (*plur.* of **l'œil**, *m.*), eyes; **lever les yeux**, to look up

*Note.*—Irregular Verbs are indicated by an asterisk.

## A

**able, to be,** pouvoir*
**about,** ( = *approximately*) environ; ( = *time*) vers; ( = *about to*) sur le point de
**abroad,** à l'étranger
to **accept,** accepter
**accident,** un accident
to **accompany,** accompagner
**across,** à travers
**address,** une adresse
to **advance,** s'avancer
**adventure,** une aventure
to **advise,** conseiller
**Africa,** l'Afrique (*f.*)
**afraid, to be,** avoir* peur
**after(wards),** après
**afternoon,** un(e) après-midi
**again,** encore, de nouveau
**ago; (a month) ago,** il y a (un mois)
**alarmed, worried (to be),** s'inquiéter
**all,** (*sing.*) tout, toute; (*plur.*) tous, toutes; **not at all,** pas du tout
to **allow,** permettre,* laisser
**alone,** (tout) seul
**along,** le long de
**already,** déjà
**also,** aussi
**although,** bien que (*or* quoique) +*subj.*
**always,** toujours
**among,** parmi
to **amuse,** amuser
**angry,** fâché; **get angry,** se fâcher
**animal,** un animal (*plur.* des animaux); la bête
**another,** un(e) autre
**answer,** la réponse
to **answer,** répondre
**anything,** quelque chose; **not anything,** ne . . . rien

to **appear,** paraître,* apparaître*
**apple,** la pomme; **apple-tree,** le pommier
to **approach,** s'approcher (de)
**arm-chair,** le fauteuil
**arrival,** une arrivée
to **arrive,** arriver
**as,** comme; **as far as,** jusqu'à
to **ask (for),** demander; ( = *to request*) prier (**to** = de)
**asleep,** endormi
**astonished,** étonné
**astonishment,** l'étonnement (*m.*)
**attack,** attaquer
to **attend** ( = *be present*), assister (à)
**aunt,** la tante
**autumn,** l'automne (*m.*)
**avoid,** éviter

## B

**back,** le dos
**bad,** mauvais
**bag,** le sac
**balcony,** le balcon
**ball,** la balle
**bank,** le bord, la rive
to **bark,** aboyer
**barn,** la grange
**basket,** (*small*) la corbeille; (*large*) le panier
to **bathe,** se baigner
**beach,** la plage
to **beat,** battre*
**beautiful,** beau (*f.* belle)
**because,** parce que
to **become,** devenir
**bed,** le lit; **to go to bed,** se coucher
**bedroom,** la chambre (à coucher)
**beef,** le bœuf

**before**, (*time*) avant; **before (doing)**, avant de (faire)

to **begin (to)**, commencer (à), se mettre (à)*

**behind**, derrière

to **belong**, appartenir*

**below**, en bas

to **bend down**, se baisser, se pencher

**beside**, à côté de, auprès de

**besides**, d'ailleurs

**best**, (*adj.*) meilleur; (*adv.*) mieux

**better**, (*adj.*) meilleur; (*adv.*) mieux

**between**, entre

**bicycle**, la bicyclette, le vélo

**big**, gros (*f.* grosse), grand

**bird**, un oiseau

**black**, noir

**blue**, bleu

**boat**, le bateau

**book**, le livre, le cahier (*exercise book*)

**bordered (with)**, bordé (de)

to **borrow**, emprunter

**both**, tous (les) deux

to **bother**, déranger

**bottle**, la bouteille

**bottom**, le fond, le derrière

**box**, la boîte

**boy**, le garçon, l'enfant

**bray**, braire

**bread**, le pain

**bridge**, le pont

to **bring**, (*a thing*) apporter; (*a person*) amener; **to bring back**, rapporter, ramener

**brook**, le ruisseau

**brother**, le frère

**brown**, brun

**building**, le bâtiment

**built**, bâti

to **burn**, brûler

**bus**, un autobus; **by bus**, en autobus

**bush**, le buisson

**busy (doing)**, occupé à (faire)

**but**, mais

**butcher**, le boucher

**butter**, le beurre

to **buy**, acheter

**by** ( = *near*), près de

## C

**cabbage**, le chou (*plur.* les choux)

**café**, le café

**cake**, le gâteau

to **call**, appeler; **to call out**, crier

**calm**, calme

**calmly**, tranquillement

**captain**, le capitaine

**car**, une auto, la voiture

**card**, la carte; **to play cards**, jouer aux cartes

**care**, le soin

**caretaker**, le (la) concierge

to **carry**, porter; **to carry off**, emporter

**castle**, le château

**cat**, le chat

to **catch**, attraper; (*a train*) prendre*

to **cease**, cesser (de)

**certainly**, certainement

**chair**, la chaise

**charming**, charmant

to **chat**, causer

**chauffeur**, le chauffeur

**cheese**, le fromage

**chief**, le chef

**child**, un(e) enfant

**choose**, choisir

**Christmas**, Noël

**church**, une église

**cinema**, le cinéma

**city**, la ville

**class**, la classe

**classroom**, la (salle de) classe

**clean**, propre (*after noun*)

**clear**, clair

**clerk**, un employé

**cliff**, la falaise

to **climb**, ( = *to clamber up*), grimper sur (*or* dans); ( = *to walk up*) gravir, monter

**clock**, (*big*) une horloge, (*small*) la pendule

**close**, près (de); **quite close**, tout près

to **close**, fermer

**clothes**, les vêtements (*m.*)

**cloud**, le nuage

**cloudless**, sans nuage

**coast**, la côte

coat, (*woman's*) le manteau
coffee, le café
coin, la pièce
cold, froid; **to be cold,** (*person*) avoir\* froid
to collect, collectionner
to come, venir\*; **to come back,** revenir\*; **to come down,** descendre; **to come home,** revenir\* (rentrer) à la maison; **to come in,** entrer; **to come out,** sortir\*; **to come up,** monter; **to come up to,** s'approcher (de)
comfortable, confortable
compartment, le compartiment
corn, le blé
corner, le coin
to cost, coûter
cottage, la petite maison, la chaumière
to count, compter
country, le pays; ( = *countryside*) la campagne; **in(to) the country,** à la campagne
courage, le courage
of course, bien entendu, naturellement
cousin, le cousin, la cousine
covered with, couvert de
cow, la vache
to cross, ( = *go across*) traverser
crowd, la foule
to cry, pleurer; ( = *to exclaim*) crier, s'écrier
cup, la tasse
cupboard, le placard
to cure, guérir
customs-officer (-man), le douanier
to cut, couper
to cycle, aller\* à bicyclette

**D**

dance, le bal (*plur.* les bals)
danger, le danger
to dare, oser
to dash, s'élancer
day, le jour, la journée; (the) **next day,** le lendemain
dead, mort

dear, cher (*f.* chère)
death, la mort
to decide (to), décider (de)
deeply, profondément
to depart, partir
departure, le départ
to desire, désirer
desk, le bureau; (*school*) le pupitre
dictionary, le dictionnaire
to die, mourir\*
difficult, difficile
to dine, dîner
dinner, le dîner
disagreeable, désagréable
to disappear, disparaître\*
to discover, découvrir\*
to disembark, débarquer
to dismount, descendre
distance, la distance; **in the distance,** au loin
to disturb, déranger
to do, faire\*
doctor, le médecin; (*title*) docteur
dog, le chien
donkey, un âne
door, la porte; (*carriage*) la portière
down, to go, descendre
downstairs, en bas
dozen, la douzaine
to draw, tirer
drawer, le tiroir
drawing, le dessin
drawing-room, le salon
dress, la robe
to dress, s'habiller; **dressed in,** habillé de
to drink, boire\*
to drive, conduire\*
to drop, laisser tomber
during, pendant

**E**

each, (*adj.*) chaque; **each (one),** chacun(e)
ear, une oreille
early, de bonne heure, tôt; **earlier,** plus tôt; **so early,** si tôt
to earn, gagner
Easter, Pâques

easy, facile.
end, ( = *finish*) la fin; (*of a thing*), le bout
to enjoy, jouir de; to enjoy oneself, s'amuser
enormous, enorme
enough, assez (de)
to enter, entrer
to escape, s'échapper
especially, surtout
estate, la propriété
even, même
evening, le soir, la soirée
ever, jamais
every, chaque; every day, tous les jours
everybody, tout le monde
everything, tout
everywhere, partout
evidently, évidemment
examination, un examen
excellent, excellent
except, sauf
to exclaim, s'écrier
excursion, une excursion
exit, la sortie
to explain, expliquer
to expose, exposer
eye, un œil (*plur.* des yeux)

**F**

face, le visage, la figure
fair, (*of persons*) blond
fair, la foire
fairly, assez
to fall, tomber
family, la famille
far, loin; as far as, jusqu'à
farm, la ferme; farmyard, la cour (de ferme)
farmer, le fermier
farthing, le sou
fast, vite
father, le père
to fear, avoir* peur (de), craindre*
ferocious, féroce
to fetch (*or* go and fetch), aller chercher
a few, quelques
field, le champ
to fight, se battre
film, le film
finally, enfin
to find, trouver

fine, beau (*f.* belle)
finger, le doigt
to finish, finir, terminer
fire, le feu
first, premier (*f.* première); first(ly), d'abord
fish, le poisson
to fish, pêcher
fisherman, le pêcheur
fishing-boat, le bateau de pêche
flower, la fleur
to fly, voler; to fly away, s'envoler
foggy, it is, il fait du brouillard
to fold, plier
to follow, suivre*
fond; to be (very) fond of, aimer beaucoup
foot, le pied; on foot, à pied
football, le football; to play football, jouer au football
footstep, le pas
for, (*conj.*) car; (*prep.*) pour; (= *during*) pendant
to forbid, défendre
to forget (to), oublier (de)
formerly, autrefois
fortnight, quinze jours; une quinzaine (de jours)
fortune, la fortune; to make one's fortune, faire fortune
franc, le franc
to freeze, geler; it freezes, il gèle
friend, un(e) ami(e)
to frighten, effrayer, faire* peur
in front of, devant
fruit, le fruit
full, plein
funny, drôle, amusant
furniture, les meubles (*m.*)

**G**

gaily, gaîment
garage, le garage
garden, le jardin
gardener, le jardinier
gate, la barrière
to gather, cueillir*
gay, gai
generally, généralement
gentleman, le monsieur
to get, chercher; to go and get, aller* chercher; to get up,

se lever; **to get in** (*a conveyance*), monter; **to get out** (*of a conveyance*), descendre

**girl,** la jeune fille

to **give,** donner; **to give back,** rendre

**glad,** content

**glass,** le verre

**glove,** le gant

to **go,** aller\*; ( = *to start off*) partir\*; **to go away (off),** s'en aller\*, partir\*; **to go back,** retourner; **to go back into,** rentrer (dans); **to go down,** descendre; **to go in,** entrer; **to go on** ( = *continue*), continuer; **to go out,** sortir\*; **to go through,** traverser; **to go up,** monter; **to go up to,** s'approcher (de)

**gold,** l'or (*m.*)

**good,** bon

**good-bye,** au revoir; **to say good-bye,** faire\* ses adieux

**grandfather,** le grand-père

**grandmother,** la grand'mère

**grass,** l'herbe (*f.*)

**green,** vert

**grey,** gris

**grocer's (shop),** l'épicerie (*f.*), chez l'épicier

**ground,** la terre

**group,** le groupe

**gun,** le fusil

## H

**hair,** les cheveux (*m.*)

**half,** la moitié; **half an hour,** une demi-heure

**hall,** le vestibule

**ham,** le jambon

**hand,** la main; **in one's hand,** à la main

**handbag,** le sac à main

**handkerchief,** le mouchoir

**handsome,** beau (*f.* belle)

to **happen,** arriver, se passer

**happy,** heureux

**harbour,** le port

**hard,** dur; **to work hard,** travailler ferme (dur)

**hardly,** à peine, ne . . . guère

**hat,** le chapeau

to **have,** avoir\*

**head,** la tête

**headmaster,** le directeur

**health,** la santé

to **hear,** entendre

**heavy,** lourd

**hedge,** la haie

to **help,** aider; **help!** au secours!

**here,** ici; **here is (are),** voici

to **hesitate (to),** hésiter (à)

to **hide,** cacher

**high,** haut

**hill,** la colline

**hire,** louer

**history,** l'histoire (*f.*)

to **hit,** frapper

to **hold,** tenir\*

**hole,** le trou

**holidays,** les vacances (*f.*)

at **home,** à la maison, chez moi (nous, etc.); **to come home,** rentrer, revenir\* à la maison; **to go home,** rentrer

**homework,** les devoirs (*m.*)

**honest,** honnête

to **hope,** espérer

**horse,** le cheval

**hot,** chaud

**hotel,** un hôtel

**hour,** une heure; **half an hour,** une demi-heure

**house,** la maison

**however,** cependant

**huge,** vaste

**hundred,** cent; **hundred-franc note,** le billet de cent francs

**hungry, to be,** avoir\* faim

**hunter,** le chasseur

to **hurry,** se hâter, se dépêcher (to = de); **to be in a hurry,** être\* pressé

**hurt,** faire\* mal (à), blesser

**husband,** le mari

## I

**idea,** une idée

**if,** si

**immediately,** immédiatement

**impossible,** impossible

**in,** dans (*future*). en (*duration*)

**inhabitant,** un habitant

**ink,** l'encre (*m.*)

**inn,** une auberge

innkeeper, un aubergiste
in spite of, malgré
instant, un instant
instead of, au lieu de
intelligent, intelligent
interesting, intéressant
to invite, inviter (to = à)
isolated, isolé

## J

journey, le voyage
to jump, sauter
just; I have just (done), je
viens de (faire); I had just
(done), je venais de (faire);
just as, au moment (à
l'instant) où

## K

to keep, garder; (shop), tenir*
key, la clef
to kill, tuer
kilometre, le kilomètre
kind, bon; aimable
king, le roi
kiosk, le kiosque
kitchen, la cuisine
knapsack, le sac
knife, le couteau, le canif
(pocket-knife)
to knock, frapper; to knock
down, renverser
to know, savoir*; (acquaintance
or place) connaître*

## L

lady, la dame
lake, le lac
lamp, la lampe
land, la terre; on land, sur
terre
lane, le petit chemin
language, la langue
large, grand
last, dernier (f. dernière); last
night (= evening), hier
soir; at last, enfin
late, tard; later, plus tard;
late (= after time), en
retard
latter, the, celui-ci (celle-ci)
to laugh, rire*
lawn, la pelouse

lazy, paresseux
to lead, mener, conduire*
to leap, bondir
to learn, apprendre*
to leave, laisser; (a place)
quitter; (= to start off)
partir*
left, gauche; to (on) the left, à
gauche
leg, la jambe
to lend, prêter
less, moins (de)
lesson, la leçon
to let, laisser
letter, la lettre; (-box) la boîte
aux lettres
library, la bibliothèque
life, la vie
light, la lumière
light, léger; (of colour) clair
to light, allumer; light up,
éclairer
to like, aimer
like, comme; what is he like?
comment est-il? to be like,
ressembler (à)
to listen to, écouter
little, (adj.) petit; (adv.) peu
(de); a little, un peu (de)
to live, (in or at) habiter,
demeurer à
to lock, fermer à clef
London, Londres
lonely, solitaire
long, long (f. longue); (= a
long time) longtemps; no
longer, ne . . . plus
to look (at), regarder; to look
for, chercher; to look
round, se retourner; to look
(= to seem, appear),
avoir* l'air
to lose, perdre
a lot of, beaucoup de
to love, aimer
luck, la chance
luggage, les bagages (m.)
lunch, le déjeuner; to lunch,
have lunch, déjeuner

## M

madam, madame
magazine, le magazine, la
revue

maid, la bonne

mail, le courrier

main road, la route

to make, faire\*; to make for (towards), se diriger vers

man, un homme

manager, le directeur

mantelpiece, la cheminée

many, beaucoup (de); so many, tant (de); as many, autant (de); too many, trop de

mare, la jument

market, le marché

marry, épouser

master, le professeur, le maître

match, une allumette

matter; what is the matter? qu'y a-t-il? what is the matter with you? qu'avez-vous?

meadow, le pré, la prairie

meal, le repas

meat, la viande

to meet, rencontrer

merchant, le marchand

metre, le mètre

midday, midi

middle, le milieu

midnight, minuit

mile, le mille

mine, le mien (la mienne)

minute, la minute

mirror, la glace

to miss, manquer

mistaken, to be, se tromper

mistress, la maîtresse

moment, un instant

money, l'argent (m.)

month, le mois

moon, la lune

more, plus (de); no more (not any more), ne . . . plus

morning, le matin; good morning, bonjour; (the) next morning, le lendemain matin

most (of), la plupart (de)

mother, la mère

motionless, immobile

mount, monter

mouth, la bouche

to move, bouger

much, very much, beaucoup (de); so much, tant (de); as much, autant (de); too much, trop (de)

mushroom, le champignon

music, la musique

myself, moi-même

## N

name, le nom

narrow, étroit

naughty, méchant

near, près de

nearly, presque

necessary, it is—to (do), il faut (faire)

neck, le cou

to need, avoir\* besoin (de)

neighbouring, voisin

neither . . . nor, ni . . . ni . . . ( +ne with verb)

never, ne . . . jamais

new, nouveau (f. nouvelle); ( = brand new) neuf (f. neuve)

newcomer, le nouveau venu

newspaper, le journal (plur. les journaux)

next, prochain; (the) next day, le lendemain; (the) next morning, le lendemain matin; next to, à côté de

nice, aimable, gentil (f. gentille)

night, la nuit; last night, hier soir; good night, bonsoir, bonne nuit

nobody, personne ( +ne)

noise, le bruit

noon, midi

nose, le nez

note, le billet; notebook, le carnet

to notice, (a thing) remarquer, apercevoir\*; (a fact) s'apercevoir\* (de)

novel, le roman

now, maintenant

number, le numéro (specified); le nombre

## O

to offer, offrir

office, le bureau

officer, un officier
often, souvent
O.K d'accord
old, vieux (*f.* vieille); (= *former*) ancien
on, sur
once, une fois; **at once**, tout de suite, immédiatement, aussitôt; **all at once**, tout à coup
only, ne . . . que, seulement
to open, ouvrir*
open, ouvert
opposite, en face (de)
or, ou
orchard, le verger
to order, commander
other, autre
out (of), hors de; **to look out of**, regarder par
outside, dehors
over, sur; (= *over and above*) pardessus; **over there**, là-bas
overcoat, le pardessus
ox, le bœuf
oyster, une huître

## P

page, la page
pair, la paire
pale, pâle
paper, le papier
to pardon, pardonner
parent, le parent
park, le parc; **park-keeper**, le gardien
to pass, passer; **to pass through**, traverser
passenger, le voyageur
passport, le passeport
pathway, le sentier
pavement, le trottoir
to pay (for), payer
peasant, le paysan
pen, la plume
pencil, le crayon
perhaps, peut-être
permission, la permission
person, la personne
pheasant, le faisan
to pick, cueillir*; **to pick up**, ramasser

picnic, le pique-nique
piece, le morceau
place, le lieu, un endroit; (*seat*) la place; **to take place**, avoir* lieu
to place, mettre, poser
plant, la plante
plate, une assiette
platform, (*railway*) le quai
to play, jouer
pleasant, agréable
please, s'il vous plaît
pleased, content
plenty of, beaucoup de
pocket, la poche
policeman, un agent (de police); **police station**, le poste de police
polite, poli; **politely**, poliment
poor, pauvre
port, le port
porter, le porteur
postman, le facteur
post office, le bureau de poste
possible, possible
potato, la pomme de terre
to prefer, préférer, aimer mieux
to prepare, préparer
present, le cadeau
to pretend (to), faire* semblant (de)
to prevent, empêcher
probably, probablement
to promise, promettre*
proud, fier
to punish, punir
pupil, un(e) élève
to put, mettre*; **to put on**, mettre*

## Q

quarter, le quart; **a quarter of an hour**, un quart d'heure
quay, le quai
question, la question
quickly, vite
quiet, silencieux, tranquille
quietly, (tout) doucement

## R

rabbit, le lapin
radio, la radio

railway, le chemin de fer
rain, la pluie
to rain, pleuvoir*
rarely, rarement
rather, assez
to reach, arriver à
to read, lire
ready, prêt; to get ready (to), se préparer (à)
really, vraiment
to receive, recevoir*
to recognize, reconnaître*
red, rouge
to refuse, refuser
region, la région
to regret, regretter
to relate, raconter
to remain, rester
to remember, se souvenir (de); se rappeler
to reply, répondre
to resemble, ressembler (à)
to rest, se reposer
restaurant, le restaurant
to return, retourner
return, le retour
revolver, le revolver
rich, riche
right, droit; on (to) the right, à droite; to be right, avoir raison
to ring, sonner
river, la rivière
road, le chemin; (= main road) la route
roadway, la chaussée
robber, le voleur
rock, le rocher
room, la pièce; la salle; (= bedroom) la chambre; (= space) la place
round, rond; (prep.) autour de; to look round, se retourner
to run, courir*; (away), se sauver; (out), sortir en courant

## S

same, même
sand, le sable
save, sauver
to say, dire*

school, une école; (secondary) le lycée, le collège
schoolboy, un écolier; (secondary) un lycéen, collégien
sea, la mer; seaside, le bord de la mer
to search, chercher
seat, le banc, le siège; (in theatre, train, etc.) la place
to see, voir
to seem, sembler
to seize, saisir
to sell, vendre
to send, envoyer*; to send back, renvoyer*; to send for, envoyer chercher
serious, grave, sérieux
servant, le (la) domestique
set (radio TV), le poste de radio, le poste de télé (vision)
to set off, partir*
settee, le canapé
several, plusieurs
shade, l'ombre (f.)
to shine, briller
ship, le navire
shoe, le soulier
shoemaker, le cordonnier
shop, le magasin; (small) la boutique
shop assistant, le vendeur, la vendeure shop keeper, le marchand, la marchande
shot, le coup
shoulder, une épaule
to shout, crier
to show, montrer
side, le côté
since, depuis
to sing, chanter
sister, la sœur
to sit down, s'asseoir*
sitting, assis
situated, situé
sky, le ciel
to sleep, dormir*; to go to sleep, s'endormir*
to slip, glisser
slow, lent; slowly, lentement
to smile, sourire*
smoke, la fumée

to **snatch**, arracher
**snow**, la neige; **to snow**, neiger
**so**, si; ( = *therefore*) donc
**softly**, doucement
**soldier**, le soldat
**some**, du, etc., quelques (a few)
**somebody**, quelqu'un
**something**, quelque chose
**sometimes**, quelquefois
**son**, le fils
**song**, la chanson
**soon**, bientôt; **as soon as**, dès que, aussitôt que
**sorry, to be**, regretter, être* fâché
**sound**, le bruit
to **speak**, parler
**spectacles**, les lunettes (*f.*)
to **spend**, (*time*) passer
**spring**, le printemps
**square**, la place
**stable**, une écurie
**stairs**, l'escalier (*m.*)
**stamp**, le timbre (-poste)
to **stamp (a ticket)**, composter
to **stand**, se tenir*; **to stand up**, se lever
to **start**, commencer; ( = *to set out*) partir*
**station**, la gare, la station (Métro)
to **stay**, rester, demeurer
to **steal**, voler
**step**, le pas
**stick**, le bâton; (*walking-stick*) la canne
**still**, encore, toujours
**stone**, la pierre
to **stop**, s'arrêter; (*cease*) cesser
**street**, la rue
to **strike**, frapper
**suburb**, le faubourg, la banlieue
to **succeed (in doing)**, réussir (à faire)
**suddenly**, soudain, tout à coup
**sugar**, le sucre
**suitcase**, la valise
**sun**, le soleil
**sure**, sûr

**surrounded by**, entouré de
to **swim**, nager

## T

**table**, la table
to **take**, prendre*; (*a person*) mener, conduire*; **to take** ( = *to carry*) porter; **to take off**, ôter, enlever
to **talk**, parler; ( = *to chat*) causer
**tall**, grand
**taxi**, le taxi
**tea**, le thé
to **tell**, dire; ( = *relate*) raconter
**tennis, to play**, jouer au tennis
to **thank (for)**, remercier (de)
**theatre**, le théâtre
**then**, alors; ( = *next*) puis; ( = *afterwards*) ensuite; ( = *therefore*) donc
**there**, y; là
**thief**, le voleur
**thin**, maigre
**thing**, la chose
to **think**, croire*, penser
**thirsty, to be**, avoir* soif
to **throw**, jeter
**ticket**, le billet
to **tie**, attacher
**time**, le temps; **a long time**, longtemps; **from time to time**, de temps en temps; **at the same time**, en même temps; **in time**, à temps; (*as in* once, twice, *etc.*) la fois
**tired**, fatigué
**to** (*in order to*), pour
**tobacco**, le tabac
**today**, aujourd'hui
**together**, ensemble
**tomorrow**, demain
**top**, le sommet, le haut
**towards**, vers
**town**, une ville; **to go to (into) town**, aller en ville
**traffic**, la circulation
**train**, le train
to **travel**, voyager; (*vehicles*) filer, rouler
**traveller**, le voyageur

true, vrai; **truly**, vraiment

**trunk**, la malle

to **try (to)**, essayer (de)

to **turn**, tourner; **to turn round**, se retourner

## U

**umbrella**, le parapluie

**uncle**, un oncle

**under**, sous

to **understand**, comprendre*

to **undress**, se déshabiller

**unfortunately**, malheureusement

**uniform**, un uniforme

**unpleasant**, désagréable

**until**, (*prep.*) jusqu'à; (*conj.*) jusqu'à ce que ( +*subj.*)

**upstairs**, en haut

to **use**, se servir* de; employer

**usually**, généralement; d'habitude

## V

**in vain**, en vain

**valley**, la vallée

**vegetable**, le légume

**very**, très; **very much**, beaucoup, bien

**view**, la vue

**village**, le village

**visit**, la visite; **to visit**, visiter; faire* visite à (people)

**voice**, la voix

## W

to **wait (for)**, attendre

**waiter**, le garçon

to **wake up**, (se) réveiller

to **walk**, marcher; **to go for a walk**, se promener, faire* une promenade

**walk**, la promenade

**wall**, le mur

**wallet**, le portefeuille

to **want**, vouloir,* désirer

**war**, la guerre

**wardrobe**, une armoire

**warm**, chaud; **to be warm**, (*of persons*) avoir* chaud

to **warm oneself**, se chauffer

to **wash**, se laver

**watch**, la montre

to **watch**, regarder

**water**, l'eau (f.)

**way**, le chemin, la route

**weak**, faible

to **wear**, porter

**weather**, le temps; **the weather is fine**, il fait beau (temps)

**weather forecast**, la météo

**week**, la semaine

**well**, bien; **well, sir**, eh bien, monsieur

**what!** comment!

**wheel**, la roue

**when**, quand, lorsque

**where**, où

**whether**, si

**whistle**, siffler (*vb.*)

**white**, blanc (*f.* blanche)

**whole**, tout(e)

**why**, pourquoi

**wife**, la femme

**will you (do)?** voulez-vous (faire)?

to **win**, gagner

**window**, la fenêtre

**wine**, le vin

**winter**, l'hiver (*m.*)

to **wish**, vouloir*, désirer

**with**, avec

**without**, sans

**woman**, la femme

to **wonder**, se demander

**wonderful**, merveilleux

**wood**, le bois

**word**, le mot, (*spoken*) la parole

**work**, le travail

to **work**, travailler

to **wound**, blesser

to **write**, écrire*

**wrong, to be**, avoir tort

## Y

**yard**, la cour

**year**, un an, une année; **a happy New Year!** bonne année!

**yellow**, jaune

**yesterday**, hier; **yesterday evening**, hier soir

**yet**, encore

**young**, jeune

**your**, votre